근대 일본 종교학의 태동과 분기

SNU일본연구총서 16

근대 일본 종교학의 태동과 분기

이노우에 데쓰지로와 그 후학

초판 1쇄 발행 2024년 9월 25일

지은이 이혜경 · 이연승 · 이예안 · 김태진 · 이경미

펴낸곳 서울대학교출판문화원
주소 08826 서울 관악구 관악로 1
도서주문 02-889-4424, 02-880-7995
홈페이지 www.snupress.com
페이스북 @snupress1947
인스타그램 @snupress
이메일 snubook@snu.ac.kr
출판등록 제15-3호

ISBN 978-89-521-3677-0 94200
978-89-521-1086-2 (세트)

이 연구는 서울대학교 일본연구소
일본학연구지원사업의 지원을 받았습니다.

SNU일본연구총서
16

근대 일본 종교학의 태동과 분기

이노우에 데쓰지로와 그 후학

이혜경 · 이연승 · 이예안 · 김태진 · 이경미 지음

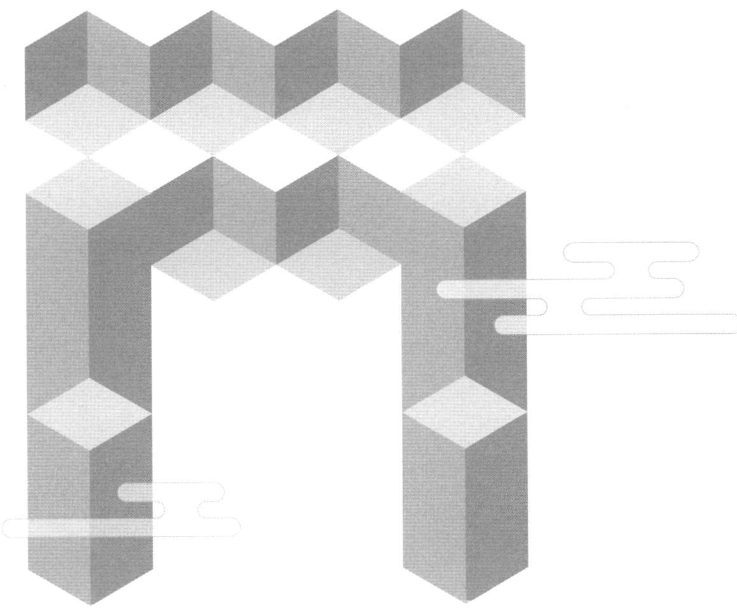

서울대학교출판문화원

The Emergence and Divergence of Modern Japanese Religion

Inoue Tetsujiro and his descendants

Hyegyung Yi

Younseung Lee

Yeaann Lee

Taejin Kim

Kyungmi Lee

Seoul National University Press

머리말

종교학은 19세기 말 유럽에서 탄생한 학문이다. 종교학이 탄생하게 된 첫 번째 요인으로는 지리상의 발견 이후 인류의 다양한 종교 현상에 관한 자료가 꾸준히 축적되고, 아시아, 아프리카 등 낯선 지역의 이질적인 종교 문화와 조우하게 된 사실을 들 수 있다. 기독교 중심의 종교 연구에서 연구 대상이 상당히 확장된 것이다. 대상의 확장만큼 중요한 두 번째 요인으로는 진화론의 영향을 들 수 있다. 특히 종교 현상에 진화론을 적용한 허버트 스펜서(Herbert Spencer, 1820–1903)는 종교학의 탄생에 지적인 분위기를 마련해 주었을 뿐 아니라, 초기 종교학의 핵심 주제를 '종교의 기원' 탐구로 향하게 하는 역할을 했다. '종교학(Religionswissenschaft)'이라는 용어를 최초로 사용함으로써 유럽에서 종교학을 유행시킨 프리드리히 막스 뮐러(Friedrich Max Müller, 1823–1900)는 종종 "하나만 안다면 아무것도 모르는 것이다."라고 말했는데, 이는 초기 종교학의 정신이라고 해도 과언이 아니다. 따라서 종교학은 필연적으로 비교종교학일 수밖에 없었다. 놀랍게도 종교학이라는 신생 학문은 유럽에서 탄생한 것과 거의 동시대에 일본에 수용되었다고 할 수 있다. 이에 대하여 현대 일본의 종교학자인 쓰치야 히로시(土屋博)는 'religion'의 번역어로 '종교'라는 용어가 공식적으로 채택되어 불과 몇

년 사이 널리 이용되었던 일본의 상황과 관련 있을 거라고 추측한다.[1]

동아시아 한자문화권에 속하는 국가 가운데 가장 먼저 근대화의 길에 들어선 일본은 개국과 더불어 외교문서를 작성하기 위한 현실적인 필요에 의해 'religion'의 번역어로 '종교'라는 용어를 사용하기 시작했다. 이소마에 준이치(磯前順一)는 다양한 번역어가 공존한 시기부터 '종교'라는 번역어가 확립되고, 나아가 '종교학'이라는 학문 분과가 출현하여 종교라는 개념에 대한 학문적 담론을 거치면서 이 용어가 정착되기까지 과정을 상세하게 논의한 바 있다.[2] 이에 따르면 '종지(宗旨)'·'종문(宗門)'·'교법(教法)'·'성도(聖道)' 등의 번역어가 공존하다가 '종교'로 정착된 시기는 대체로 메이지 10년대(1877-1886)였다. 1905년 아네사키 마사하루(姉崎正治)가 도쿄제국대학 조교수로 임명되어 종교학 강좌를 개설한 이래 1920년대까지 지속적으로 제국대학에 종교학 강좌가 마련되고 종교학회와 종교연구회가 조직되었지만, 여전히 종교학은 확고한 기반을 결여한 학문으로 인식되었다고 한다. 어찌 보면 당연한 일이다. 종교라는 개념이 여전히 지식인층을 비롯한 일반인의 일상적 삶 전반에 자연스럽게 침투되거나 안착되지 않은 상황에서, 그것을 과학적으로 탐구하고자 하는 종교학은 스스로 정체성을 가지기도 어렵고 근대적 학문 분과의 하나로 인정받기는 더욱 어려울 수밖에 없었다. 이

1 土屋博, 「日本における'宗教学'の特質と今後の問題」, 『南山宗教文化研究所 研究所報』 10(2000).

2 磯前順一는 『近代日本の宗教言説とその系譜: 宗教·國家·神道』(岩波書店, 2003)의 제1장(「근대 '종교' 개념의 형성과정」)에서 종교라는 말의 정착 과정을 종교라는 번역어의 확립, 서양문명으로서의 종교, 비합리적이고 사적인 영역으로서의 종교, 종교학적 담론의 출현 등 네 단계로 나누어 설명한다. 이 책은 2014년에 영역본(*Religious Discourse in Modern Japan: Religion, State, and Shinto*, translated by Galen Amstutz and Lynne E. Riggs, Brill)이, 2016년에 한국어 번역본(제점숙 옮김, 『근대 일본의 종교 담론과 계보: 종교·국가·신도』, 논형)이 출간되었다.

책이 다루는 시기는 일본에서 종교 개념이 아직 부유하고, 종교학의 학문적 지위가 아직 확고하게 마련되기 전 상황과 맞물려 있다.

'종교'만큼 '근대'의 복잡한 성격을 드러내는 것도 없을 것이다. 서구의 근대국가는 정치에서 종교를 분리하면서 종교의 자유를 개인의 영역으로 귀속시켰다. 그러나 종교가 과연 사적인 영역에 머물 수 있을까? 그에 대한 대답은 근대 서구에서도 긍정적이지 않지만, 근대 동아시아에서는 명백하게 부정적이다. 구미의 여러 국가에 의하여 수동적으로 개국한 일본의 경우 '종교'는 출발부터 정치적이었다. 1889년, 천황이 국가원수로서 일본을 통치한다는 내용을 담은 헌법을 발포함으로써, 일본은 입헌군주정체를 표방하며 근대국가 대열에 합류했다. 그러나 그 헌법은 또한 천황이 만세일계의 혈통일 뿐만 아니라 불가침의 신성(神聖)을 가진 존재라는 것도 명시했다. 즉, 일본은 신성불가침의 존재인 천황 일가가 영원히 원수로서 군림하는 국가라고 선포한 것이다. 헌법은 "안녕질서를 방해하지 않고 신민의 의무에 저촉되지 않는 한에서"라는 단서를 달고 신앙의 자유도 인정했다. 메이지 정부는 당초의 신도국교화 정책을 철회하고 기독교 금제 정책도 철회해야 했다. 그 대신에, 신사(神社)는 종교가 아니라 국가의 제사와 관련된 것이라는 언설로, 정치와 종교는 분리하되 정치와 제사는 일치시키는 형태를 선택했다. 1910년의 대역 사건은 이러한 천황을 부정한 대가는 법률에 정해진 대로 사형뿐임을 전국에 알렸다.

신사는 종교가 아니라고 선언했지만, 신사신도(神社神道)를 국가 차원에서 운용하기로 한 것은 그만큼 그것의 정치적 효용을 고려했기 때문이다. 교육을 통해 신민에게 제국헌법을 내면화할 의도로 제정된 교육칙어는 정치도 아니고 종교도 아니었지만, 그 어떤 종교보다 신실함을 요구했으며 그 어떤 정치보다 강력하게 권력에 의해 수행되었다.

천황의 신성을 주장하면서도 입헌군주의 근대국가임을 선언했고, 그 신칙에 의해 세워졌다는 일본의 국체를 주장하면서도 종교의 자유를 허용했으며, 일본의 국체를 내면화하는 교육을 국가적으로 실시하면서도 그것은 정치가 아니라고 강변한 것이다.

천황이 나라의 원수이자 신으로서 존재하는 나라에서, 그 세계관을 교육을 통해 내면화하는 나라에서, 종교 전통들은 어떤 모습으로 살아남았을까? 신도는 천황의 신성에 근거를 부여하는 역할을 하며 정부와 밀착했고, 불교는 이전에 하던 대로 정부에 협조하면서 서민의 장례를 담당하는 역할을 나눠 가졌다. 종교는 아니지만 이미 국민도덕으로서 중요한 역할을 인정받은 유교는 수요에 맞춰 재해석되었다. 그러나 유일신을 주장하는 기독교는 일본에서 살아남기 어려웠다.

서구의 종교학이 기독교 중심의 종교 연구에서 벗어나 동서고금의 인류가 빚어낸 다양한 종교현상과 이를 가능하게 하는 인간의 종교적 심성 등을 가능한 한 객관적으로 이해하고 설명하고자 했다면, 이를 수용한 일본에서는 초기 종교 연구가 어떤 양상을 보였는가? 외국인 교사 중심으로 서구 과학기술의 학습을 목표로 만들어진 대학에서, 문학부 역시 "현실 정치사회의 움직임에 관여할 수 있는 사상인을 육성하는 것"[3]이라는 실용성을 목적으로 했다는 점을 고려하면, 도쿄대학이 꼭 학문에 대한 순수하고 객관적 접근을 목표로 문 연 것은 아니었다. 그러나 '종교학'이라는 이름을 내건 이상 학문으로서 다뤄야 했다. 대부분 서구 유학 경험을 가진 아카데미 안의 학자들은 이러한 일본의 종교 상황을 어떻게 다루었을까? 이 책은 이러한 질문에서 출발한다.

이에 답하기 위해 일본에서 철학과 수업으로 비교종교 강의를 시

3 東京大學, 『東京大學百年史·部局史一』(東京大学出版会, 1896), 502-503쪽.

작한 이노우에 데쓰지로(井上哲次郎)와 그의 수업을 듣고 서구 학문의 영향을 받으면서 종교학과 종교철학 및 개별 종교 전통을 다루는 학자로 성장한 그 후학들에 주목한다. 즉, 이 책은 도쿄제국대학에 종교학 강좌가 개설된 1905년을 일본 종교학의 기점으로 삼는 기존의 통설에서 더 거슬러 올라가, 이노우에 데쓰지로가 '비교종교와 동양철학'을 개설한 1891년을 일본 종교학의 기점으로 다룬다. 나아가 아네사키 마사하루를 비롯해 그의 제자들이 각 방면의 종교학 전문가로 성장하며 본격적으로 일본 종교학을 전개해 나간 정황을 소개한다. 이 책은 도쿄제국대학의 종교학 강좌에서 시작된 근대 일본의 종교학 성립 과정과 종교 담론을 분석해, 세계사적으로 보면 일견 근대의 뒤안길로 밀려난 듯한 '종교'가 일본에서 어떻게 학문 대상으로 자리 잡고, 나아가 정치의 주역으로 등장하는지 보여 주고자 한다.

이노우에 데쓰지로는 도쿄대학 철학과 1회 졸업생이며, 제국대학 철학과의 첫 번째 일본인 교수다. 이노우에 데쓰지로는 '현상즉실재론(現象卽實在論)'이라는 일본형 관념론을 처음으로 제창했으며, 유학 3부작이라는 일본유학철학사를 정리한 사람으로 유명하다. 또한 아카데미의 학제로서 '종교학'의 초석을 놓은 사람이었다. 1890년 제국대학 문학부 철학과 교수로 부임한 그는 이듬해부터 '비교종교와 동양철학' 과목을 개설해 불교와 인도철학을 강의했다.

근대 일본은 국제사회를 의식하면서 일본을 문명의 표준에 맞추고자 종교의 자유를 허용했지만, 내심 기독교를 서구 국가의 이익과 밀접하게 연결되어 있는 종교라고 생각했다. 이노우에 데쓰지로는 그러한 생각을 노골적으로 드러냈다. 서구의 문명국이 당시 일본의 모델이자 경쟁자였다면, 기독교 역시 종교의 모델이자 경쟁 대상이었다. 이노우에 데쓰지로는 아카데미에서 종교 학술 활동을 수행하면서 그러한 속내를 감추지 않았다. 그가 종교학과 동양철학을 두루 연구하면서 발표한 글들은 기독교에 대항하여 일본 국민을 하나로 모을 수 있는 이념, 그의 표현에 의하면 '국민도덕'을 제공할 일본의 종교를 찾는 것을 목표로 했다. 그의 작업은 늘 선명하게 '국가주의'를 내걸었으며, 기독교가 일본을 위한 국가주의에 도움이 될 수 없다는 이유로 기독교를 비판했다.

일본은 신적 존재를 국가원수로 모시는 나라라고 헌법에 규정되어 있고, 교육칙어는 일본 신민에게 그 사실을 내면화하는 장치였다. 이노우에 데쓰지로는 제국헌법과 교육칙어의 정신을 확고히 하고 이해를 넓히기 위해 교육칙어의 공인 해설서를 저술했다. 종교학과 관련한 그의 활동은 그 해설 작업의 연장이라고 할 수 있다. 즉, 이노우에 데쓰지로는 제국대학이라는 최고 교육기관의 교수로서, 헌법이 명시한 일본국의 성격을 일본 국민의 뇌리에 각인하는 일을 담당했다. 철학 또는 종교학의 간판 아래에서 국가주의를 당당하게 내걸고 국민윤리를 찾으려 했던 이노우에의 작업은 서구 열강의 지속적인 위협으로 일본의 독립조차 불투명했던 절박한 상황에서 불거진 시대의 요청이었다고 이해할 수 있다. 그렇다면 정치적으로 보다 안정되고 학문적으로 성숙한 후속 세대의 종교학 연구는 어떻게 변화해 갔을까?

'비교종교와 동양철학' 수업을 접한 제국대학의 제자들은 개별 종교 전문가로 성장한다. 그중 이 책에서 다루는 사람은 불교학의 이노우에 엔료(井上円了), 종교학의 아네사키 마사하루, 신도학의 가토 겐치(加藤玄智), 헌법학 교수로서 신도학을 강의한 가케이 가쓰히코(筧克彦), 기독교 철학자 하타노 세이이치(波多野精一) 등이다.

시기적으로는 1891년부터 제2차 세계대전 이후까지 걸쳐 있다.

1910년 대역 사건 이후 다이쇼 시대의 문화주의, 생명주의가 유행하던 시기를 거쳐, 제2차 세계대전 이전 대동아공영권 담론과 교토학파의 등장 등 근대 일본은 격변의 시기를 보냈다. 그러므로 이노우에 후학 세대가 이끈 종교학 역시 큰 폭의 변화를 보인다. 우리가 선택한 이노우에의 후학은 각각 불교, 신도, 기독교 연구자로서 대표성을 갖지만, 각각 다른 시대를 대표하기도 한다. 그러므로 당연히 이노우에의 학문에 영향을 받으면서도 각자의 연구 대상과 시대 차이를 반영하면서 이노우에와 간극을 점차 넓혀 간다. 그러나 신성한 존재인 천황국의 신민이라는 사실, 그리고 실제로 자신이 연구하는 종교가 단순히 학문의 대상이 아니라 신앙의 대상이기도 하다는 사실로 인해, 후학 세대의 종교학 역시 정치와 얽히며 복잡한 형태로 전개된다.

근대 일본의 종교사는 개별 종교 전통의 연구는 적지 않지만 총체적으로 보면 다른 연구 분야에 비하여 상당히 뒤처지고 전체를 통관할 수 있는 신뢰할 만한 연구가 거의 없는 상황이다.[4] 그런 상황일 수밖에 없었던 나름의 이유가 있다. 첫째, 전후(戰後) 역사학자들에게 팽배했던 유물사관으로 말미암아 근대사 연구는 오랫동안 정치·경제사 중심이었고 종교사는 사소한 주변 분야로밖에 여겨지지 않았다. 둘째, 신도·불교·기독교, 그 외 여러 종교의 상황이 각각 달라 동일한 위상에서 논하기 어려웠다. 셋째, 무엇보다 커다란 난점은 신도가 세계대전을 초래한 중요 이데올로기로 간주되면서 언급하는 것 자체가 터부시되었다.[5]

오늘날에는 이미 유물사관이 후퇴하고 근대사 연구에서 종교가 중요한 비중을 차지하게 됐으나, 단순히 개별 종교들에 대한 연구가 더

4 末木文美士, 「第一章 總論: 近世から近代へ」, 『近代日本宗教史(第1卷): 維新の衝擊』(春秋社, 2020), 6쪽.

5 末木文美士, 「第一章 總論: 近世から近代へ」, 6-12쪽 참조.

많이 축적된다고 해서 근대 일본의 다양한 종교 전통과 현상들을 동일한 위상에서 통찰할 수 있는 것은 아니다. 근대 일본의 종교를 연구하려면 근대적 교육에 대한 연구뿐 아니라 연구 기관에서 펼친 종교 교육 연구, 당시 종교와 정치·법률 등의 상호 역동성, 대중매체에서 드러난 종교 관련 기사 분석 등 다양한 방식이 필요할 것이다. 근대 일본의 형성 과정에서 독특한 의미를 가지는 이노우에 데쓰지로와 그의 제자 및 후속 세대 연구자들이 이루어 낸 종교학 연구를 전체적으로 조망한 이 책의 성과도 새로운 연구의 일환으로 평가될 수 있으리라 기대한다. 이 책의 의미에 대해서는 다음과 같이 정리할 수 있을 것이다.

첫째, 이 책은 이노우에 데쓰지로부터 일본 종교학의 시작을 논한다는 점에서 의미가 있다. 이노우에 데쓰지로는 비교적 최근까지도 이념적으로 국가주의자이며 이론적으로 일본형 관념론의 정초자이지만 그 구상이 정합적이지 않다는 점에서 절충주의자로서 평가가 굳어져 있었다.[6] 그러나 2000년대 들어오면서 이노우에 데쓰지로를 통해 당시를 이해하려는 다양한 시각이 시도되고 있다. 이노우에 데쓰지로의 '현상즉실재론'을 니시다 기타로(西田幾多郎)를 매개로 교토학파와 연결하는 시도도 있고,[7] '현상즉실재론'의 탄생 배경으로서 당시 사회 및 국가와 관련된 담론 환경을 조명하는 연구도 있다.[8] 이노우에의 양명학 연구를 당시 근대 학문으로 형성된 지나철학의 시각에서 조명하는 것도

---

6 船山信一,『明治哲學史研究』(ミネルヴァ書房, 1959) 이래의 평가였다.

7 板橋勇仁,「日本における哲学の方法: 井上哲次郎から西田幾太郎へ」,『立正大学文学部論叢』119(2004); 渡部清,「日本近代における一元論の系譜: 西田哲学の成立前史として」,『哲学科紀要』31(2005); 井上克人,「明治期アカデミー哲学の系譜: '現象即実在論'をめぐって」,『關西大學文學論集』55-4(2006).

8 郭馳洋,「明治期の哲学言説とネーション·社会: 井上哲次郎の'現象即実在論'をめぐって」,『年報 地域文化研究』21(2018).

당시 역사를 이해하는 실마리가 된다.[9] 이 책 역시 이노우에 데쓰지로를 일본 종교학의 기점이라는 시각에서 접근하는 새로운 시도라 할 수 있다. 또한 제자들로 등장하는 가토 겐치나 가케이 가쓰히코, 하타노 세이이치는 일본에서도 많이 연구되지 않았고, 한국에서는 거의 다뤄진 적이 없다.

둘째, 이노우에 데쓰지로의 제자 다섯 사람은 이노우에 데쓰지로와 영향 관계에 있으므로 우선 일본 종교학의 역사를 통시적으로 다룬다는 의도로 선택되었다. 즉, 이 책은 이전에는 조명되지 않았던 일본 종교학 초기 성립 과정을 통사적으로 다루는 시도다. 물론 제자 세대의 다양한 종교학적 시도를 다 다루지는 못했지만, 각 영역에서 두드러진 활동을 펼치고 성과를 낸 대표성을 띠는 사람을 선택했다. 그 점에서 이 책은 이노우에 데쓰지로에서 시작된 일본 종교학이 다양한 갈래 속에서 형성되었음을 종합적이고 입체적으로 보여 준다.

셋째, 이노우에 데쓰지로의 후학들은 다양한 방향에서 전문화된 종교학자로 성장하고 자신의 영역에서 활동하지만, 그 시대 일본이 마주한 정치·종교, 그리고 윤리와 교육의 착종 속에서 고뇌했다는 점에서 그 시대의 자식들이었다. 이들은 각자 독창성을 가진 학자로서 얼마간 시차를 두고 활동했지만, 그 시대의 고민을 풀어 가는 지점에서 공통점을 보여 준다는 것을 이 책을 통해서 확인할 수 있다. 각 장의 내용을 미리 소개하면 다음과 같다.

제1장, 이혜경의 「이노우에 데쓰지로의 종교학 강의는 무엇을 다뤘는가?」는 이노우에 데쓰지로가 종교학 강의로 처음 다룬 '비교종교

9 水野博太, 「明治期陽明学研究の勃興: 井上哲次郎『日本陽明学派之哲学』に至る過程」, 『思想史研究』 24(2017).

와 동양철학' 이후 동양철학사 강좌에서 차례로 다룬 에도 유학사, 국민윤리, 신도 강의를 검토했다. 그에게 철학과 종교는 세계관을 세우고 윤리를 제시함으로써 사람에게 안심입명(安心立命)을 제공한다는 공통점을 가진 활동이었다. 다만 철학이 지적으로 세계의 본질에 다가간다면 종교는 신앙에 의해 다가간다는 차이가 있었다. 철학은 문명의 시대에 적합한 이성적 활동이지만, 무지몽매한 민중이 존속하는 한 종교의 영향력은 막대하다고 이노우에는 생각했다. 그런데 그에게 정치와 윤리는 분리될 수 없는 것이었다. 기독교가 서양 강국의 이익을 대변한다고 생각한 그는 기독교가 비국가주의라고 공개적으로 비난했고, 한편으로 일본의 이익을 대변할 종교를 찾아 나섰다. 실제로 동양철학사 강좌에서 그가 이루고자 한 일은 기독교의 일본 침입에 맞서 일본인에게 한결같은 윤리도덕을 제공해 줄 종교를 찾는 것이었다. 그는 일본에서 기성 종교로 유통되고 있던 기독교, 유교, 불교, 신도를 검토했다. 신앙의 자유를 인정하라는 서구 열강의 요구도 있었던 데다 과학적인 학문을 한다고 자처하는 교수 입장에서, 그의 종교 탐색은 기존의 종교적 색채를 지우고 윤리적 역할만 남긴 이념적 종교인 '윤리적 종교'로 정착되는 듯했다. 그러나 결국 그가 다다른 곳은 불교의 논리를 원용한 현상즉실재론, 유교의 충효, 신도의 국가주의 등을 결합한 국민도덕의 창출이었다. 교육칙어가 표면상으로는 정치도 종교도 아니었으나 그 내실은 정치이자 종교였던 것처럼, 아카데미에서 이노우에의 작업은 표면상으로는 학술적 작업이었지만 실상은 정치였고 종교였다. 이노우에의 종교 탐색은 명목상 학술연구 영역에서 이루어져, 그의 정치적 편향은 기독교 비판이나 신도 현창으로 드러났을 뿐 아니라, 불교나 유교 연구에도 깊은 영향을 미쳤다.

제2장, 이혜경의 「이노우에 엔료는 불교를 어떻게 개량했는가?」는

정토진종의 한 절에서 장남으로 태어나 정토진종의 장학생으로 도쿄대학 철학과에서 수학한 이노우에 엔료를 다뤘다. 그는 졸업 후 절로 돌아가지도 않고 관료가 되는 길도 마다했다. 그는 제국대학에 독점되어 있던 철학을 대중화시켜야 한다는 사명감으로 '사립 철학관'을 세웠다. 그의 철학 대중화 기획은 불교의 개량과 밀접하게 관련되어 있었다. 그가 환속한 것도 한 종파의 승려보다 속인으로서 불교 전체의 부흥을 도모하는 것이 바람직하다고 판단했기 때문이다. 그가 대중화시켜야 한다고 생각한 철학이란 불교의 순정철학(純正哲学)이었다. 그는 독일의 관념론에서 발견한 순정철학의 모델을 불교 안에서 적극적으로 찾았고, 결국 불교의 순정철학이 서양의 모든 철학사를 뛰어넘어 월등하다고 결론 내렸다. 과거 기독교가 서양에서 그랬듯이, 포괄적인 하나의 종교로서 불교가 윤리에서 정치까지 일본의 모든 것을 지도하는 것이 그가 기대한 불교 개량이었다. 순정철학을 포함한 포괄적 종교로서 불교는 일본이 자신의 역사와 문화를 존중하고 서양과 대등하게 대면할 수 있게 해주는 자원이기도 했다. 그 순정철학의 구체적 내용인 '현상즉실재론'[10]은 보편적 진리 추구와 특수한 애국을 공존시키는 논리로 작동했다. 즉, 현실의 일본에 애국하는 것이 곧 진리의 실현이라는 논리를 제공했다. 그가 발견한 불교의 철학적 성격은 근대의 상징으로서 불교를 근대적인 존재로 자처하게 하고 동시에 기독교를 시대에 뒤처진 것으로 정리하게 해주는 중요한 틀이었다. 그의 구상에 의하면, 불교는 철학과 윤리를 포괄하는 독보적 종교로서, 전통적이면서 근대적이고 일본적이면서 보편적인 것이었다. 엔료가 구상한 불교의 개량이란 불교가 근대적이고 포괄적인 종교라는 것을 이론적으로 증명하고,

10 이노우에 엔료가 '현상즉실재론'이라는 용어를 사용한 것은 아니다.

그러한 불교가 일본을 지도할 국가종교가 되도록 정부가 나서는 것이었다. 그의 구상은 예전처럼 정치와 종교가 밀착되는 것이었다.

제3장, 이연승의 「아네사키 마사하루는 왜 '신종교'론을 제창했는가?」는 뛰어난 인도학자·불교학자이자 일본 종교학의 창시자 혹은 확립자라고 평가되는 아네사키 마사하루를 다뤘다. 그는 종교학뿐 아니라 일본의 문화와 예술 전반에 걸쳐 수많은 저작을 남긴 사상가였다. 그가 이노우에 데쓰지로가 개설한 강의 '비교종교와 동양철학'을 대신하여 1898년에 '종교학서론(宗教學緒論)'을 담당한 일은 일본 종교학의 출발점으로 일컬어진다. 이를 전후해 메이지 20년대(1887-1896)에는 새로운 형태의 종교, 즉 '신종교'에 대한 동경이나 갈망이 일어났고, 특히 1899년에 이노우에 데쓰지로의 「종교의 장래에 관한 의견」이 발표된 뒤 메이지 30년대(1897-1906)에 이르기까지 종교 연구자와 지식인들 사이에서 '신종교'에 대한 논의가 활발해졌다. 이 '신종교'는 'new religion'의 번역어인 신종교와 다른 것으로, 당시의 '신종교' 담론은 진화론적 사고에 입각하여 새로운 역사적 상황에 부합하고 과학적 지식과도 조화를 이룰 수 있는 이상적이고 윤리적인 종교에 대한 담론을 뜻한다. 윤리교 혹은 이상교를 주장하면서 종교를 윤리로 치환하고자 했던 이노우에와 달리, 아네사키는 특정 종교나 종파의 입장에서 벗어나 교권에 의지하지 않고 경건한 종교심을 바탕으로 하는 자율적이고 합리적인 윤리성을 추구하는 '신종교'론을 펼쳤다. 1896년에 개최된 종교가간담회는 메이지 20-30년대 '신종교' 운동의 정점을 이루었는데, 아네사키가 이 간담회에 참석한 일은 그의 학문적·사회적 활동에서 큰 의미를 지닌다. 그는 이후 1897년 정유간화회(丁酉懇話會)로 출범한 정유윤리회(丁酉倫理會)·전시종교가간담회(戰時宗教家懇談會, 1904), 삼교회동(三教會同, 1911) 등의 '신종교' 활동에서 주도적 역할을 했다. 이를 통

하여 24–25세의 젊은 나이에 전개한 그의 '신종교'론과 그 실천은 종교학자와 종교인으로서 그의 생애를 관통하는 핵심적 문제였음을 확인할 수 있다. 19세기 말 일본의 지식인으로서 세계적 혹은 인간 보편적 층차의 도덕과 윤리 및 교육의 향방을 고민하고, 아울러 국가와 사회 전반의 발전에 효용을 가지는 종교 형태를 구상했다는 점에서 '신종교' 담론과 실천에 참여한 이들은 예외 없이 국가주의와 밀착되어 있었는데, 학술적이고 내성적인 연구 경향에도 불구하고 아네사키는 그 흐름의 중심에 서 있었다.

제4장, 이예안의 「가토 겐치의 국가신도는 어떻게 종교가 되었는가?」는 일본 정부의 '신사비종교론'을 비판하는 입장에서 종교로서 국가신도를 구축한 가토 겐치를 다뤘다. 가토의 종교학 연구의 일차적 목적은 신도가 근대적 종교라는 것을 증명하는 데 있었다. 가토는 이를 위해 서양의 종교학 이론을 근거로 삼았다. 종교진화론을 적용해 신도가 원시종교를 벗어나 문명종교로 발달한다는 도식을 설명하고, 종교유형론을 적용해 천황 및 노기 장군 등을 현인신(現人神)으로 제시했다. 그와 동시에 가토는 '종교학 연구'와 '종교사 연구'를 통해 국체론의 쇄신을 주도했다. 즉, 천황을 중심으로 내려온 일본의 특수한 국체라는 종래 의미에서 나아가, 국가적 가족제에서 가부장인 동시에 영구한 신의 위계에 있는 만세일계의 천황이 다스리는 국체로 재해석해야 한다고 주장했다. '국체'에 정치적 방면에 더하여 종교적 방면을 부여한 것인데, 가토는 이 두 방면을 현상즉실재론에 의거해 형이하와 형이상의 불가분한 양면으로 제시했다. 이로써 국체는 국가신도라는 종교와 실제의 국가체제를 하나로 묶는 개념이 되었다. 그리고 국가신도의 천황은 종교적 신(神)이자 정치적 황(皇), 즉 신황(神皇)으로 자리매김했다. 정교일치적 종교로서 국가신도가 창출된 것이다. 가토는 국가신

도의 핵심으로 '국체신도'와 '신황신앙'을 강조했는데, 이는 전시 때 일본의 사상 및 체제와 직결된다. 또한 21세기 현재 재부상한 국가신도 긍정론은 가토의 국가신도론에 의거하면서 국민적 종교로서 국가신도를 주장하고, 예로부터 천황을 중심으로 이뤄 온 일본의 특수한 국가체제로서 국체론을 옹호하고 있다. 하지만 가토가 말하는 국민적 종교로서 국가신도론의 핵심은 국체신도와 신황신앙에 있으며, 그 의미가 정치적=종교적 신성불가침의 존재로서 천황을 배대(拜戴)하고 이에 대해 신민의 절대 신앙과 복종을 요구했다는 점에서, 국가신도 긍정론은 쉽게 용인할 수 없을 것이다. 가토의 국가신도론은 근대 일본에서 정치와 종교가 어떤 논리로 결착되었는가, 천황과 국체가 어떻게 종교적 신앙의 대상이 되었는가, 그로부터 도출된 국민도덕이 무엇이었는가라는 문제들을 가까이서 이해할 단서를 제공한다.

제5장, 김태진의 「가케이 가쓰히코의 신도는 어떻게 생명주의와 만나는가?」는 도쿄제국대학 법학부 출신의 법학자 가케이 가쓰히코를 다뤘다. 그는 독일에서 6년간 유학하면서 행정법을 전공했고 귀국 후에는 도쿄대학 법학부 교수가 되어 독일법 이론을 중심으로 강의했다. 그런데 그의 수업은 법학과의 다른 수업과 달리 불교나 신도를 포함한, 철학적·종교적인 내용으로 가득 차 있었다. 종교적 내용이 법학에서 다뤄야 할 국가의 문제, 인간 삶의 문제와 떨어질 수 없다고 생각했기 때문일 것이다. 그가 신도와 법학을 조합해서 만든 독자적인 고신도론(古神道論) '간나가라의 길(神ながらの道)' 이론은 이 관계를 상징적으로 보여 준다. 그의 고신도론을 이해하기 위해 세 가지 질문에 답하고자 했다. 첫째는 신도론이 부상하게 된 다이쇼 초기의 지성사적 맥락을 복원하는 것, 둘째는 이에 영향을 주었던 당대 서양의 지적 연원을 함께 비교하는 것, 셋째는 정치와 종교의 관계를 통해 신도의 정치적 의미를

밝히는 것이다. 그리고 이는 그의 사상에서 세 가지 핵심적 개념이라 할 수 있는 "'신도'·'생명'·'표현'이 그에게 어떤 의미를 가지고 있었는가?"라는 질문에 대한 나름의 답이라 할 수 있다.

이노우에 데쓰지로도 비판한 바 있듯이, 가케이의 신도론은 알기 어려운 이론으로 가득하다. 특히 천황을 생명의 표현으로 설명하는 관점은 그의 신도론을 난해하게 만든다. 그러나 이러한 표현은 단순히 일본적 특이성이라거나 일본의 우월성을 설명하기 위한 것이 아니었고, 그가 유학 시절 접했던 슐라이어마허나 딜타이의 '생명의 표현'이나 '범신론적 생기론'으로 신도적 사유를 풀어낸 것이었다. 그의 사유는 당시 독일 낭만주의자들이 생기론적 범신론으로 기독교를 재해석하고자 했던 시도와 멀지 않았다. 이러한 생명주의의 자장 속에서 가케이는 개체적인 것을 뛰어넘어 원초적인 생명과 결합하는 논의로 신도와 천황의 자리를 이론화했다. 가케이는 천황을 머리로 비유하는 천황기관설과 천황을 국가라는 생명 그 자체로 파악하는 천황주권설 모두를 거부하고, 천황을 '생명의 표현'으로 파악했다. 이는 정치적 의지를 천황을 통해 어떻게 '재현(represent)'할 것인가라는 문제를 두고 '대표'도 아니고 '대리'도 아닌, '표현'이라는 방식을 제시한 것이었다. 가케이의 신도론은 서양철학의 본격적인 학습에 따른 철학적 사변의 결과이면서, 동시에 일본인에게 숙명인 천황의 존재를 나름의 방식으로 재구성함으로써 동 시기 천황 담론과 구별하고자 한 노력이었다.

제6장, 이경미의 「하타노 세이이치의 기독교는 천황을 어떻게 수용했는가?」는 도쿄제국대학 철학과에서 칸트와 스피노자 연구로 학위를 받은 하타노 세이이치를 다뤘다. 그는 1917년에 교토제국대학 철학과 교수로 취임하여 종교학 강좌를 담당했다. 이 기간에 『종교철학의 본질 및 그 근본 문제』(1920)를 시작으로 이후 '종교철학' 3부작이라 불

리는 저작들을 발표했다. 한편, 하타노의 종교철학은 그가 1902년 우에무라 마사히사(植村正久)에게 세례를 받은 이래 개인적으로 믿고 있던 '기독교'와 밀접하게 관련된 것이었다. 이 두 방향의 활동은 교토제국대학에서 하타노가 담당한 종교철학(제1강좌)과 기독교 연구(제2강좌)에 각각 반영되었다. 특히 하타노는 제2강좌에 일본에서 최초로 기독교'학'이라는 명칭을 사용함으로써 기독교를 '학문'으로서 정립시킨 인물로 평가된다. 이 장에서는 '종교철학'과 '기독교'를 2대 지주로 하여 구축된 하타노의 학문을 세 가지 문제의식을 가지고 살펴보았다. 첫째, 하타노의 학문이 형성된 과정에 내재된 자체적 맥락을 밝혔다. 이를 위해 하타노가 차례로 비판한 '실증주의–합리주의–관념주의'의 비판 궤적을 지식의 형성이라는 관점에서 살펴보았다. 둘째, 하타노의 학문이 당대 서양의 철학적 논의, 그리고 그것을 배경으로 전개된 일본의 종교 담론과 어떤 접점을 지니는지 밝혔다. 특히 기독교를 타자로서 배척하고 극복하려고 했던 이노우에 데쓰지로의 종교 논의와 대비했다. 하타노의 종교철학은 '자멸하는 주체'에 대한 문제의식에서 독자성을 구축해 나갔다. 이는 주체의 과잉과 관련된 '관념주의 비판'과도 연관된 문제의식으로, '근대 비판적' 함의를 지니고 있었다. 셋째, 패전 후 하타노가 '천황'을 신격성이 담긴 '상징의 비유'로 해석한 사실을 밝히고 이를 중심으로 기독교를 토대로 구축된 그의 종교철학이 어떠한 '정치성'을 지니는지 검토했다. 이상의 고찰을 통해 '하타노의 기독교는 천황을 어떻게 수용했는가'라는 표제에 답했다. 자신의 학문 안에 천황의 존재를 용인한 하타노의 결말은 당시 일본 지식인들에게 천황의 존재가 얼마나 깊이 새겨져 있었는지 웅변한다. 이는 패전 후 80년이 되어 가는 현재에도 여전히 난제로 남아 있다.

이 책은 2021년 11월 서울대학교 일본연구소의 지원을 받아 진행해 온 공동연구의 결과물이다. 당초 1년을 계획했으나 절대적인 시간의 부족을 느끼고 연구를 6개월 연장했다. 그 후에도 지속적으로 이노우에 데쓰지로의 저작을 번역하고 서로의 글을 읽어 주는 정기적인 공부 모임을 이어 왔다. 이 과정에서 이노우에 데쓰지로가 근대국가 일본을 구축하기 위해 아카데미에서 물심양면으로 지원하며 진두지휘한 대단히 중요한 이데올로그임을 다시 한번 확인할 수 있었다. 그와 그의 후학들이 구축한 일본 초기 종교학의 양상은 그 자체로 중요한 학문적 주제이지만, 동시에 식민 시기와 그 후 한국 종교학을 이해하는 데도 중요한 참고가 될 것이다. 또한 이 책에서 다룬 종교적 방면에서뿐만 아니라 철학과 교수로서 학제 형성 문제, 학제로서 동양철학의 구성과 해석의 방향, 일본 입장에서 현상즉실재론에 의한 현상과 보편의 연결 등은 근대 일본뿐만 아니라 같은 시기 식민지 조선에 미친 영향력은 말할 것도 없고, 현재 한국에도 진하게 남아 있다. 그럼에도 불구하고 그에 대해 대강이라도 보여 줄 수 있는 번역서가 전혀 없다는 것에 문제의식을 느껴, 이 책의 작업과 병행하여 이노우에 데쓰지로 번역선집도 출간하게 되었다.[11] 이 책의 주제에 관심 있는 독자들에게 중요한 참고 자료가 될 것으로 생각한다.

탈고를 앞두고 햇수로는 4년에 걸친 그간의 과정을 돌이켜 보니, 2022년 2월 18일에 줌을 통하여 진행한 '근대 일본 종교학의 태동과 분기: 이노우에 데쓰지로와 후계자들'이라는 학술 대회가 중요한 분기점이 되었던 것 같다. 아직 우리의 생각이 무르익기 전에 귀중한 도움 말

11 이노우에 데쓰지로 지음, 이혜경·김정희·김태진·이경미·이연승·이예안 옮김, 『철학과 국가: 제국대 교수의 근대일본 만들기』(빈서재, 2024).

씀을 주신 배귀득·김영진·박은영·김병진·심희찬 선생님께 깊이 감사드리며, 적절한 지적과 질문으로 그 자리를 풍성하게 해주신 서동주·조관자 선생님께도 감사의 말씀을 전하고 싶다. 아울러 총서 출판을 위해 심사를 맡아 주신 익명의 두 분 선생님께도 깊은 감사의 말씀을 전한다. 그리고 공동연구에 책임감 있게 임해 주신 선생님들께 참으로 값진 시간이었고, 참 좋은 인연이었다는 말씀을 드리고 싶다. 이런 기회를 제공해 주신 서울대학교 일본연구소와 서울대학교출판문화원에 진심으로 감사드린다.

연구진을 대표하여

이연승·이혜경 씀

차례

제5장 가케이 가쓰히코의 신도는 어떻게 생명주의와 만나는가?

| 김태진

제6장 하타노 세이이치의 기독교는 천황을 어떻게 수용했는가?

| 이경미

제1장

이노우에 데쓰지로의 종교학 강의는 무엇을 다뤘는가?

이혜경

1. 일본의 첫 '종교학' 강의

이노우에 데쓰지로(井上哲次郎, 1856–1944)는 도쿄제국대학 철학과의 첫 번째 일본인 교수다.[1] 독일 유학 후 독일철학을 비롯한 철학 담당 교수로 임용된 것인데, 그의 수업은 서양철학에 한정되지 않았다. 그가 부임하고 바로 개설한 강의 중 하나는 '비교종교와 동양철학'이었다. 이 강의에서 이노우에가 구체적으로 다룬 것은 인도철학과 불교였다. 이 강의를 6년 동안 계속한 뒤,[2] 그의 동양철학 관련 강의는 에도 시대 유학사로 이어졌다. 7–8년 동안 이어진 에도 시대 유학사 강의 뒤에는 무사도와 국민도덕을 강의했다. 1920년에는 일본 대학에서 처음으로 '신도' 강좌를 개설했다.[3] 인도철학부터 신도까지 다룬 이 강의들은 '동양철학' 영역에서 이루어졌으나 동시에 '종교학' 또는 '종교'와 밀접하게

---

* 이혜경, 「이노우에 데쓰지로의 종교 편력: 민심통합의 도구를 찾아서」, 『한국동양정치사상사연구』 21–2(2022)에 실린 글을 수정하여 수록했다.

1 1877년 개교한 '도쿄대학'은 1886년 '제국대학'으로, 1897년 '도쿄제국대학'으로 개칭된 뒤, 1947년에 다시 '도쿄대학'이 되었다. 이노우에가 독일 유학 후 정교수로 부임한 것은 1890년이므로 '제국대학' 때였으나, 편의상 도쿄제국대학으로 부른다(이노우에는 1882년 조교수로 임용되었으나 1884년 독일로 유학 가면서 퇴직한다). 한편, 이노우에는 문학부 제1과인 '사학·철학·정치학'과에 입학하여 철학과 정치학을 전공했다. 철학과는 1881년에 과로 독립한다.

2 1897년 9월 학기부터는 이 책 제3장에서 다루는 아네사키 마사하루에게 물려준다.

3 자신이 직접 강의하지 않고 제자들에게 맡겼다. 대표적으로 이 책 제4장에서 다루는 가토 겐치를 비롯한 제자들이다. 이노우에가 담당으로 개설한 강좌명은 '도쿄대학 철학연구실'에 게시되어 있는 연구보고서 '『哲学雑誌』のアーカイヴ化を基礎とした近代日本哲学の成立と展開に関する分析的研究(基盤研究(B), 18H00603)'의 연구 성과 가운데, "笠松和也, 「戦前の東大哲学科と『哲学雑誌』資料集"을 참조했다. 이 자료집은 "『哲学雑誌』의 휘보를 기본으로 하여, 『帝国大学一覧』 및 『東京帝国大学一覧』을 대조하여 작성"한 것이다(https://www.l.u-tokyo.ac.jp/philosophy/seika.html).

관련되었다.

이노우에는 독일 유학을 하고 아카데미에 몸담은 사람으로서 철학적이고 과학적인 연구를 지향하는 학자로 자처했다. '비교종교와 동양철학'은 일본의 첫 종교학 강의였다. 그는 사람의 필요와 과학의 발전에 따라 종교도 진화한다고 생각했다.[4] 19세기에 비로소 학문으로 성립한 종교학은 과학이 제공한 기준으로 종교를 보려는 것으로, 유기체의 성장과 진화를 파헤치는 것과 똑같은 방식으로 종교를 이해하려는 시도였다. 즉, 종교학은 진화론의 가설을 바탕으로 한 근대 학문이었다.[5]

문명과 과학의 시대에 종교는 예전의 위상을 가질 수 없었다. 이노우에를 비롯한 이 시기 일본 학자들은 기독교의 인격신 관념을 과학시대에 받아들여지기 어려운 미신적 요소로 취급했다. 서양 근대국가에서는 정교분리가 행해졌고, 문명국으로 대우받기를 원하는 일본 역시 서양의 요구에 응해 정교분리를 선언하고 종교의 자유를 허용해야 했다. 종교가 과학으로서 종교학의 대상이 된 것 역시 그러한 시대상의 반영이었다.

이노우에가 개설한 '비교종교와 동양철학'뿐만 아니라 에도 유학사, 국민도덕은 이노우에의 논리에서는 철학이었지만, 동시에 종교이거나 적어도 종교와 밀접하게 관련되었다. 이노우에에 의하면, 철학과 종교는 모두 세계의 본질—이노우에는 이를 '실재'라고 불렀다—을 다룬다. 철학과 종교가 세계의 본질을 다루는 이유는 사람에게 안심입

---

4 井上哲次郎(1910), 「哲学上に見たる進化論」, 『哲学雑誌』; 『井上哲次郎集』 第5卷(クレス出版, 2003), 100-101쪽. 이노우에의 글을 인용할 때는 초출 연도를 저자명 뒤에 표기한다. 1차적으로 전집을 참고했으므로, 전집에 수록되어 있는 글의 경우 전집의 페이지를 표기한다.

5 Eric J. Sharpe 지음, 유요한·윤원철 옮김, 『종교학의 전개』(시그마프레스, 2017), 31-37쪽.

명을 주기 위해서이며, 안심입명을 얻기 위해서는 세계에 대한 이해가 선행되어야 한다. 즉, 세계관을 세워야 한다. 철학과 종교가 하는 일은 결국 사람에게 안심입명을 주기 위해 세계에 대한 이해, 즉 세계관을 제시하는 것이다. 다만 철학이 세계의 본질에 이성적으로 접근한다면, 종교는 신앙으로 접근한다는 차이가 있다고 구분한다.[6]

세계에 대한 이해를 갖게 되면, 현실에서 어떻게 살아야 하는지의 문제, 즉 윤리의 문제도 해결된다. 실제로 이노우에가 세계관 건립을 중요하게 생각한 이유는 세계관에 근거해야만 현실에서 윤리를 세울 수 있기 때문이다. 철학과 종교의 근원적 임무는 실재를 파악하고 세계관을 세우는 일이지만, 현실에 더 절실한 것은 윤리를 제시해 주는 일이다.

이노우에는 정치와 윤리는 분리될 수 없다고 생각했다. 그 맥락에서 그에게 종교의 가장 중요한 존재 의미는 '민심의 통합' 혹은 '윤리도덕을 제시'하는 역할이었다.[7] 종교의 가장 중요한 존재 의미가 윤리를 제시하는 역할이라면, 앞에서 언급했던 이노우에의 강의가 '윤리도덕'이라는 지점을 핵심으로 해서 철학과 종교를 한자리에 둘 수 있다는

6 井上哲次郎(1894), 「我世界觀の一塵」, 『哲学雜誌』; 瀬沼茂樹 編, 『明治哲学思想集』, 明治文學全集 80(築摩書房, 1974), 149쪽; 井上哲次郎(1915), 「哲学の要求及び將來」, 『哲學と宗教』; 『井上哲次郎集』 第5卷, 30쪽.

7 그는 '윤리도덕'을 이처럼 붙여 썼다. 당시 '윤리'는 서양에서 들어온 학문으로서의 윤리를 가리키고 도덕은 기존의 실천 중심을 가리키는 것으로 나눠 썼는데(이혜경, 「근대중국 '倫理' 개념의 번역과 변용: 유학과의 관계를 중심으로」, 『철학사상』 37 참조), 그 점을 고려하면 '윤리도덕'은 이론과 실천을 통합한 것이라는 의미를 담았다고 짐작된다. 이 글에서는 '윤리도덕', '윤리', '도덕'을 의미의 차이 없이 호환할 것이다. 이노우에의 종교관이 윤리를 위한 것이라는 주장은 대표적으로 鈴木範久, 「'倫理'のための'宗教': 井上哲次郎の'比較宗教及東洋哲学'」, 『明治宗教思潮の研究: 宗教学事始』(東大出版会, 1979) 참조.

것이 수긍된다.

그런데 왜 '윤리도덕'이 '민심의 통합'과 같은 차원에서 거론되는가? 그것은 이노우에가 사회 또는 국가 단위로 선이 일치해야 한다고 생각했기 때문일 것이다. 즉, 한 사회는 같은 선의 체계를 공유해야 한다고 생각한 것이다. 일본은 아시아 국가에서 독보적인 문명국으로 발돋움하며 독립국으로 인정받았지만, 어느 시기까지는 다른 아시아 나라들과 마찬가지로 끊임없이 국권을 위협받았으며 서양 열강과 불평등 조약을 맺었다. 외부의 위협에서 나라를 지켜야 한다는 생각은 나라 안 사람들을 한 덩어리로 여기는 생각으로 이어졌다. 이노우에는 일본 사람이라면 모두 한마음으로 일본을 위하는 행동을 하는 것이 선이라고 생각했다. 같은 사고방식으로 그는 기독교가 서양 나라들의 이익을 대변한다고 생각했다. 그러므로 기독교가 일본 국민에게 퍼지는 것을 서양이 일본을 군사적으로 위협하는 것과 마찬가지로 위험한 일이라고 받아들였다.[8] 기독교가 일본인의 민심에 침투하는 것을 개인 차원의 윤리 문제가 아니라 국가 질서를 흔들 수도 있는 일이라고 생각한 것이다.

외국인이 일본 안에서 일본인과 섞여 체류하면 기독교의 침투가 더 위협적일 것이라고 여겨 두려워했던 이노우에는 그 상황을 막을 수 없다면 "유위의 호걸이 나타나" 기독교와 경쟁할 수 있는 실력을 갖춰야 한다고 생각했고,[9] 실제로 자신이 할 수 있는 방법으로 그 일을 시도했다. 기독교가 퍼짐으로써 "가장 두려"운 것은 불교가 쇠락하고 신도가 압도당하는 것, 그리하여 "고래 우리 나라 민심을 결합시켜 온 종교

---

8 井上哲次郎(1890),「井上哲次郎氏の宗教論」,『井上哲次郎集』第9卷, 24쪽.

9 井上哲次郎(1899),「宗教の將來に關する意見」,『井上哲次郎集』第3卷, 95쪽.

는 결국 패배하고 절멸하며, 다른 종족의 다른 종교가 그 안에 혼입하여 일치 통합을 해치는 것"[10]이라는 이노우에의 말은 그가 어떤 마음으로 종교를 연구했는지 웅변한다.

그는 정교수로 부임하면서 교육칙어의 공인 해설서를 쓰고, 이어서 기독교가 비국가주의라고 공개적으로 비난하며 전국의 기독교인들을 패닉에 빠뜨렸다. 이 두 가지 역시 기독교에 맞서 일본의 종교를 지키는 일이었다. 교육칙어를 지지하는 것이 일본의 윤리도덕을 적극적으로 발양한 것이라면, 기독교 공격은 일본의 윤리도덕을 지키기 위한 방어였다.

그는 당대 일본에 맞는 종교를 찾기 위해 일본에서 기성 종교로 유통되던 기독교, 유교, 불교, 신도를 검토했다.[11] 실제로 앞에서 언급한 도쿄제국대학의 '동양철학' 수업에서 이노우에가 다룬 것은 그 종교들이었다. 지적으로 실재에 다가가는 철학이 더욱 문명적이었지만 무지몽매한 민중이 없어지지 않는 한 종교가 민심에 미치는 영향은 막대하다고 생각한 이노우에에게,[12] 종교는 철학만큼 중요했다. 아카데미 안에서 과학의 이름으로 행해진 그의 종교 연구는 사실은 일본의 '국민도덕'을 찾기 위한 것이었다. 이하에서는 이노우에가 다룬 종교들을 차례대로 검토한다.

---

10 井上哲次郎(1891),「內地雜居の結果如何」,『天則』3−10(1891.4), 10−11쪽. 鈴木範久,「'倫理'のための'宗教': 井上哲次郎の'比較宗教及東洋哲学'」, 95−96쪽에서 재인용.

11 井上哲次郎,「宗教の將來に關する意見」, 207쪽. "유교, 불교, 기독교, 신도"를 이노우에는 당시 일본의 종교로 꼽았다.

12 井上哲次郎(1901),「認識と実在との関係」,『巽軒文集二集』;『井上哲次郎集』第3巻, 235쪽.

2. 교육칙어와 기독교 비판

메이지 정부가 1871년 문부성을 설치하고 이듬해 반포한 '학제(學制)'는 문명개화를 기조로 하여 공리주의에 기반한 실용 교육을 골자로 했다. 거기에서 도덕교육은 최하위에 자리했고, 그마저도 서양 윤리 교과서 번역본을 사용해 단편적인 예의범절을 구두로 전달하는 수업이었다. 메이지 정부 출범 후 10년 정도 지난 해부터 도덕적 실천 교육을 수반하지 않는 문명개화가 지닌 위험성이 지적되면서, 결국 1880년 '개정교육령'에는 수신 과목이 교과 과목 가운데 가장 첫머리에 올랐다.[13] 이러한 변화는 제국헌법과 교육칙어의 발포로 정점에 이르렀다. 1889년 제국헌법에 이어 1890년 발포된 교육칙어는 입헌군주정체를 표방하면서 유교주의와 군국주의적 국가주의를 혼합한 메이지 정부의 교육 방침을 여실하게 드러냈다.

이노우에는 교육칙어의 공인 해설서 『칙여연의(勅語衍義)』(1891)의 공식 저자로서[14] 교육칙어에 직접적으로 관여했다. 『칙여연의』 서문에서 이노우에는 "작은 섬나라 일본으로서는 각국이 제멋대로 병탄을 자행하는 때에는 사방이 모두 적"[15]이라고 위기의식을 드러냈다. 그러나 독립조차 바라보기 어려운 나라투성이인 동양에서 오직 일본만은 나날이 진보해 가고 있다고 희망을 보인다.[16] 그가 기대하는 희망의 근거는

13 水田聖一, 「近代日本における教育制度の形成と道徳教育」, 『人文社会学部紀要』 2(2002. 3) 참조.

14 이노우에가 『칙어연의』를 집필한 것은 정부에 기용되었기 때문이며, 그가 작성한 초고를 가토 히로유키(加藤弘之)를 비롯해, 나카무라 마사나오(中村正直), 니시무라 시게키(西村茂樹) 등의 의견을 듣고 수정했다고 한다. 井上哲次郎(1942), 「井上自傳」, 『中外日報』; 『井上哲次郎集』 第8卷, 32쪽.

15 井上哲次郎(1891), 「勅語衍義叙」, 『勅語衍義』, 1–2쪽; 『井上哲次郎集』 第1卷.

다음과 같았다.

> 칙어의 취지는 효제충신(孝弟忠信)의 덕행을 닦아 국가의 기초를 굳게 하고 공동애국(共同愛國)의 의로운 마음을 배양하여 불우의 변을 준비하는 데 있다. 우리 나라 사람이 모두 이에 의해 몸을 일으킨다면 민심의 결합을 기대하는 것이 어찌 어렵겠는가. 나라의 강약은 주로 민심의 결합 여하에 의한다. 민심이 결합하지 않는다면 성벽과 군함도 믿을 만하지 않다. 민심이 결합한다면 백만의 강한 적이라도 우리를 어찌하지 못할 것이다. 그렇다면 칙어의 취지에 의해 민심을 결합하는 일의 절실함이 오늘날 같은 적이 없다.[17]

그의 예상에 의하면, 국민의 한결같은 '효제충신'의 덕은 국력의 기초가 되고 한결같은 '공동애국'은 전쟁에서 가장 강력한 무기가 될 것이다. 그러기 위해서는 "세상의 자제들이 모두 국민적 교육을 받으며 성장"[18]하는 것이 필요하다. 그는 교육칙어를 직접적이고 실행력 있는 민심 통합의 도구라고 받아들였다.

교육칙어 발포 후 기독교도였던 고등학교 교사 우치무라 간조(内村鑑三)의 불경 사건이 발생했다. 교육칙어 봉독식(奉讀式)에서 예를 표현하는 것이 충분하지 않았다는 교내 구성원들의 비난과, 그에 따른 우치무라의 해임으로 조용히 마무리될 수도 있는 사건이었다. 그런데 이 일에 이노우에가 가담함으로써 전국적인 사건이 되어 버렸다. 이노우에는 이 사건을 '충군애국(忠君愛國)'으로 민심을 통합하는 일에 맞서는

16 井上哲次郎, 「勅語衍義叙」, 2쪽.
17 井上哲次郎, 「勅語衍義叙」, 3-4쪽.
18 井上哲次郎, 「勅語衍義叙」, 8-9쪽.

기독교의 도전으로 부각시키고, 일본의 민심 통합에 기독교가 얼마나 위해한지 알리고자 했다.

교육칙어가 발포되기 한참 전부터 이노우에는 기독교가 일본의 민심에 영향을 주는 것을 심각한 위협으로 받아들였다. 일본인이 기독교를 믿으면 기독교국이 아닌 일본을 무시할 것이고, 그러면 민심이 분리되고 국가의 기반이 무너질 것[19]이라는 점이 핵심이었다. 그는 종교와 국가권력이 밀접하게 연결된다고 생각했기 때문에, 개인이 믿는 종교로 인해 "국가의 기반이 무너진다."라고 걱정하는 것이 과장된 호들갑은 아니었다. 그는 서양 열국이 기독교를 세계 유일의 종교라고 선전하면서 시간과 노력과 자본을 써서 포교하려는 것은 자신들의 "국권을 확장"하기 위해서라고 믿었다.[20]

이노우에는 불경 사건 이후 전개된 자신에 대한 기독교인의 공격과 그에 대한 자신의 반격을 『교육과 종교의 충돌』이라는 책으로 엮었다. 그 책을 집필한 목적이 교육칙어의 주된 뜻과 기독교의 주된 뜻이 다르다는 것을 보여 주기 위함이라며,[21] 그는 기독교가 "국가를 주로 여기지 않는다."라는 점과 "충효를 중히 여기지 않는다."라는 점을 교육칙어와 다른 중요한 사항으로 들었다. 사실은 이 둘도 같은 내용을 다른 방면에서 이야기한 것에 불과하다. 즉, 그의 기독교 비판은 기독교 자체에 대한 이해에서 나온 것이 아니라, 교육칙어를 "충군애국을 최후의 덕으로 삼는, 한마디로 말하면 전적으로 국가주의"[22]라고 이해

19 井上哲次郎(1883), 「耶蘇弁惑序」, 『東洋學藝雜誌』 18; 『井上哲次郎集』 第9卷, 10쪽.

20 井上哲次郎, 「井上哲次郎氏の宗教論」, 24쪽.

21 井上哲次郎(1893), 『教育と宗教の衝突』(敬業社等), 4쪽.

22 井上哲次郎(1892), 「宗教と教育との関係につき井上哲次郎氏の談話」, 『教育時論』; 『井上哲次郎集』 第9卷, 110쪽.

하고, 기독교는 국가주의를 취하지 않기 때문에 배척해야 한다고 판단한 데서 나온 것이다. 즉, 교육칙어와 기독교를 국가주의와 비국가주의로 대치시킨 것이다.

이전부터 이노우에는 기독교가 서양 나라의 국권과 결부되어 있다는 현실적 차원에서 기독교를 비판했는데, 『교육과 종교의 충돌』을 통해 기독교는 국가주의를 취하지 않기 때문에 수용할 수 없다는 논리적 차원의 비판을 더한 것이다.

훗날 이노우에는 교육과 종교의 충돌 논쟁 사건을 회고하면서, 알려진 전말 외에 그 배경을 알아야 한다고 설명을 덧붙였다. 그 배경이란 외국 선교사가 일본을 식민지처럼 대한다는 것, 종교는 기독교밖에 없다고 생각하며 일본을 상당히 저급한 비문명국으로 대한다는 것, 은근히 일본 국체를 훼손하는 언행을 한다는 것, 정치와 무관계한 것처럼 꾸미지만 실제로는 미국의 앞잡이라는 것 등이다.[23] 그는 말년까지도 종교를 국가권력과 밀접한 것으로 생각했으며, 기독교를 일본의 국권 수호라는 관점에서 보았음을 확인할 수 있다. 이노우에도 언급했듯이 당시 일본에 온 선교사들은 대부분 미국의 개신교에서 파견한 사람이었다.[24] 이들은 정교분리 원칙을 갖고 포교 활동을 했지만, 이노우에는 종교란 정치와 분리될 수 없다고 확고하게 믿고 있었다. 이 말년의 회고는 그들의 정치적 의도를 시종일관 위협적으로 생각하고 있었음을 보여 준다.

이노우에에게 종교는 민심 통합의 도구였고, 그 점에서 교육칙어

---

23 井上哲次郎, 「井上自傳」, 34-37쪽.

24 井上哲次郎, 「井上自傳」, 34-37쪽을 보면, 당시 일본에 온 선교사들은 개신교 가운데 특히 미국에서 온 선교사들이라고 한다.

는 명백하게 종교의 대용물이었다.[25] 이노우에는『칙어연의』를 통해 그것을 노골적으로 천명했다. 그 점에서 '교육과 종교의 충돌'은 실상 일본 종교와 기독교의 충돌이었다.

3. '비교종교와 동양철학' 강좌와 불교

이노우에는 도쿄제국대학에 정교수로 부임하면서 바로 '비교종교와 동양철학'(1891-1897) 강의를 시작해 브라만교와 불교를 다뤘다. 처음부터 브라만교와 불교를 강의할 생각이었으며,[26] 브라만교와 불교를 종교이면서 철학이라고 평가했기 때문에 강의명을 '비교종교와 동양철학'이라고 붙였다. 그 강의를 진행하던 1894년에 이노우에는「동양의 철학 사상에 대하여」라는 글을 발표한다. 이 글 첫머리에서 "동양의 철학 사상"은 범위가 너무 크기 때문에 "우선 인도의 철학 사상에 대해 서술한다."라고 밝혔는데,[27] 이는 '비교종교와 동양철학' 강의에 대한 설명이기도 했다. 이 글에서 이노우에는 브라만의 육파철학에 대해 소개하고, 이어서 불교를 소개한다.

이 강의를 시작한 직접적 계기는 유럽 학자들이 인도철학에 갖는 관심 때문이었다. 그는 "독일의 유명한 철학자 쇼펜하우어"는『우파니샤드』때문에 인도철학을 알게 되었으며,[28]『우파니샤드』에는 "심원

25 鈴木範久,「'倫理'のための'宗教': 井上哲次郎の'比較宗教及東洋哲学'」, 100쪽.

26 井上哲次郎,「井上自傳」, 44-45쪽.

27 井上哲次郎(1894),「東洋の哲学思想に就いて」,『井上哲次郎集』第9卷, 123쪽.

28 '브라만교'는 고대 인도에서『베다』경전을 근거로 성립된 종교다. 기본 성전인『베다』를 진리로 인정하고 해석하면서 여러 유파로 갈라졌는데, 그 가운데 여섯 개의 파가 정통 브라만 계통으로서 '육파철학'으로 불린다. '베단타학파'는 육파철학 가

한 철학사상이 도처에 존재"한다고 평가한다.[29] 이노우에는 『우파니샤드』를 비롯해 육파철학이 공유하는 철학에 대해, 변하지 않는 본체로서 '범천(梵天)'과 그것의 현상으로서 '제행무상(諸行無常)'으로 세계를 설명한다고 소개한다.[30]

이러한 브라만 철학의 환경 속에서 불교는 범천, 즉 브라만을 부정하면서 고정불변의 실체는 없으며 모든 것은 연기(緣起)에 의해 조건적으로 생멸한다는 세계관을 주장하면서 일어났다는 것이 일반적인 이해다. 그런데 이노우에는 불교 역시 육파철학과 같은 세계관이라고 해석한다.

> 범천 대신에 불교에서는 진여(眞如)라고 부른다. 세계의 본체인 진여는 여래(如來)이며, 뒤에는 목상(木像)도 되고 금상(金像)도 되고 여러 가지로 된다. 본래는 철학적 관념, 추상적 관념에 지나지 않는다. 선천 유심론이라는 것으로, 유럽에서는 칸트, 쇼펜하우어의 세계관이다. 칸트, 쇼펜하우어가 귀결하는 바는 북방불교와 같다. 이 세계관은 옛날 플라톤의 생각과 상당히 가깝다. 그리고 피히테, 셸링, 헤겔도 불교의 유심론과 상당히 공통되는 점을 가지고 있다. 또 진실체를 말하는 바에서 보면 스피노자가 실체를 말하고 하르트만이 불각(不覺)을 말하는 것과 같은 의미다. 그러므로 북방불교의 세계관에는 일종의 심원한 진리가 함축되어 있다고 단언할 수 있다. 나 자신의 철학상 사고는 꼭 이와 동일하지 않고 여러 점에

운데 하나로 절대자 브라만(Brahman)과 개별적 영혼인 아트만(Atman)이 다르지 않음을 깨달음으로써 해탈에 이른다는 것을 기본 교리로 한다. 베단타학파의 이 기본 교리를 담고 있는 경전이 『우파니샤드』다. 즉, 베단타학파는 『베다』 경전 가운데 특히 『우파니샤드』를 중시한다.

29 井上哲次郎, 「東洋の哲学思想に就いて」, 124쪽.

30 井上哲次郎, 「東洋の哲学思想に就いて」, 125쪽.

서 다르지만, 어떤 점에서는 상호 근접하는 것이 있다. 그러므로 동양의 철학이라는 것은 충분히 연구할 가치가 있다.[31]

북방불교는 티베트, 중국, 한국을 거쳐 일본에 전래된 대승불교를 가리킨다. 대승불교의 '진여', '여래'를 이노우에는 브라만교의 '범천'과 같은 본체라고 해석하는 것이다. 나아가 일련의 독일관념론에서 말하는 '실체'와도 같다고 생각하며, "독일 전체의 철학 사상이 우파니샤드 철학 사상과 뚜렷하게 암합한다."[32]라고 말한다.

학부 시절 이노우에는 하라 단잔(原坦山)이라는 선승에게 『대승기신론』 강의를 듣고 "비로소 대승불교의 묘미를 알게 되었다."라고 한다.[33] 이노우에는 인도철학뿐 아니라 『대승기신론』에도 독일철학과 비슷한 사상이 있음을 알게 되었다고 회상한다.[34]

1894년 발표한 「내 세계관의 먼지 한 톨」에서 이노우에는 앞에서 언급한 플라톤, 베단타철학, 불교, 그리고 칸트를 필두로 한 독일철학자들의 세계관을 모두 '유심론'으로 정리한다.[35] 유심론은 '있는 것은 주관뿐이며 따라서 객관세계도 주관의 산물'[36]이라고 하는 세계관이다. 유심론적 세계관으로 가득 차 있던 인도의 경우, 그 결과 자연과학이 발달하지 않았고 사회를 조직하고 국가를 일으킨다는 사고가 없었으며 세상을 개량하고 진보시키려는 시도도 희박하다고 진단한다.[37] 그의

---

31 井上哲次郎, 「東洋の哲学思想に就いて」, 131-132쪽.
32 井上哲次郎, 「東洋の哲学思想に就いて」, 124쪽.
33 井上哲次郎(1943), 『懐舊錄』; 『井上哲次郎集』 第8卷, 293-294쪽.
34 井上哲次郎, 『懐舊錄』, 202쪽.
35 井上哲次郎, 「我世界觀の一塵」, 149-150쪽.
36 井上哲次郎, 「我世界觀の一塵」, 149쪽.
37 井上哲次郎, 「我世界觀の一塵」, 150쪽.

주장에 의하면, '북방의 불교'나 '칸트'를 비롯한 독일관념론도 모두 베단타 철학과 대동소이한 유심론이다.[38]

이 유심론에 반대하면서 이노우에는 자신의 세계관은 '현상즉실재론'이라고 소개한다.[39] 실재론은 주관 외에 주관과 독립하여 객관적 실재도 존재한다는 것인데, '현상즉실재론'은 단순한 실재론이 아니라 '현상'과 '실재'를 '즉(卽)'이라는 불교용어로 연결해 놓은 실재론이다. 그의 설명을 그대로 가져오면 "모든 현상은 현상이면서 동시에 실재이며, 현상 외에 현상을 떠나 별도로 실재가 있다고 하는 것이 아니"라는 것이다. 현상이란 내 주관에 드러난 세계이며, 실재란 내 주관과 관계없이 존재하는 것이다. '즉'은 이 대립하는 두 항을 마음의 내적 변화에 의해 하나로 이어 준다. 그 논리에서 현상과 실재는 한 몸의 두 모습[40]이라고 한다. 가령 '색즉시공, 공즉시색'이라고 할 때 세상은 변함없으나 내가 어떻게 보느냐에 따라 색으로도 드러나고 공으로도 드러난다. 상식적인 시각으로 보면 세계는 현상으로만 드러난다. 거기에 자연과학도 성립한다. 그러나 실재라는, 주관을 가진 나까지 포함해 모든 존재의 기반을 이루는 존재의 본질을 깨달으면 세계는 한 덩어리로 보인다는 것이다. 『대승기신론』에는 "일체법은 말로 표현할 수 없고 생각할 수 없으므로 '진여'라고 이름한다."[41]라는 구절이 있다. 이노우에는 이에 대해 실재는 "내부의 직관에 의해 깨달아야 하는 것으로, 특수한 현상에서 인식하는 것처럼 변별 작용에 의해 설명할 수 있는 것이 아닌데, 『대승기신론』은 이 뜻을 대단히 분명하게 서술했다."라고 평가한

38 井上哲次郎, 「我世界觀の一塵」, 155쪽.

39 井上哲次郎, 「我世界觀の一塵」, 149쪽.

40 井上哲次郎(1897), 「現象卽實在論の要領」, 『井上哲次郎集』 第9卷, 159-160쪽.

41 井上哲次郎·有賀長雄(1884), 『改訂增補 哲學字彙』(東洋館書店), 105쪽.

다.[42] 인식할 수 없고 말로 표현할 수 없는 '진여'를 이노우에는 독일관념론의 '실체'와 동일시한 것인데, '진여'를 보고 칸트의 '물자체'를 떠올렸을 것이다. 그러므로 이노우에가 『대승기신론』의 진여와 생사의 세계, 칸트의 물자체와 현상의 세계를 '유심론'으로 처리하는 것은 적절하지 않다. 특히 진여나 물자체를 실체라고 부른 이상 그 세계관은 유심론일 수 없다. '실체'는 어떤 것에도 의존하지 않고 스스로 존재하는 것이므로 주관의 산물일 수 없기 때문이다. 사실 여부가 어찌 되었든 이노우에는 불교나 독일관념론과 다르게 현상즉실재론은 현상도 실재도 모두 존재성을 갖는 세계라고 자신의 세계관을 특화한다.

인도철학과 독일관념론 전통을 하나로 묶어 유심론으로 처리하는 이러한 평가의 정당성 여부는 접어 두고, 이노우에가 그러한 현상즉실재론을 통해 주장하려는 것이 무엇인지에 집중해 보자. 우선, 일본에서 오랫동안 '교(敎)'[43] 역할을 해온 불교는 유심론이므로 현대 일본의 종교로 채택할 수 없다는 결론이 나온다. 그 대안으로 그가 제시한 현상즉실재론은 다양한 현상으로 드러나면서 동시에 현상을 안내 혹은 관리하는 실재의 세계관이다. 이 세계관은 현상을 미망으로 보고 염세에 빠질 수 있는 유심론의 위험성을 보완하는 한편, 자연과학이 다루는 대상이나 현실의 차별적인 모습을 절대화하는 일도 막을 수 있다.

이노우에는 만년의 회고록 「메이지 철학계의 회고」에서 "현상과 실재의 관계"는 "차별과 평등의 관계"라고 말한다. 즉, 차별은 현상의 일일 뿐, 실재 방면에서 보면 평등이라는 것이다. "어떤 현상이라도 특수성은 있지만 다른 현상과 전혀 다른 것이 아니다. 바꿔 말하면 모든 점

---

42 井上哲次郎, 「認識と實在との關係」, 157쪽.

43 전근대의 '敎'에는 윤리와 종교의 의미가 다 들어 있다. 즉, 양쪽의 역할을 했다.

에서 근본적으로 차별되는 것이라고는 할 수 없다."[44]라고 말한다. 이렇게 되면, 평등을 실재 차원에서 확보함으로써 현상 차원의 차별에 대해서는 적극적으로 문제 삼지 않게 된다. 오히려 그 현상을 있는 그대로 인정하게 함으로써 차별적 현상에 인간의 적극적인 개입을 차단하게 된다. 이것은 실재 방면에 방점을 찍고 현상즉실재론을 해석하는 경우인데, 반대로 현상 방면에 방점을 찍고 현상즉실재론을 해석하면, 일본의 특수 윤리라는 현상 차원의 일은 그대로 실재와 연결되기 때문에 세계 보편의 문제라고 정당화될 수 있다. 현상즉실재론은 이처럼 현실을 있는 그대로 정당화하는 것도 가능하고, 실재에 무게를 두고 현상의 일에 눈감는 것도 가능한 논리다.[45]

이처럼 불교는 현실 생활에 가치를 두지 않는 유심론이어서 일본의 종교로 채택되지 않지만, 불교를 바탕으로 개발된 세계관인 현상즉실재론은 일본주의 또는 국가주의에 기반한 이노우에의 여러 주장을 이론적으로 정당화해 주는 일을 하게 된다.

---

44 井上哲次郎(1932), 『明治哲学界の回顧』(岩波書店); 下村寅太郎·古田光 編, 『哲學思想』(筑摩書房, 1965), 61-62쪽.

45 실제로 1980년대 일본에서는 불교학자들에 의해 '비판불교' 운동이 전개되었는데, 이들은 일본 불교의 '본각(本覺)' 전통이 석가의 진의에서 벗어난 것이며 현실적으로 일본 문화의 자기 찬미를 위해 만들어진 상부 구조라고 비판했다. '본각'의 구체적인 내용은 "모든 것이 단일하고 보편적이고 영원한 실재에 기반한다."라는 주장으로, 일본에서는 특히 『대승기신론』의 압도적인 영향 아래 전개된 '여래장' 사상이 주축을 이룬다. 비판불교자들은 일본의 '본각' 전통에 대해, 모든 다양한 현상이 실재에 기반한다고 주장하면서 '평등'의 관념을 선전하지만 실제로 현실에서 이는 차별로 이어진다고 비판한다. 제이미 허바드·폴 스완스 지음, 류제동 옮김, 『보리수 가지치기: 비판불교를 둘러싼 폭풍』(씨아이알, 2015); 길희성·류제동·정경일 지음, 『일본의 종교문화와 비판불교』(동연, 2020) 참조.

4. '충효'를 제공하는 유학

이노우에는 '신앙'을 종교의 중요한 요소로 꼽으면서, 신앙의 요소를 갖지 않는 유교는 "종교적 분자가 전혀 없는 것은 아니지만 대체로 덕교(德教)"[46]라고 정리한다. 그에게 종교의 가장 큰 의미가 윤리 제공이라면, 그가 '덕교', 즉 '도덕의 가르침'이라고 규정한 유교는 그 무엇보다 중요하다. 그는 유교는 종교라고 하기 어렵지만 형식은 종교와 다르지 않다면서 종교로서 논하기도 한다.[47] 그는 인도철학과 불교를 다룬 뒤 '동양철학사' 강좌에서 차례대로 에도 시대의 양명학, 고학, 주자학을 다루고, 순차적으로 그에 관한 책을 출간한다. 그 책들의 집필 의도를 밝힌 「서」와 「서론」 등에서 이노우에가 불교와 함께 일본인들의 정신에 영향을 주고 있는 유학에 어떤 것을 기대했는지 엿볼 수 있다.

『일본 양명학파의 철학』 「서」에서 이노우에는 일본에서 전개되어 온 양명학이 일본 "국민의 심성을 주조하고 도야해 온 덕교의 정신"이라고 소개한다.[48] 특히 양명학의 도덕이 일본 국민의 심성을 만들어 온 도덕의 근원이라고 주장한다. 이노우에는 책을 내는 이유가 "공리주의 혹은 이기주의를 고취"하는 자들이 일본 "국민의 도덕심을 근저에서 박멸"할 수도 있다는 경계심 때문이라고 밝힌다.[49] 즉, 그는 공리주의를 가장 경계해야 할 윤리 이론으로 규정한다. 그가 공리주의를 배척하는 이유는 다음과 같다.

---

46 井上哲次郎(1915), 「基督教と儒教」, 『哲學と宗教』; 『井上哲次郎集』 第5卷, 395쪽.

47 井上哲次郎, 「宗教の將來に關する意見」, 207쪽.

48 井上哲次郎(1900), 「日本陽明學派之哲學序」, 『日本陽明學派之哲學』(富山房, 1918), 2쪽.

49 井上哲次郎, 「日本陽明學派之哲學序」, 2-3쪽.

> 공리주의는 국가 경제주의로서는 본래 가능하다. 그러나 이것을 개인에 관한 유일의 도덕주의로 삼는 것은 안 된다. 왜냐하면 그 경우 도덕은 타율적이 되어 심덕을 양성하는 효과가 조금도 없다. 공리주의는 사람을 사욕으로 이끄는 가르침으로, 우리 나라에서 종래 신성시했던 심덕을 더럽힌다. 공리주의는 짜임새 있게 고안된 이론이지만, 덕교로서는 취할 만하지 않다. 또한 이기주의는 참으로 유해무익한 궤변에 지나지 않는다.[50]

그가 생각하는 도덕의 효용은 민심을 하나로 모으는 것이고, 민심을 모아야 하는 이유는 열강의 위협에서 일본의 독립을 지키기 위해서다. 독립이라는 가치를 위해 개인의 헌신을 요구하는 도덕은 구조상으로 유용성의 원리여야 하고, 공리주의의 변형이라 할 수 있는 국가주의여야 할 것이다. 그러나 이노우에는 위 인용문에서처럼 공리주의는 "타율적"이어서 "심덕 양성의 효과"가 없고, 심지어 "사욕으로 이끌" 것이라고 경계한다. 그래서 공리주의와 이기주의를 같은 맥락에서 논한다. 그는 자율적으로 공적인 것에 헌신하는 마음을 원하며, 유학이 그것을 제공한다고 생각했다.

양명학뿐만 아니라 주자학 역시 "인격 완성을 기약"하는 점에서 공리주의와 상반된다고 평가한다.[51] 이노우에는 내면의 도덕성을 전제하고 그것의 성장을 도모하는 도덕을 바람직하다고 생각한다. 그 점에서 양명학의 '심즉리'든 주자학의 '성즉리'든 모두 '본성은 선하다'는 맹자의 재해석으로, 이노우에가 찾는 그것이다. 이노우에는 '자율적으로 공적인 것에 헌신하는 마음'을 이 성선설에서 찾은 것이다.

50 井上哲次郎, 「日本陽明學派之哲學序」, 3쪽.
51 井上哲次郎(1905), 『日本朱子學派之哲學』(富山房, 1915), 2–3쪽.

양명학의 심법(心法)은 서양에 없는 독특한 것이지만,[52] 주관적이라는 한 방향에 치우친 단점이 있다고 이노우에는 판단했다.[53] 그 점에서 도덕과 지식을 다 갖추어 "중용을 얻은" 주자학[54]이 바람직한 도덕처럼 보였다.[55] 그러나 당시 서구화에 앞장서는 이들이 유학을 전근대의 것이라고 비판하는 것에서 유학을 보호하고 또 서양 윤리학의 이론에 대비되는 실천성을 강조하기 위해, 이노우에가 근대 일본의 덕육을 책임질 대표 유학으로 선택한 것은 양명학이었다.[56] 그는 양명학을 다음과 같이 평가했다.

> 그러나 단점이 있는 곳이 바로 장점이 있는 곳이다. 왕학자[57]가 객관적 지식을 구하지 않고 주관적 일방에 기우는 것은 잘못이지만, 이 역시 결심을 하는 데는 적절한 방법이다. 내 마음을 돌아보아 한 점 부끄러움 없으며 정도를 가고 정의에 의한다면 무엇을 두려워하랴, 모든 불선과 불의를 배척하고 나의 도덕을 실행할 뿐이다, 이렇게 사유하고 결심한다. 이리하여 때때로 상황과 시세를 돌아보지 않고 산을 뽑고 바다를 뒤집을 듯한 일도 못 할 것이 없다.[58]

52 井上哲次郎,『日本陽明學派之哲學』, 577-578쪽.
53 井上哲次郎,『日本陽明學派之哲學』, 575쪽.
54 井上哲次郎,『日本朱子學派之哲學』, 8쪽.
55 井上哲次郎,『日本朱子學派之哲學』, 9쪽에서 이노우에는 다음과 같이 말한다. "유신 이래 양학이 발흥하여 우리 나라 교육이 모두 면목을 새롭게 했다고 해도, 오직 덕행 한 가지는 영원히 주자학파 대표자에게 배워야 한다는 것은 우리가 단언하여 의심하지 않는다."
56 근대적 정신을 가진 유학으로서 양명학을 평가한 경위에 대해서는 이혜경, 「주자학이 전근대의 대표이념이 되기까지: 후쿠자와 유키치와 이노우에 데쓰지로의 유학을 둘러싼 공방」, 『동양철학연구』 108(2021) 참조.
57 당시 '양명학'을 '왕학'이라고도 부르며 호환해서 사용했다.
58 井上哲次郎,『日本陽明學派之哲學』, 576-577쪽.

그는 구마자와 반잔(熊沢蕃山), 오시오 헤이하치로(大塩平八郎), 사쿠마 쇼잔(佐久間象山)뿐만 아니라, 요시다 쇼인(吉田松陰)이나 사이고 다카모리(西郷隆盛)와 같은 근대화의 주역들까지 모두 양명학자로 '사공(事功)'에서 눈여겨볼 만한 업적을 남긴 사람들[59]이라고 평가한다. 현실에서의 효과를 의미하는 '사공'은 '선한 본성'과 실제로 양립하기 어려운 개념이며, 요시다 쇼인이나 사이고 다카모리가 양명학자였다는 객관적 증거는 없다. 선한 본성을 발휘하는 것을 도덕의 성취로 생각했던 유학자들은 결과를 의도하는 행동을 비난조로 '사공'이라고 불렀다. 이노우에는 계산하는 마음이 아닌 순수한 마음으로 결과까지 내기를 바라기 때문에 '계산 없는 순수한 마음'과 '사공'을 동시에 요구한다. 그가 바라는 순수한 마음이란 설사 "계란으로 바위치기"처럼 보이는 일일지라도 "상황과 시세"도 돌아보지 않고 한 몸 기꺼이 바칠 수 있는 마음이다.[60] 이러한 실천에는 지식이 오히려 장애가 될 수 있으므로, 지식과 거리가 있는 양명학의 특성이 단점이지만 장점이 된 것이다.

유학의 종주국은 중국이다. 유학을 근대 일본에서 의미 있는 것으로 설명하기 위해 이노우에는 주자학에 관의 학문이며 획일적인 원리주의라는 전근대의 의미를 부여하고, 양명학에는 민의 학문으로서 자발적이고 실천적이라는 성격을 부여한다.[61] 또 한편으로 유학이 역사적으로 전개되면서 중국과 차별화되는 일본적 특성을 갖게 되었다고 강조한다. 단순하여 실천적인 점이 그가 말하는 일본 양명학의 특성인

59 井上哲次郎,『日本陽明學派之哲學』, 4–5쪽.

60 井上哲次郎,『日本陽明學派之哲學』, 4–5쪽.

61 이혜경,「주자학이 전근대의 대표이념이 되기까지: 후쿠자와 유키치와 이노우에 데쓰지로의 유학을 둘러싼 공방」참조.

데, 그 특성은 또 신도와 합일하여 일본적 속성이 되었다고 한다.[62]

선한 본성에 의한 자발적 실천의 구조를 가진 유학에서 이노우에가 구체적으로 뽑으려는 덕목은 '충효'다. 가정 안에서 부모에 대한 사랑과 형제간의 우애는 공자가 인(仁)의 근본이라고 했을 정도로[63] 유학의 핵심적 덕목이다. 그러나 군주에 대한 충은 올바름의 관점에서 맺어지는 관계로, 올바름을 뛰어넘는 천부적인 부자간의 사랑과는 다른 성격의 덕이다. 그래서 효와 충이 상충하는 일이 드물지 않다. 효와 충이 상충할 때 맹자를 비롯해 중국의 주류 유학자들은 효를 선택한다.[64] 이에 대해 이노우에는 중국에서는 충보다 효에 기울어, '충과 효가 하나의 근본[忠孝一本]'이라는 덕목이 『효경』에 실려 있음에도 불구하고 실제로는 '충효'가 실행된 적이 없다고 논평한다.[65] 그 때문에 중국에서 누차 왕조가 바뀌었으며,[66] 중국은 "군신 관계가 문란하다."[67]라고 비판한다. 그에 반해 일본에서는 군신 관계가 "거의 이상적"으로 실행되어 왕조의 교체가 없었다고 자찬한다.[68] 일본에서는 충효가 한몸으로 어긋나는 일이 없지만, 만약 충과 효가 양립하지 않을 때는 충을 취한다고 주장한다.[69] 나아가 충과 효를 하나의 뿌리에서 나온 것으로 설명하기 위해 이노우에는 '개별가족제도'와 '종합(總合)가족제도' 개념을 만들어 설명한다. 일가에 가장이 있어 일가를 통솔하고 일가의 선조를 제

62 井上哲次郎, 『日本陽明學派之哲學』, 573쪽.

63 『論語』, 「學而」: "孝悌也者 其爲仁之本與."

64 가령 『孟子』, 「盡心」에, 순임금의 아버지가 살인을 한다면 순임금은 천자의 자리를 버리고 아버지와 도망갈 것이라는 맹자의 의견이 실려 있다.

65 井上哲次郎(1912), 『國民道德概論』(三省堂); 『井上哲次郎集』 第2卷, 268쪽.

66 井上哲次郎, 『國民道德概論』, 53쪽.

67 井上哲次郎, 『國民道德概論』, 47쪽.

68 井上哲次郎, 『國民道德概論』, 54쪽.

69 井上哲次郎, 『國民道德概論』, 274쪽.

사 지내듯, 나라에는 나라의 가장이 있고 나라 공통의 선조를 위해 제사 지낸다는 설명이다.[70] 즉, 국가를 각 가족의 우산이 되는 큰 가족으로 설명한다. 이렇게 '충효'를 하나의 뿌리로 설명하고 그것을 타고난 선한 본성이라고 설정하면, 계산하는 마음 없이 타고난 본성을 실현하여 저절로 충군애국이라는 결과를 낸다는 시나리오가 성립된다. 즉, '계산 없는 마음'으로 '사공'의 효과를 본다는 것이다.

이리하여 "충효의 가르침은 유교가 주장하는 바이지만" "오직 일본에서만 고래부터 행해"진 것이 된다.[71] 또한 효보다 충을 우선으로 하는 "국가적 정신을 근본으로 하는 추세"[72]는 양명학과 신도가 공유하는 것이며, "무사도"는 "'충효일본(忠孝一本)'의 가르침이 전투적 방면에서 나타난 것"이고, "이른바 일본혼이라는 것도 '충효일본'의 근본주의를 가리키는 것"[73]이라고 하니, '충효'는 일본정신의 핵심이 된다.

5. 윤리적 종교

아시아에서는 문명국으로서 위세를 떨치면서도 서양과는 평등한 조약을 맺지 못했던 일본은 불평등조약을 개정하려고 부단히 노력했다. 그러기 위해서는 서양 강국이 요구하는 문명국의 조건을 갖춰야 했다. 외국인의 일본 거주도 허용하고, 그에 연동되어 신앙의 자유도

70 井上哲次郎, 『國民道德槪論』, 200쪽.

71 井上哲次郎(1906), 「日本における徳教の位置」, 『井上哲次郎集』 第9巻, 280-282쪽.

72 井上哲次郎, 『日本陽明學派之哲學』, 573쪽.

73 井上哲次郎, 「日本における徳教の位置」, 282쪽.

적극적으로 보호해야 했다. 신앙의 보호와 관련하여 일본 내에서 가장 예민한 문제는 교육과정에 스며 있는 종교 교육이었다. 1899년에 종교 교육금지령이 내려졌다. 나아가 '충효' 교육이 "문명 진보에 장애"가 된다는 의견[74]도 등장하고, 수신 교과의 폐지와 교육칙어 개정까지 제기될 정도로,[75] 유불(儒佛) 중심의 기존 윤리교육에 부정적인 기류가 형성되었다.

윤리교육에서 종교의 역할을 강조해 왔던 이노우에로서는 노선 변경이 필요했다. 그는 종교교육금지령이 내려진 그해에 「종교의 장래에 관한 의견」이라는 글을 발표해 종교의 존재 의미가 윤리라는 것을 다시 한번 강조하며, 그 존재 의미를 실현할 문명시대의 종교에 대한 자신의 탐색을 소개한다. 그는 일본에서 종교가 모두 쇠퇴해 가는 중이기 때문에 종교가 "국민교육"에 영향을 미치지 못한다고[76] 당시의 시대상을 정리한다. 또한 일본의 기성 종교인 신도, 불교, 유교, 기독교에 대해 각각의 장단점을 파악한다.

가령 일본에 전래된 지 오래되어 이미 일본화되었다는 것은 불교와 유교가 갖는 장점이다. 또 이 점에서 일본 민족의 조상교로서 신도가 갖는 힘은 막강하다. 한편, 문명국에서 덕육의 바탕이라는 점은 기독교의 장점이다. 그러나 기독교의 인격신은 과학에 역행하는 것이라는 단점이 있다. 또한 기독교의 유일신 신앙은 일본의 조상교 전통과

74 2차 이토 내각 사이온지(西園寺) 문상(文相)의 말이다. 長谷川琢哉, 「円了と哲次郎: 第二次 '教育と宗教の衝突'論争を中心として」, 『井上円了センター年報』 22(2013), 28쪽에서 재인용.

75 井浦節夫, 「命治後期における井上哲次郎と井上円了の思想対立」, 『比較思想研究』 34(2007), 123쪽.

76 井上哲次郎, 「宗教の將來に關する意見」, 210쪽.

정면에서 충돌한다. 불교는 이론적으로 풍부하고 순정철학(純正哲學)[77]으로서 손색이 없다는 장점이 있으나 염세적이고 금욕주의적이라는 단점이 있다. 그 점에서 일부일처제와 같은 기독교의 윤리는 바람직하다. 유교의 세속 지향 윤리 역시 더할 나위 없이 좋다. 다만 유교의 윤리는 사덕(私德), 즉 개인적인 관계에 치중하고 국가나 민족의 번영을 위한 윤리에 대해서는 말하지 않는다는 단점이 있다.[78] 이처럼 기존의 모든 종교가 장점도 갖지만 단점도 있기에 이들을 가지고 일본 교육계의 결함을 보충할 수는 없다[79]고 결론 내린다.

이상의 장단점을 고려하면, 이노우에가 원하는 종교는 일단 철학,[80] 과학과 양립하는 문명적인 것이어야 하고, 일본의 조상교 전통과 충돌하지 않으며, 개인윤리뿐만 아니라 국가·민족 윤리도 제시해야 한다. 이 외에도 서양에서 수입된 '윤리학'에 대한 그의 우려는 그가 원하는 것을 더욱 분명하게 보여 준다. 그는 메이지유신 이후 서양 학술을 수입하면서 윤리학까지 수입한 결과 지식교육[智育]은 도쿠가와 시대를 훨씬 넘어 진보했으나 도덕교육[德育]은 점차 퇴보했는데,[81] 그 이유가 서양에서 수입된 윤리학이 과학과 마찬가지로 '지식교육'이기 때문이라고 진단한다. 안다고 해서 실천으로 이어지는 것은 아니기 때문이다. 그는 "배워서 얻은 것을 행하게 하는 동기는 인식에 있지 않고, 인식을

77 형이상학이란 의미로 당시 사용하던 용어다.

78 이상, 井上哲次郎, 「宗教の將來に關する意見」, 213-221쪽, "四. 各宗教の長處短處" 참조.

79 井上哲次郎, 「宗教の將來に關する意見」, 221쪽.

80 井上哲次郎, 「宗教の將來に關する意見」, 233쪽. "인격적 실재를 설정하는 것은 조금이라도 철학 사상이 있는 자라면 믿을 수 없다."라고 언급한 점에서 현대의 종교는 철학과 양립해야 한다는 그의 생각을 읽을 수 있다.

81 井上哲次郎, 「宗教の將來に關する意見」, 211쪽.

초월하는 선천적 내용에 있다."[82]라고 단언한다. '선천적 내용'이란 선천적으로 공에 기여하는 마음, 즉 성선설을 가리킨다. 그의 공리주의에 대한 비판에서 그 내용이 더욱 분명하게 드러난다.

> 도덕적 행위에 관한 가장 중요한 점은 마음 안에서 느낀다는 데 있다. 마음 안에서 느끼는 그 감동은 모든 도덕적 행위의 중추로서, 윤리적 관념이 그로 인하여 발생한다. (…) 공리주의(利用主義, utilitarianism)와 같이 이해득실의 계산에 따라 행위의 법칙을 정하면, 단순히 외부의 이해득실에 이끌리기 쉬우므로 안에서 느끼는 것과 상호 배치될 수 있다. 이 안에서 느끼는 것은 조금도 이해득실에 관한 것이 아니기 때문에 아무리 이익이 많아도 꼭 이것이 유쾌하다고 느끼는 것은 아니다. (…) 이 안에서 느끼는 것을 무시해서는 안 된다. 이는 실로 선천적 내용의 음성으로서, 처음으로 나의 혼돈 세계에서 싹튼 것이다. 일체의 경험을 초월하는 평등무차별의 실재계에서 오는 것이다. 각각 개체가 된 소아의 의지에 의해 일어나는 것이 아니라, 소아의 뜻보다 앞선, 일체가 융합된 무한의 대아로부터 오는 음성이다.[83]

"평등무차별의 실재"가 개인의 마음에 내재해 있고, 그것이 도덕의 원천이라는 입장이라면, 당연히 공리주의를 배척할 것이다. 이노우에는 공리주의와 같은 외부의 원리는 실천의 효력도 떨어지고 내부의 충족감도 얻기 어렵다면서 거부한다.[84] 내적인 동기가 아니라 외적인 기준에 따라 윤리적 행위를 하는 사람은 이노우에에 의하면 "위선

---

82 井上哲次郎, 「宗教の將來に關する意見」, 212쪽.

83 井上哲次郎, 「宗教の將來に關する意見」, 235-237쪽.

84 井上哲次郎, 「宗教の將來に關する意見」, 235-236쪽.

자"다. 그런 사람은 내적인 마음과 외적인 행위에 틈이 있는데, 내외의 틈이 있으면 참된 마음으로 도덕적 행위를 희구할 수 없다고 생각하기 때문이다.[85] 즉, 그는 공리주의처럼 이익을 추구하는 본능과 이익을 계산하는 이성으로 선을 행하는 것은 참된 도덕이 아니라고 생각한다. 따라서 그는 "지식을 주로 하는 윤리학"은 위선자를 구원하기는커녕, 그들의 위선을 부추길 염려가 있다고 비판한다.[86] 그러므로 내외의 간극에서 생기는 위선의 고통에서 구원을 얻을 수 있는 길은 "그들이 내부에서 느끼는 것에 따라야 할 필요를 알고, 완전히 마음을 고쳐서 대아와 합일"하는 것이다.[87]

그에 의하면, 도덕의 원천은 각자의 마음 안에 있어 각자의 느낌으로 그것을 알지만, 그것은 개인적인 것이 아니라 "평등무차별의 실재계"에서 오는 "일체가 융합된 무한의 대아"의 음성이다. 그는 이 경지를 '적연부동(寂然不動)'이라고 표현하기도 하는데,[88] 이는 자신이 묘사하는 도덕의 원천이 성리학의 '성즉리'를 연상하게 한다는 것을 자각했기 때문일 것이다. "이 대아의 음성을 거스르는 것은 바로 소아의 음성인데, 그것은 전적으로 사욕에서 온다. 대아의 음성에 따르는 것은 선이고, 소아의 음성에 따르는 것은 악으로, 선악이 나뉘는 바는 분명하여 맑은 하늘의 밝은 태양과 같이 다시 의심의 여지가 없다"[89]는 말도, '천리'와 '사욕'을 대비시키는 성리학을 연상시킨다. 또한 '실재'라는 용어가 등장하는 데서 알 수 있듯이, 그에게 실재와 현상은 '대아'와 '소아'

85 井上哲次郎, 「宗教の將來に關する意見」, 238-239쪽.
86 井上哲次郎, 「宗教の將來に關する意見」, 239쪽.
87 井上哲次郎, 「宗教の將來に關する意見」, 239쪽.
88 井上哲次郎, 「宗教の將來に關する意見」, 237쪽.
89 井上哲次郎, 「宗教の將來に關する意見」, 237쪽.

로도 변주된다. 이 경우, 현상은 '소아'로 폄하되고 무시된다. '실재'에 무게가 실려 있기 때문이다.

한편, 이노우에에 의하면 "실재는 하나"인데, 인격적 실재, 만유적 실재, 윤리적 실재 등 다양한 관념과 언어로 표출된다.[90] 이것이 지역과 시간에 따라 다양한 종교가 나타난 이유다. 그러나 인격적 실재는 과학과 양립하지 않으며, 만유적 실재는 종교라기보다 철학이기 때문에 종교의 효험성을 지탱하기 어렵다. 또한 인격적 실재나 만유적 실재는 모든 종교가 갖는 공통점도 아니다. 이러한 특수한 점을 배제하고 모든 종교가 갖는 공통점을 추리면, '인천합일(人天合一)'을 희구하는 것이라고 이노우에는 주장한다.[91]

> 오로지 인천합일(人天合一)을 설정하고 윤리의 근저를 내 마음 안에 세우는 것은 종교를 효용 있게 하는 바탕이다. 본래 여러 종교의 가치는 세도인심(世道人心)을 돕는다는 점에 있다. 그리하여 여러 종교는 실로 세도인심을 도울 수 있는 근저를 가지고 있다. 범천이니 여래니 갓(God)이니 하늘[天]이니 하는 것, 이들을 표상[寫象]하는 방법은 반드시 하나가 아니다. 그래도 이와 같은 관념을 낳는 근거에 이르면 다시 어떤 차이도 없음을 볼 수 있다.[92]

종교의 가치가 "세도인심을 돕는" 점에 있고, '인천합일'이 모든 종교가 공유하는 바탕이라면, '윤리적 실재'[93]야말로 금후의 종교가 취할

90 井上哲次郎, 「宗教の將來に關する意見」, 223쪽.
91 井上哲次郎, 「宗教の將來に關する意見」, 223-229쪽.
92 井上哲次郎, 「宗教の將來に關する意見」, 233-234쪽.
93 井上哲次郎, 「宗教の將來に關する意見」, 229쪽.

수 있는 가장 합리적인 실재라는 것이 이노우에의 생각이다. 윤리적 실재는 개인으로 하여금 인천합일을 희구하면서 윤리적 존재가 되도록 한다. 개인이 실재와의 합일을 희구하는 것은 내면에서 실재와 분리된 존재가 아니기 때문이다. 「종교의 장래에 관한 의견」보다 10여 년 뒤에 발표한 「우리 나라 종교의 장래」라는 글에서, 이노우에는 윤리적 실재를 설정하는 종교, 즉 윤리적 종교에 관한 논의를 보다 분명하게 '현상즉실재론'의 맥락에서 언급한다.

> 우리는 개인으로서 특수한 상황에 있으면서 동시에 한편으로 영구한 측면을 가지고 있다. 이 영구한 측면이 종교가 존재하는 곳이다. 이 영구한 방면을 실제 생활에서 명확하게 한다면 불교도 기독교도 저절로 그 안에 있다. 그 영구한 방면을 잡고 실제 생활에 임하면 오히려 살아 있는 종교의 맛을 알 수 있다. 그리하여 살아 있는 종교는 순수한 도덕으로, 모든 기성 종교가 결국 일치[合同]하는 바다. 바꿔 말하면 순수도덕은 모든 기성 종교가 귀결해야 할 종착지다. 이 종착지로써 내 입장을 삼아 어떤 걸림도 없는 넓은 견지를 열어 모든 기성 종교를 융합하고 조화시켜야 한다. 일본인이 정신계에서 앞으로 노력해야 할 것은 참으로 여기에 있다.[94]

영구한 방면은 모든 존재가 공유하는 실재의 면이고, 이노우에는 이 실재를 '순수한 도덕'이라고 해석한다. 종교의 본질을 윤리적인 것으로 설정했으므로, 모든 기성 종교가 '순수한 도덕'에서 합일된다는 결

94 井上哲次郎(1915), 「我邦宗教の將來」, 『哲学と宗教』(弘道館, 2015); 『井上哲次郎集』 第5卷, 477쪽.

론은 당연하다. '순수한 도덕', 즉 "모든 기성 종교를 융합시키고 조화" 시키는 "새로운 견지"는 어떤 것인가? 논리적으로 여기에는 어떤 민족적인 내용도 들어가지 않는다. 다만 그가 보편적인 인간의 본성을 '충효'로 설정했음을 상기하면, 그것이 귀결하는 바를 짐작할 수 있다.

6. 신도와 국민도덕

이노우에는 무엇보다 일본의 안위를 중요하게 여긴 국가주의자였지만, 또한 철학과 교수로서 과학적 지식을 존중하는 지식인이고자 했다. 윤리적 종교를 내세우는 그의 입장 역시 윤리도덕의 역할을 하는 종교의 핵심을 살리면서, 과학과 철학에 배치되지 않는 근대적이고 보편적인 것으로 만든다는 취지였다. 그 입장에서 '신도'는 일관성을 갖고 다루기 어려운 대상이었던 것으로 보인다. 윤리적 종교를 논하던 1899년 「종교의 장래에 관한 의견」에서 이노우에는 신도가 "민족의 조상교로서는 잠재된 위대한 세력"이라고 평가하면서도 "속신도(俗神道)[95]는 대개는 미신"이라는 판단을 내비친다.[96] 나아가 신사신도를 종교가 아닌 영역으로 정리하려는 당시 상황에 대해 모든 종교가 패망의 길로 향해 가는 추세의 일로 받아들인다.[97]

---

95 『古事記』, 『日本書紀』 등의 고전에 직접적인 근거를 두지 않고 유교나 불교에 의해 습합되어 구성된 신도를 말한다. 히라타 아쓰타네(平田篤胤)의 명명에서 시작되었다. "ブリタニカ国際大百科事典 小項目事典「俗神道」の解説." https://kotobank.jp/word/俗神道-89882

96 井上哲次郎, 「宗教の將來に關する意見」, 209쪽.

97 井上哲次郎, 「宗教の將來に關する意見」, 209쪽. 메이지 정부는 신도를 국민통합의 도구로 사용하고자 했으나, 국제적 시각에서 정교합일로 보이는 것을 피하기

1912년 시점에서 그는 "신도라는 것은 물론 그 안에 황당무계한 전설을 포함하고 있으며", "실로 불가사의한 일이 많아 하나하나 믿을 수 없는 것은 말할 것도 없다."라고 이전과 같은 의견을 피력하면서도, 이전보다 더 긍정적인 면을 평가한다. 즉, "일본 신화에는 처음부터 끝까지 일관해서 조손(祖孫)이 서로 이어지는 정신이 있고" "그 점에서 말하면, 일본의 신화는 국가적 성질을 띠고 있다."[98]라고 말하며, 신도를 일본 국가주의 정신의 원천으로 해석한다.

신도를 국가주의의 원천으로서 긍정적으로 평가하는 경향은 점점 더 강해진다. 1915년 시점에서는 "지금까지 신도는 결코 훌륭하다고 할 수는 없다. 안 되는 것이 많다. 미신도 많고 비루한 곳도 많다."라고 여전히 신도의 약점을 인정하면서도, "신도는 개량 쇄신해 가는 성질의 것"이라는 특징이 있다고 덧붙인다. 그리하여 "그 정신이 계속 오늘에 이른 것"이고 "이 점에서 신도는 우리 나라에 대단히 중대한 의미를 갖는다."[99]라고 평가한다. 그 의미란 무엇인가? "신도는 일본 국민으로 하여금 오늘이 있게 한 정신상의 힘이다. 일본 국민을 발전시켜 온 사회의 활력이다. 이렇게 보는 것이 신도의 참 의미라고 생각한다."라며, 신도를 '활력'으로 부른다. 즉, "이 활력을 종교적으로 봤을 때 신도가 된다."[100]라고 언명한다.

위해 신도를 교파신도와 신사신도로 나누고, 교파신도는 종교로 취급하고 신사신도는 종교가 아닌 국가 의례로 취급하면서 국가 관리 아래에 두는 방법을 택했다. 그러므로 메이지 정부의 신사비종교론(神社非宗教論)이 신사신도가 종교가 아니라는 것을 의미하는 것은 아니다. 신사신도의 특이성을 "발전된 민족종교이면서도 원시종교의 특성을 강하게 지니고 있다는 점"으로 꼽는 학자도 있다. 박규태, 「국가신도란 무엇인가: 근대일본 국민국가와 종교」, 『종교연구』 29(2002) 참조.

98 井上哲次郎, 『國民道德概論』, 101-102쪽.

99 井上哲次郎(1915), 「佛基二教と神道」, 『井上哲次郎集』 第5巻, 392쪽.

100 井上哲次郎, 「佛基二教と神道」, 361-362쪽.

이러한 평가라면 "신도는 민족교"일 수밖에 없다. 이노우에는 "일본 민족에만 한정된 종교"라고 인정한다. "일본 민족의 정신이 가장 강해서 다른 존재를 동화한다. 그러므로 국민적이고 민족적이라고 해도 틀림없다. 일본 민족이 이상적 통일을 할 수 있는 것은 신도의 힘이며, 신도가 없다면 이 통일이 무너진다."[101]라고 일본 민족의 구심점 역할로서 일본 민족에 불가결한 신도의 존재 의미를 적극적으로 평가한다.

이 시점에서 이노우에는 민족종교와 보편종교를 비교 항으로 두고 각각 장단점이 있다고 평가했다. 가령 불교나 기독교는 "국가의 흥망성쇠에 구애되지 않는" "위대한 종교이지만" "민족의 통일을 도모하고 국가의 강대함을 도모하는 일"에는 약하다고 지적하는 식이다. 그러므로 "신도는 외국에 미칠 성질은 아니지만, 그 대신 민족의 통일이라는 힘"[102]을 가진 종교라고 평가했다. 오로지 민족주의의 기준만으로 종교를 평가했지만, 그래도 민족주의의 가치를 상대화했다.

당시 메이지 정부는 종교의 자유를 형식상 허용하면서, 이노우에도 파악하듯이 신도가 갖는 일본 민족의 구심적 역할을 보존하기 위해, '교파신도(종파신도)'는 종교의 영역으로 두고 국가 의례를 담당할 '신사신도'는 종교가 아닌 것으로 분류하여 관리하고 있었다. 이노우에는 일본 민족의 종교심이 가장 명료한 형태로 나타난 것이 신사[103]라고 여겨, 신사신도를 신도의 요소 가운데 가장 중요한 것으로 생각했다. 메이지 정부가 신사신도를 종교가 아닌 것으로 취급하고 국가 의례를 담당하게 한 것은 그만큼 국가에 중요했기 때문일 것이다. 그러나 이노우

101 井上哲次郎, 「佛基二教と神道」, 370-372쪽.

102 井上哲次郎, 「佛基二教と神道」, 370-373쪽.

103 井上哲次郎(1915), 「神道と世界宗教」, 『東洋之光』 10-8; 『井上哲次郎集』 第9卷, 343쪽.

에는 정책 면에서 필요했다는 것은 이해하면서도 신사를 신도에서 분리한 것은 대단한 잘못이라고 비판한다.[104] 신사신도를 신도의 핵심으로 여겼기 때문에 이것을 종교 밖에 두는 것을 받아들이기 어려웠던 것이다.

한편 이 시점부터 이노우에는 신도가 민족종교라는 직전의 의견을 철회하고 신도가 보편종교가 될 수 있다고 주장한다. 이노우에는 신도의 성격을 여러 가지로 나열하는데, 그 가운데 하나가 "신도는 순화교(淳化教)"라는 것이다. "순화란 점차 잘 해가는 것"이라고 설명하면서, 이는 이전에 "신도는 개량 쇄신해 가는 성질의 것"이라고 한 그 특성을 다른 이름으로 설명한 것이다. 그런데 이름만 달라진 것이 아니라, 그 변화란 "세계의 정수를 모아 순화"해 가는 것이라고 말한다. 나아가 그는 "일본의 건국"이라는 "대의명분"만 지킨다면 모든 세계의 정수를 순화하여 신도는 변화 발전할 수 있다고 주장한다.[105] 이어 이노우에가 제시한 신도의 특성은 "통일교"라는 점이다. 당시 일본은 대만과 가라후토(樺太, 사할린)의 일부, 조선을 점령한 상황이었다. 이노우에는 일본 안의 이민족이 이미 일본정신으로 통일되었다고 생각한다. 그리하여 "일본 안으로 들어온 이들을 통일할 수 있었다면, 나아가 확충하여 우리 식민지에 미쳐야만 한다. 그다음 다른 민족에도 넓혀 갈 수 있는 성질이라고 생각한다."[106]라고 영토 확장의 야욕을 드러내는데, 이러한 야욕은 "신도를 본위로 하여 불교든 기독교든 뭐든 그 안으로 섭취하고 소화하여 세계 통일의 정신을 고취할 필요가 있다."[107]라는 종교의

104 井上哲次郎, 「神道と世界宗教」, 342-343쪽.

105 井上哲次郎, 「神道と世界宗教」, 350쪽.

106 井上哲次郎, 「神道と世界宗教」, 352쪽.

107 井上哲次郎, 「神道と世界宗教」, 353쪽.

확장과 동행한다. 말년의 자서전에서 보여 준 다음과 같은 글은 그가 전 생애에 걸쳐 일관해 온 지향점이라고 할 수 있다.

> 바른 도덕으로 바른 방침 아래 활약하고 있는 것이 우리 일본이다. 즉, 일본의 황도(皇道)는 종교가 아니라고 하지만, 황도는 종교 이상의 종교로, 불교와 기독교 양 종교를 비롯해, 유교도 철학도 모두 황도의 범위 안에서, 이것을 포섭해도 지장 없이 되어 있다. 황도는 도덕 이상의 도덕으로, 모든 인류로 하여금 만족스럽게 생활하게 할 수 있다. 어떤 종교도 모두 이 황도의 범위 안에서 생존할 수 있는 것은 물론이고, 포교 전도도 가능하다. 그렇다면 황도는 대동아 여러 민족뿐만 아니라 영미라고 해도 이에 따르면 만족스러운 도덕적 생활을 할 수 있다.[108]

일본의 민족종교이자 세계종교로 웅비할 신도의 사상을 이념적으로 표현한 '황도'[109]는 "도덕 이상의 도덕"으로 "모든 인류"를 만족시킬 수 있는 "종교 이상의 종교"라는 것이다. 이노우에의 주장대로 신도가 세계의 모든 종교를 그 안에 녹여 하나로 할 수 있는 것이라면 이러한 주장도 가능할 것이다.

---

108 井上哲次郎, 「井上自傳」, 41쪽.

109 여기에서 '황도(皇道)'는 시마조노 스스무의 의견에 따라 해석할 수 있다고 생각된다. "'황도(皇道)'나 '황학(皇學)' 개념은 근대 국체 사상의 특징을 보여 주는 것이며, 국가신도를 지탱하는 사상이나 실천을 이념적으로 표현한 것으로 볼 수 있다." 島薗進, 「国家神道·国体思想·天皇崇敬: 皇道·皇学と近代日本の宗教状況」, 『現代思想』 35-10(2007), 221쪽.

7. 유교, 불교, 신도의 종합으로서 국민도덕

기독교에 필적하는, 일본 민심을 하나로 모을 수 있는 종교를 찾아 나선 이노우에의 종착지는 철학·과학과 양립하는 '윤리적 종교'가 되는 듯했다. 젊은 시절의 이노우에는 '신도'를 진화하지 못한 종교로 치부하여 적극적으로 이용할 생각을 못 한 듯하다. 그러나 종교의 존재 의미도 그러했듯이, 그에게는 '충효'를 핵심으로 하는 국가주의 고취가 무엇보다 중요한 작업이었다. 그는 불교의 현상즉실재론의 논리, 유교의 충효, 신도의 일본 국가주의를 결합한 일본의 국민도덕을 만들어 낸다. 그의 국민도덕은 충효를 인간의 보편적 본성으로 규정하고 나아가 신도를 보편종교로 규정함으로써 단지 일본적인 것이 아니라 일반적인 것으로 설명한다. 즉, 일본만의 현상이 아니라 보편적 실재에 다가간 것이라고 말한다.[110]

그의 주장에 의하면, '덕교'는 세월과 함께 발달해 온 것으로 "국민도덕은 멀리 일본 민족의 기원에 연원한다".[111] 그리고 그렇게 오랜 기원을 갖는 일본 민족의 "특수한 국민도덕"의 "핵심"은 "충효일본"이라고 주장한다. '충효'는 발상지인 중국보다 일본에서 발달했으므로 일본

110 이노우에의 국가주의는 세계사적으로는 유럽의 후진 자본주의 국가들에서 나타난 국민국가의 출현, 즉 국민 통합의 프로세스에 동조한다는 지적이 있다. 郭馳洋, 「明治期の哲学言説とネーション·社会: 井上哲次郎の'現象即実在論'をめぐって」, 『年報 地域文化研究』 21(2018), 51쪽 참조. 이노우에 데쓰지로와 같은 시기에 마찬가지로 현상즉실재론을 전개한 이노우에 엔료(井上円了)는 보편윤리와 국가윤리를 "절대의 범위 안에 상대가 있으며" "상대 안에서 절대가 어떤지 잘 알 수 있다."라는 논리로 공존시켰다. 이노우에 엔료에 관해서는 이 책 제2장 「이노우에 엔료는 불교를 어떻게 개량했는가?」 참조.

111 井上哲次郎, 「日本における徳教の位置」, 279쪽.

적 특성이라고 전유한다.[112] 그런데 같은 글에서 그는 또 다음과 같이 말한다.

> 본래 이 민족적 도덕이라는 것은 고래부터 점차 발전해 온 것으로, 어느 시대에도 그것이 없던 적은 없었다. 그것은 은근히 상당히 큰 세력을 갖는 것으로, 유교라고 해도, 불교라고 해도 모두 이를 일본화시키는 것이 가능했다는 것은 이 민족적 도덕, 즉 국민도덕이 있었기 때문이다.[113]

"민족적 도덕"을 "국민도덕"이라고 바꿔 말하면서, 이것이 오래전부터 모든 외래 사상을 일본화하는 토대였다고 말한다. 즉, 유교나 불교 등이 들어왔을 때부터 외래적인 것을 주체적으로 자기화하는 능력을 갖춘 것처럼 말하니, 중국의 것을 받아들여 자기화했다고 인정한 '충효일본'을 다시 외래의 것을 자기화하는 바탕이라고 말하는 모순을 드러낸다.

어느 시점에서 그는 특별한 단서 없이 '도덕'과 '국민도덕'을 혼용한다. 보편적일 수 있는 '도덕'이 '국민'의 도덕으로 한정되지만, 그는 '도덕' 대신 '국민도덕'을 이야기하는 이유를 설명하지 않는다. 이는 '윤리적 종교'를 관철시킬 수 없는 이유와 관계될 것이다. '윤리적 종교'를 이야기하면서 그는 윤리적 종교가 세계의 구성원으로서 행동 방침을 규율하는 것이지만, 일본 국민으로서는 그것만으로 부족하기 때문에 "일본 민족의 자위(自衛)를 위한 주의인" "일본주의"도 필요하다고 명기한다.[114] 형식상으로 보편주의인 '윤리적 종교'로는 '일본의 자위'를 보

112 井上哲次郎, 「日本における徳教の位置」, 280쪽.
113 井上哲次郎, 「日本における徳教の位置」, 287쪽.
114 井上哲次郎, 「宗教の將來に關する意見」, 253쪽.

장할 수 없다는 것을 알고 있었던 것이다.

'국민도덕'을 가능하게 한 '국민'의 시대에, 그 국민을 구성할 '개인'이 처음부터 국가와 민족에 매몰되었다는 것은 또 다른 문제다.[115] 그가 긍정적으로 평가했던 신칸트학파의 '인격주의' 수용에서조차 '개인'을 매몰시키려는 그의 의도는 기어코 목적을 이루고 만다. 토머스 그린(Thomas Hill Green, 1836-1882)의 '자아실현설(self-realization theory)'은 1890년 초반 일본에 수용되어 중등 교과서에 대폭 반영되었다.[116] 그런데 이노우에는 자신이 편찬한 중등 윤리 교과서에서 이미 '자아'로 수용되어 사용되던 'self'를 '인격(人格)'으로 번역한다. "자아실현설보다는 인격실현설이 확실히 일층 진보한 사고다. (…) 자아를 너무 역설하면 개인주의처럼 들려 개인주의에 이용될 혐의가 없지 않다."[117]라는 분명한 이유를 들면서 말이다. 그는 "개인은 사회를 떠나 생존할 수 없으므로 인격의 진화 발전은 사회의 진화 발전과 떨어져 성취할 수 없다."라는 것을 이해해야 하며 "걸핏하면 자기를 완성하고 타인을 돌아보지 않는 개인주의의 폐해"에 빠지지 말라고 경계 섞인 당부를 한다.[118]

---

115 스에키 후미히코는 "일본에서 포스트 근대는 (…) '개체를 초월한 존재'로의 소박하기까지 한 신뢰가 개체의 확립에 대항하는 원리로 자각적으로 주장된 곳에서 나타난다."라고 지적한다. 스에키 후미히코 지음, 이태승·권서용 옮김, 『근대 일본과 불교』(그린비, 2009), 17쪽 참조.

116 西悠哉, 「'ethics'概念の受容と展開: 倫理教科書を中心として」, 『仏教大学大学院紀要, 文学研究科篇』 38(2010), 48쪽.

117 井上哲次郎(1932), 「中島力造博士を追悼す」, 『丁酉倫理會講演集』 436(大日本出版, 1932), 81쪽; 西悠哉, 「'ethics'概念の受容と展開: 倫理教科書を中心として」, 50쪽에서 재인용.

118 井上哲次郎, 『中等修身教科書』(金港堂, 1902), 62-63쪽; 西悠哉, 「'ethics'概念の受容と展開: 倫理教科書を中心として」, 50쪽에서 재인용.

근대적 합리화가 종교의 쇠퇴를 가져올 것이라는 막스 베버의 전망과 달리, 세속화를 거부한 전통주의 종교가 오히려 부흥하고, 종교가 사적영역으로 한정되지 않고 사회적·정치적 역할을 다한다는 것이 오늘날 종교 현황에 대한 정평이다.[119] 근대 이후, 일본처럼 노골적으로 국가에 의해 종교가 정치 안으로 들어오는 일은 흔하지 않지만, 여전히 종교는 정치와 밀접하게 관련되어 있다.[120] 이노우에는 도덕이라는 매개를 통해 종교와 정치를 연결한다. 그가 최종적으로 신도를 중심으로 만들어 낸 '국민도덕' 또는 '황도'는 선한 본성에 의해 충군애국하는, 도덕이자 종교이자 정치이고, 변형된 유학이자 신도이며, 현상즉실재론이라고 할 수 있다. 과거 유학이 국가이념으로 작동하던 중국이나 조선처럼, 그의 국민도덕은 윤리이자 종교이자 정치였다. '국민'이라는 명명은 그것이 근대의 것임을 웅변하지만, 이 국민은 'self'를 자각하고 개인주의를 표방하는 것이 허용되지 않는, 이전의 백성과 별로 달라진 것이 없었다.

종교를 둘러싼 이노우에의 탐색은 시종 교수로서 학술 활동의 일환으로 수행되었다. 그가 수행한 작업이 객관적인 학술 작업이 아니었음은 물론이다. 적대감을 품고 바라본 기독교에만 그런 것이 아니었다.[121] 노골적으로 국가주의와 팽창주의를 드러낸 신도를 선전할 때만

119 피터 버거 엮음, 김덕영·송재룡 옮김, 『세속화냐 탈세속화냐: 종교의 부흥과 세계정치』(대한기독교서회, 2002), 17-21쪽 참조.

120 가령 리처드 호프스태터 지음, 유강은 옮김, 『미국의 반지성주의』(교유서가, 2017)는 근현대 시기 미국에서 종교가 어떻게 정치에 관여하는지 보여 준다.

121 島薗進, 「日本における'宗教'概念の形成: 井上哲次郎のキリスト教批判をめぐって」, 『日本人はキリスト教をどのように受容したか』(国際日本文化研究センター, 1998)에서 시마조노는 이노우에에게 교육칙어는 종교보다 위에 있는 '초종교'로 작동했으며, 그 시각에서 기독교를 비판했다고 해석한다.

이 아니었다. 동양철학이라는 이름 아래 행해진 불교 연구와 유교 연구 역시 마찬가지였다. 특히 '동양철학'이라는 학제나 주자학이나 양명학에 대한 평가 등에서 그가 남긴 영향력은 아직도 진하게 남아 있다.

제2장

이노우에 엔료는 불교를 어떻게 개량했는가?

이혜경

1. 불교 부흥을 위한 엔료의 출사표

이노우에 엔료(井上円了, 1858–1919)는 이노우에 데쓰지로(이하 각각 엔료와 데쓰지로로 통칭)보다 4년 늦은 1881년 도쿄대학 철학과에 입학한다. 데쓰지로가 1882년에 도쿄대학 조교수로 부임함으로써 나이 차이는 얼마 안 나지만 사제 관계가 되었다. 데쓰지로와 엔료는 때로 협력하고 때로 경쟁하면서 근대 일본의 철학계에 큰 족적을 남겼다.

무엇보다 두 사람은 그들이 '순정철학(純正哲學)'이라고 부른 형이상학에 관심이 있었다. 두 사람은 시간차를 두고 도쿄대학 학생으로서 어니스트 페놀로사(Ernest F. Fenollosa)와 하라 단잔(原坦山)에게 각각 독일관념론과 『대승기신론』 수업을 듣고, '현상즉실재론'이라는 세계관을 거의 동시에 구상한다.[1] 현상즉실재론이라는 일본형 관념론을 구축했다는 점과, 그 구축이 정합적으로 이루어지지 않아 절충주의라고 평가된다는 점에서[2] 두 이노우에는 공통점이 있다. 기독교를 공격하고 공리주의에 적대적이었던 것도 공통점이다. 또한 두 사람은 모두 일본주의 내지 국가주의의 깃발을 내걸었다.

다른 점이 있다면, 데쓰지로는 종교의 의미를 '윤리도덕'에서 찾음으로써 종교에 이차적 의미밖에 두지 않은 반면, 엔료는 불교인으로서

---

* 이혜경, 「이노우에 엔료는 왜 불교개량과 철학대중화의 기치를 동시에 내걸었는가?」, 『용봉인문논총』 60(2022)에 실린 글을 수정하여 수록했다.

1 '현상즉실재론'이라는 용어는 데쓰지로가 사용했고, 엔료는 그 이름으로 부른 적이 없다.

2 데쓰지로의 절충주의에 대한 의견은 船山信一, 『明治哲學史研究』(ミネルヴァ書房, 1959), 33–34쪽 참조. 엔료의 절충주의에 대한 의견은 松野智章, 「日本思想の近代化と哲学科: 思想における共通言語としての哲学」, 江島尚俊 外 編, 『近代日本の大学と宗教』(法藏館, 2014), 143쪽 참조.

불교가 그에게는 그 무엇보다 중요했다. 또한 데쓰지로는 제국대학의 교수였는데, 엔료는 사립대학을 세우고 관학에서 하지 않는 일을 하고자 했다.

엔료는 정토진종(浄土眞宗)의 한 절에서 장남으로 태어나 어려서 승려가 되었다. 아버지의 절을 이을 계승자로서 히가시혼간지(東本願寺)의 교사학교에서 교육을 받고 이어 종비생(宗費生)으로 도쿄대학에 유학했다. 그런데 정토진종의 엘리트로 교육받은 그는 도쿄대학 철학과를 졸업한 후 절로 돌아가는 것도 거절하고 관리가 되는 길도 마다했다. 그는 속인으로서 '철학'의 대중화를 기치로 내걸고 '사립 철학관(私立 哲學館)'을 세웠다.[3] 철학을 대중화시키겠다는 포부를 실현하기 위한 것이었다. 그는 제국대학에 독점되어 있던 철학을 일반 사회에 알려야 한다고 생각했다.

철학 대중화의 꿈이 불교와 무관한 것은 아니었다. 메이지 정부 출범 후 신도국교화 정책에 따라 신도에서 불교적 색채를 제거하는 정책, 즉 '신불분리(神佛分離)' 정책이 시행되었다. 이 정책은 뜻하지 않게 폐불훼석(廢佛毁釋) 운동을 야기하여, 불교는 전례 없는 수난의 시간을 보내야 했다. 불교로서는 시대에 호응하고 정부 방침에 호응해서 어떤 방식으로든 자리를 찾아야 했다. 엔료가 환속한 이유는 한 종파의 승

---

3 1886년 '제국대학령'에 의해 도쿄대학이 '제국대학'으로 개명되면서 관료 양성기관으로서의 성격을 분명히 하게 되었다. 針生清人, 「井上円了の進化論」, 『アジア·アフリカ文化研究所研究年報』 35(2000), 1쪽 참조.
엔료는 철학 전공이 제국대학에만 한정되는 것을 한탄하며, 만학으로서 속성으로 교육받고자 하는 자, 가난하여 교육받을 자금이 없는 자, 서양어를 몰라 원서를 못 읽는 자들이 자포자기하지 않고 철학교육을 받을 수 있도록 하는 것이 철학관의 설립 목표라고 밝힌다. 井上円了(1887), 「哲学館開設の旨趣」, 『井上円了選集』 第25卷(學校法人東洋大學, 2004), 750-751쪽.

려보다 속인으로서 블교 전체의 부흥을 도모하는 것이 더 바람직하다고 판단했기 때문이었다.

엔료가 도쿄대학을 졸업하고 활동을 시작한 1885년은 정치적으로 자유민권운동이 활발하고, 종교적으로 기독교가 도전적으로 활동하던 시기였다.[4] 그러나 1889년의 제국헌법, 이듬해의 교육칙어 반포는 1880년대 조성된 국수주의 동향이 제도적으로 정착되었음으로 보여 준다.[5] 불교의 부흥을 위해 정부에 협조해야 했던 불교는 정부의 동향에 적극적으로 호응했다. 엔료가 '호법애국(護法愛國)' 혹은 '호국애리(護國愛理)'의 구호를 외친 것은 자연스러운 일이었다. 그는 '애리', 즉 "학자로서 진리를 사랑"하는 것과 '호국', 즉 "한 개인으로서 국가에 의무"를 다하는 것을 묶어, 그것이 "불교를 개량하여 개명의 종교로 만드"는 일이라고 주장했다.

불법(佛法)을 지킨다는 의미의 '호법(護法)', 기독교 비판을 의미하는 '방사(防邪)', 그리고 '호국(護國)'은 도쿠가와 말기부터 불교가 여러 배불론(排佛論)에 대항하면서 자기보존을 위해 구사한 방책이었다.[6] 엔료의 활동 역시 여기에서 벗어나지 않는다. 그러나 엔료는 서양철학을 학습

4 末木文美士, 『明治思想家論: 近代日本の思想·再考 I』(トランスビュー, 2004), 43-44쪽.

5 구로즈미 마코토는 공적 수준에서 유교적 도덕이 요청된 시점을 1877년 '교육령' 발포 전후로 거슬러 올라간다. 이 시기에 교육을 둘러싸고 유교 도덕을 비판하는 한편에서 옹호하는 목소리가 나오기 시작한다. 그러한 분위기가 무르익은 시점에서 제국헌법과 교육칙어가 발포된 것이다. 黒住真, 『近世日本社会と儒教』(ぺりかん社, 2003)의 "儒教的道德の要請"(178-182쪽) 부분 참조. 불교 측에서도 유교와 거의 다르지 않게 '불교의 도덕'으로서 국가 경영에 참여하려 했다는 것은 이 글에서 다루는 엔료가 대표적으로 보여 준다.

6 카시와하라 유센 지음, 원영상·윤기엽·조승미 옮김, 『일본불교사 근대』(동국대학교출판부, 2008), 20쪽.

하고 불교를 근대적인 것으로 재해석했으며, 기독교에 대한 공격 역시 이전의 '척사(斥邪)'적 비판에서 벗어나 논리적 비판을 시도했다고 평가된다.

도쿄대학 철학과 출신인 엔료의 '불교개량운동'은 어떤 이론적 바탕에서 전개된 것일까? 사립대학을 건립하고 철학을 민중에게 보급하는 일은 불교 개량과 어떤 관련이 있을까? 그가 민중에게 보급하려 한 철학이란 어떤 것이었을까? 철학이라는 보편학을 추구한 그에게 진리를 사랑한다는 '애리'와, 기독교 비판, 즉 '배야(排耶)', 그리고 호국은 어떤 논리로 병립할까?

2. 순정철학은 어떻게 사회를 안정시키는가?

성인이 되어 불교의 가치를 재평가한 시점에 엔료는 "처음부터 불교가 순전한 진리라고 믿"지는 않았다고 고백한다. 진리가 무엇인지 몰랐을 때는 "오히려 보통 사람과 다르지 않게 불교를 비진리라 생각하고 비방하며 배척했"다는 말도 한다. 그리하여 그는 진리를 찾아 헤매는 시간을 보냈다. 그리고 결국 "십수 년간 각고의 시간을 보내며 갈망했던 진리는 (…) 오로지 서양에서 말하는 철학 안에 있음을 알게 되"었다고 한다.[7] 그런데 그게 끝이 아니었다.

> 이미 철학계 내에서 진리의 밝은 달을 발견하고 다시 되돌아 예전의 여러 교(敎)를 보니, 예수교가 진리가 아니라는 것은 더욱 분명하고, 유교가 진

---

7 이상, 井上円了(1887),「佛教活論序論」,『井上円了選集』第3卷, 337쪽.

리가 아니라는 것 또한 쉽게 증명할 수 있다. 오직 불교에 이르면 그 설이 크고 철리(哲理)에 부합하는 것을 본다. 나는 이에 다시 불전을 읽고 점점 그 설의 참됨을 알게 되었다.[8]

서양의 철학에서 발견했다는 진리란 무엇인가? 그는 모든 학문을 유형(有形)의 물질을 다루는 과학[9]과 무형의 심성(心性)을 다루는 철학으로 나눈다.[10] 학문 대상을 기준으로 철학과 과학을 나누고, 심성을 다루는 것, 즉 인간에 관계되는 것은 모두 철학이라고 부르므로, 철학에는 많은 분과가 포함된다. 다시 말해, "순정철학, 심리학, 논리학, 윤리학, 심미학, 교육학, 종교학, 사회학, 정치학, 경제학, 역사철학, 문장철학, 언어철학" 등이 모두 포함된다. 심성을 다루는 철학 가운데도 상(象)이 있는 것과 없는 것의 차이가 있다고 한다. 가령 심리학은 '지력, 정감, 의지'와 같은 '심상(心象)'을 연구한다. 철학 가운데 오직 순정철학만 그러한 상(象)이 없는 심체, 물체, 이체(理體) 등의 "실체"를 대상으로 한다.[11] 엔료는 철학이라는 용어를 심성을 대상으로 하는 학문으로 폭넓게 사용하기도 했지만, 순정철학만 지칭하는 의도로도 사용했다.[12] 그리고 진리가 담겨 있는 철학으로 그가 지칭하려는 것은 순정철학이었다. 그렇다면 그가 대중화시키려고 했던 철학도 순정철학인가?

그는 '하룻저녁 철학 이야기'라는 의미를 가진 대중 철학서 『철학일석화(哲學一夕話)』 서문에서 집필 배경을 다음과 같이 밝힌다.

---

8 井上円了, 「佛教活論序論」, 337쪽.

9 이노우에 엔료의 용어로는 당시 과학의 번역어로 사용되었던 '理學'이다.

10 井上円了(1886), 「哲学一夕話」, 『井上円了選集』 第1卷(1987), 34쪽.

11 井上円了(1891), 「純正哲学講義」, 『井上円了選集』 第1卷, 248-249쪽.

12 井上円了, 「純正哲学講義」, 254쪽에서 다음과 같이 말한다. "이상 열거한 철학, 즉 종합의 학이란 주로 철학 가운데 순정철학을 의미한다."

> 순정철학이 어떤 학문인지 사람들은 조금도 모른다. 대략 말하자면, 순정철학은 철학 가운데 순수한 이(理)의 학문으로 진리의 원칙, 모든 학문의 기초를 논구하는 학문이라 할 수 있다. 이것을 논구하는 데 심(心)의 실체가 무엇인지, 물(物)의 실체가 무엇인지, 물과 심의 본원, 물과 심의 관계는 어떤 것인지 등의 문제가 생긴다. 그리하여 이를 해석하고 설명하는 일은 순정철학이 목적으로 하는 바다. 지금 나는 순정철학의 문제와 해석을 철학을 전혀 모르는 세상 사람들에게 보여 주려고 하며, 이에 『철학일석화』를 짓는다.[13]

엔료는 '형이상학'이라는 말로도 순정철학을 부르는데,[14] 실제로 순정철학은 형이상학에 해당한다.[15] 이는 존재의 궁극적 근거를 연구하는 철학의 한 분파다. 엔료는 그 '순정철학'을 일반 사람들이 널리 알아야 한다고 말하는 것이다. 그에 의하면, 순정철학은 "학문 세계의 중앙정부로서, 만학을 통할하는 학을 칭하는 것이라 해도 결코 과언이 아니다."[16] 그런데 존재의 원리를 심층적으로 연구하는 순정철학을 왜 대중에게까지 알려야 하는가?

엔료는 철학이 갖는 효용을 제시함으로써 그 질문에 답한다. 과거 그리스나 로마 시대를 보면 철학이 융성할 때 국세를 떨쳤고 그렇지

---

13 井上円了, 「哲学一夕話」, 34쪽.

14 井上円了(1886), 「眞理金針·續編」, 『井上円了選集』 第3卷(1987), 164쪽. "철학 가운데 심리, 논리 등 외에 형이상의 순리(純理)를 논구하는 과(科)가 있으니, 이를 순정철학이라고 한다."

15 '純正'이란 '순수하고 바른'이라는 의미로, '純正哲學'은 형태도 없고 상도 없는 순순한 이(理)의 철학이라는 의미에서 'metaphysics'의 역어로 사용되었다고 생각된다. 1881년 출간된 『哲學字彙』(東京大學三學部印行)는 이미 'metaphysics'의 번역어로 '形而上學'을 제시했으나, '형이상학'이 정착되기 전으로 보인다.

16 井上円了, 「哲学館開設の旨趣」, 750쪽.

않을 때 몰락했다는 것을 예로 들며, 문화의 융성과 침체가 국가의 성쇠에 관여하기 때문에 학자들이 관심을 가져야 한다고 강조한다.[17] 그의 말대로라면, 철학은 모든 학문, 모든 문화의 근저에 있는 것이니, 특히 국가의 위세 또는 성쇠에 관여한다는 점에서 이보다 더 중요한 학문은 없을 것이다.

즉, 엔료는 철학의 효용이 사회의 행복 및 국가의 융성과 직결된다고 생각했다. 그런 시각에서 엔료는 세상 사람들이 철학의 참 의미를 모르고 철학에 대한 오해가 넘쳐 난다고 걱정한다. 그리하여 그러한 오해의 "어지러운 구름을 걷어 내고 철학의 빛 아래 한 점 광휘를 비추는 일" 역시 철학의 급무라고 생각한다.[18]

> 참되고 바른 철학은 실로 국가를 이롭게 하고 사회를 이롭게 하며 인간세계에 더없는 행복을 가져다주지만, 참되지 않고 바르지 않은 철학은 그 반대 결과를 가져올 염려가 있다. 세상 사람들이 철학을 오해한 나머지 이 반대 결과를 가져올 위험이 있다. 그러므로 그 해(害)가 아직 오지 않았을 때, 빨리 참되고 바른 철학을 세간에 알려서 오해된 철학을 바로잡고 사회의 행복을 증진하는 것을 우리 철학자의 임무로 삼아야 한다.[19]

참되지 않고 바르지 않은 철학에 대한 탐구는 그를 '요괴학(妖怪學)'의 전문가로 만들기도 했다. 엔료에 의하면, 사람들은 자신의 지력으로 설명하지 못하는 것을 '요괴'라고 부른다. 가령 혜성이나 유성, 화석 같은 것도 요괴라 불리던 때가 있었다. 그러므로 과학이 발달함에 따라

---

17 井上円了(1886), 「哲学要領」, 『井上円了選集』 第1卷, 110-111쪽.

18 井上円了, 「純正哲学講義」, 224쪽.

19 井上円了, 「純正哲学講義」, 225쪽.

요괴도 사라질 것이다. 엔료는 때로는 물리적인 방법으로, 때로는 심리적인 방법으로 요괴를 없애는 강연을 지속했다. 순정철학 역시 사람의 보통 지식으로 알 수 없는 것을 탐구한다. 그러나 순정철학은 참되고 바른 방식으로 불가사의한 것을 탐구한다. 순정철학을 알리는 것은 보통 사람들을 '요괴'의 고통에서 구제하는 일이기도 하다. 그렇다면 올바른 순정철학의 보급은 중요하고 긴급한 일이었을 것이다. 그런데 순정철학은 어떻게 사회에 행복을 가져오는가?

3. 포괄적 철학으로서 불교

국가 사회의 이익을 증진하고 인간에게 더없는 행복을 가져다줄 참되고 올바른 순정철학이란 어떤 것인가? 엔료는 직접적으로 그에 답하는 대신 일본인이 선택해야 하는 순정철학은 불교라고 제안한다. 심성을 다루는 학문을 모두 철학으로 규정했으므로, 인도의 브라만교와 불교, 중국의 공맹·노장 등도 모두 철학에 속한다. 엔료에 의하면 철학 가운데 공맹의 학은 정치학과 윤리학이며, 노장과 불교는 순정철학이다.[20] 그 가운데 노장학은 허망(虛妄)에 기울었다고 폄하한다.[21] 반면 불교에 대해서는 다음과 같이 극찬한다.

> 내 생각에, 불교의 반은 과학 혹은 철학이고, 반은 종교다. 즉, 소승의 구사(俱舍)[22]는 과학이며, 대승의 유식, 화엄, 천태는 철학이다. 또 성도문(聖

20 井上円了, 「哲学要領」, 94쪽.

21 井上円了, 「哲学要領」, 95쪽.

22 구사(俱舍)는 『구사론(俱舍論)』, 즉 『아비달마구사론(阿毘達磨俱舍論)』을 가리키

道門)은 철학이며 정토문은 종교다. 먼저 소승 구사에 대해 말하자면, 삼세실유(三世實有), 법체항유(法體恒有)를 세우고 오온[23]의 법체가 실제로 있다고 하는 것은 과학 또는 철학 가운데 실증학(實體學)이 논하는 바와 비슷하다. 실증학에서는 물의 실체가 참으로 있다고 하고, 과학에서는 만상의 변화란 분자가 나뉘고 모이는 인연에 의해 생긴다고 한다. 구사의 극미(極微)는 화학에서 말하는 원소다. 그러므로 그 교리는 서양철학 가운데 유물론과 비슷하다고 할 수 있다. 다음으로, 대승 유식의 삼라제법(森羅諸法) 유식소변(唯識所變)이라고 하는 것은 서양철학 가운데 유심론과 비슷하다. 제8식, 즉 아뢰야식(阿賴耶識)[24]은 칸트의 자각심 혹은 피히테의 절대주관과 비슷하다. 다음으로, 반야의 제법개공(諸法皆空)은 서양철학 가운데 물과 심 모두 공하다고 하는 허무학파와 닮았다. 다음 천태의 진여연기(眞如緣起)는 서양철학 가운데 논리학파, 즉 이상학파와 닮았다. 그 종이 세우는 바의 만법이 진여이며[萬法是眞如] 진여가 만법이라는 주장은 헤겔의 현상즉무상(現象卽無象), 무상즉현상과 같다. 『기신론』에서 일심(一心)에서 이문(二門)으로 나뉘는 이유는 셸링의 절대에서 상대로 갈

는 것으로 생각된다. 『구사론』은 4세기 인도의 세친(世親)이 유식학으로 전환하고 나서 이전에 몸담았던 '설일체유부(說一切有部)'의 교리를 비판적으로 정리한 책이다. 모든 현상의 본체는 과거·현재·미래에 걸쳐 변하지 않고 소멸하지 않고 존재한다고 주장하며, 모든 현상을 오위칠십오법(五位七十五法)으로 나누어 교리를 전개했다.

23 오온(五蘊)의 '온'은 '구성 요소'라는 산스크리트어의 번역어로, 오온은 개인 존재를 구성하는 '5개의 집합'인 색(色), 수(受), 상(想), 행(行), 식(識)을 말한다. '색'은 육체를 의미하고, '수'는 감수(感受) 작용을, '상'은 관념의 형성을, '행'은 의지를 비롯한 마음의 작용을, '식'은 식별 작용을 가리킨다. 대략 지각·표상 등을 포함하는 작용이다.

24 불교에서는 인간의 앎의 기능 혹은 작용을 층층이 나누는데, 유식유가행파와 법상종에서는 심층에 8식인 아뢰야식이 있다고 한다. 이들이 말하는 아뢰야식은 우주 만물의 근본으로서, 여기에 포함된 종자가 삼라만상으로 전개된다고 한다.

라지는 이론과 같다. 이른바 진여는 스피노자의 본질, 셸링의 절대, 헤겔의 이상과 비슷하다.[25]

인용문의 마지막 부분에서 언급된 진여, 본질, 절대, 이상 등을 다루는 학이 순정철학이다. 엔료는 『구사론』부터 『대승기신론』까지 통으로 하나의 불교로서 다루고 있다. 서양에서 긴 역사에 걸쳐 전개된 철학사에 필적하는 것을 불교가 홀로 담당해 왔다고 주장하는 셈이다. 실제로는 철학사를 넘어, 과학과 종교까지 포함한 문명사를 포괄한다고 주장한다. 그 가운데 순정철학은 불교의 일부분일 뿐이다.

그러므로 왜 지금 일본인이 헤겔의 순정철학이 아니라 불교를 선택해서 배워야 하는가는 물을 필요도 없다. 순정철학은 불교의 일부분일 뿐, 불교는 훨씬 포괄적이기 때문이다. 그러나 다른 이유도 있다. 엔료는 불교가 1,000년여 전 일본에 전래된 이래 일본 문교(文教)를 지탱하고 사상·언어·풍속에서 일본인의 마음속에 영향을 미쳐 왔기 때문에[26] 일본인에게 적절한 순정철학이라고 말한다. 그러면서 그 영향력이 일본의 독립을 좌우할 정도라고 주장한다.

또한 한 나라가 독립하는 이유는 무엇인가? 그 나라 고유의 정치·종교·인종·교제·언어·문장·학문·기예·풍속·습관이 있기 때문인 것은 분명하다. 만약 정치를 바꾸고 종교를 바꾸고 기타 일반 사물을 바꿀 때는 바로 그 나라를 바꾸는 것으로, 이것을 바꾸는 것과 동시에 그 나라의 독립을 잃는다. 그 가운데 가장 중대한 관계와 영향력을 갖는 것은 종교로, 종

---

25 井上円了, 「哲学要領」, 103-104쪽.

26 井上円了, 「佛教活論序論」, 340쪽.

교는 간접적 또는 직접적으로 정치·풍속에 관여하고, 언어·교제에 관여하며, 정신·사상에 관여한다. 그리하여 이것을 바꾸면 다른 일반 사물 모두 이에 따라 변하지 않을 수 없다. 지금 불교는 우리 나라에서 1,000년여 동안 이어져 온 종교로서, 일반 사물상 중대한 관계를 갖는다. 이것을 바꾸면 그 추세는 다른 일반 사물도 조만간 바뀌지 않을 수 없게 된다. 일반 사물이 바뀌면 우리 나라는 이와 동시에 그 독립을 잃을 것이다. 이것이 내가 국가를 위해 불교를 유지해야 한다고 말하는 이유다.[27]

당시 자신들의 종교 이념이 일본의 독립을 보장할 수 있다는 주장은 불교 측에서만 나온 것이 아니었다.[28] 세계 열강의 위협 속에서 일본의 독립을 지키는 것이 일본인에게는 초미의 관심사였을 것이므로, 불교가 일본의 독립을 좌우한다는 주장이 다소 허황하게 들릴지라도 당시 자신들의 사상을 어필하는 방식이었다고 이해해 두자. 중요한 것은 불교는 오랫동안 일본의 정치에서부터 보통 사람의 마음에까지 자리 잡았으므로, 그것을 잃는 것은 일본을 잃는 것과 같다는 것이다. 메이지 정부 발족 이래 불교는 이전의 권세를 잃었기에 엔료의 표현은 "불교의 재흥"이 된다. 그는 "그 문명을 유지하고 그 독립을 진작하려고 한다면 어디까지나 불교의 재흥을 도모하지 않을 수 없다."[29]라며,

27 井上円了, 「佛教活論序論」, 340쪽.

28 가령 1875년에 출간된 『文明論之概略』에서 후쿠자와 유키치(福沢諭吉)는 "어떤 황학자(皇學者)는 국체론을 내세우고, 어떤 양학자는 기독교를 도입하려 하고, 어떤 유학자는 요순의 모범을 따르자고 주장한다. 모두 어떻게 해서든지 민심을 바로잡아 그 향방을 통일하고 그럼으로써 일본의 독립을 보전하려고 저마다 부심하고 있다."라고 당시 상황을 묘사한다. 福沢諭吉, 『福沢諭吉全集』 第4卷(岩波書店, 1959), 192쪽.

29 井上円了, 「佛教活論序論」, 340쪽.

불교의 재흥이 일본 독립의 관건이라고 호소한다.

앞의 「철학요령(哲学要領)」 인용문에서 엔료는 불교가 과학부터 종교, 순정철학까지 포괄하는 것이라고 했다. "성도문은 철학이며 정토문은 종교"라는 부분에 주목해 보자. 『철학일석화』와 짝을 이룬 또 하나의 대중 철학서 『철학일조화(哲学一朝話)』는 『철학일석화』와 마찬가지로 엔료 선생과 제자들의 대화 형식으로 되어 있다. 철학 강의 후, 선생이 제자들에게 의문 나는 것을 토론해 보라고 권한다. 제자들은 철학과 종교의 관계에 대해 토론하고, 엔료 선생이 결론을 내면서 마무리한다. 가령, 한 제자는 죽음을 비롯해 알 수 없고 예측할 수 없어서 사람에게 두려움을 주는 것에서 벗어나 안심입명을 얻게 하는 것은 철학과 종교가 마찬가지이나, "철학은 이를 도리의 재판에 호소하고 종교는 이를 신불(神佛)의 독단에 돌리는 차이가 있을 뿐"[30]이라고 구분한다. 또한 제자는 "철학은 지적인 안심입명의 도이며, 종교는 감정적 안심입명의 법"[31]이라고 구분한다. 다른 제자는 "철학은 알 수 없던 것[不可知]이 알 수 있게 되어 안심하게 되고, 종교는 알 수 없는 것을 알 수 없는 것이라고 믿음으로써 안심하게 된다는 차이가 있다."[32]라고 구별한다. 이는 철학과 종교에 대한 당시의 일반적인 구별이었던 듯하다.[33]

제자들의 위와 같은 구별에 대해 엔료 선생은 종교와 철학은 바다와 육지가 그렇듯 경계가 분명한 것이 아니라며 "철학은 결국에는 종교로 들어가 끝나고 종교는 마침내 철학이 되어 머물 것이므로, 종교 가

30 井上円了(1891),「哲学一朝話」,『井上円了選集』第1卷, 266쪽.

31 井上円了,「哲学一朝話」, 266쪽.

32 井上円了,「哲学一朝話」, 267쪽.

33 제1장에서 다룬 이노우에 데쓰지로 역시 철학과 종교의 임무는 안심입명을 얻는 것이라고 했다. 그런데 시기적으로 엔료의 언명이 먼저이니, 엔료가 이렇게 규정하고 이 규정이 일반화되었을 가능성이 크다.

운데 철학을 드러내고 철학 가운데 종교를 보게 된다."라고 말한다. 그렇게 말할 수 있는 근거는 종교와 철학의 "체(體)는 하나"[34]이기 때문이다. '체' 는 '본체' 혹은 '실체'라는 용어로도 표현되는 존재 자체 혹은 존재 전체다. 제자들이 철학과 종교를 별개의 것으로 구별하는 것은 그들이 사물의 표면을 보는 눈만 있을 뿐 이면을 보는 눈이 없기[35] 때문이라고도 말한다.

> 실로 그 체(體)는 모든 존재와 변화가 유출하는 우주의 원천이며 또한 모든 학문 모든 종교가 돌아가는 사상의 대해(大海)다. 안심입명의 법도 미혹을 벗어나 깨달음이 열리는 도도 이 체를 떠나서 어디에 있겠는가. 과학의 연구도 철학의 추리도 종교의 신앙도 모두 이 체 외에 무엇을 목적으로 하겠는가.[36]

과학, 철학, 종교 모두 존재의 원천인 본체에 다가가는 것을 목표로 한다고 말한다. 그렇다면 과학, 철학, 종교의 차이는 무엇인가? 엔료 선생의 설명에 의하면, 과학과 철학은 외면에서 그 문을 향해 나아가고 종교는 이면에서 접근하는 차이가 있다. 그런데 결국 엔료가 말하고자 하는 것은 "본래 종교에는 무량의 문이 있고 무수한 길이 있"[37]어 여러 가지 방식으로 본체에 다가간다는 점이다. 그런데 모든 개별 종교가 그 문을 가지고 있는 것은 아니다. 가령 "예수교는 정감의 종

---

34 井上円了, 「哲学一朝話」, 268쪽.
35 井上円了, 「哲学一朝話」, 268쪽.
36 井上円了, 「哲学一朝話」, 276쪽.
37 井上円了, 「哲学一朝話」, 275쪽.

교"[38]다. 즉, 예수교는 성도문과 정토문 가운데 정토문만 가지고 있다. 그러므로 예수교는 종교 가운데 부분만 점유한다는 설명이다. 예수교뿐만이 아니다. 유교, 도교, 브라만교, 회교 할 것 없이 모두 "한 구석을 점유하는 데 지나지 않는다".[39] 불교만이 여러 문을 가진 종교로서, 본체에 다가갈 여러 방식을 갖고 있다고 주장한다.

그에 의하면 문명의 진보에 따라 지력도 진보하고, 지력의 진보에 따라 종교도 진보한다. 가령 옛날에는 정감에 의해 종교가 성립했지만 점차 지력에 의한 종교가 성립한다.[40] 문명의 종교란 과학과 철학의 원리에 입각한 종교다.[41] 그런 점에서 신이 세계를 창조했다거나 그리스도가 신의 아들로 죽었다가 부활했다거나 진화설을 부인하는 점 등에서, 기독교는 지력과 거리가 먼 정감의 종교일 수밖에 없다.[42] 그에 반해, 서양 과학부터 현대 철학까지 포괄하는 불교의 원리는 바로 서양 과학·철학의 규칙을 응용한 것[43]이므로, 불교는 "지력의 종교"이며 "철학의 종교"다.[44] 그런데 세상이 아무리 개명해도 "어리석은 백성의 흔적을 끊을 수는 없기 때문에 정감의 종교를 완전히 폐지할 수 없다". 개인도 "지력에만 치우쳐 정감이 완전히 결여된다면 그 또한 큰 폐해가 있을 것"이므로 지력의 종교와 더불어 정감의 종교도 필요하다.[45]

이러한 설명 뒤에 엔료가 하고자 하는 말은 불교야말로 지력의 종

---

38 井上円了, 「眞理金針·続々編」, 『井上円選集』 第3卷, 252쪽.

39 井上円了, 「眞理金針·続々編」, 297쪽.

40 井上円了, 「眞理金針·続々編」, 251-252쪽.

41 井上円了, 「眞理金針·続々編」, 261쪽.

42 井上円了, 「眞理金針·続々編」, 254쪽.

43 井上円了, 「眞理金針·続々編」, 261쪽. "불교의 원리는 서양의 이학(理學)과 철학 두 학문의 규칙을 응용한 것이기 때문이다."

44 井上円了, 「眞理金針·続々編」, 258쪽.

45 井上円了, 「眞理金針·続々編」, 359쪽.

교이자 정감의 종교로, 문명의 오늘날 가장 적절한 종교라는 것이다. 앞에서 언급했던 성도문과 정토문에 대한 엔료의 설명을 더 들어 보자.

> 이처럼 철학의 묘리(妙理)를 종교에 응용하여 안심입명의 방법을 가르치는 것, 이것이 불교다. 즉, 성도문은 그 이(理)를 직접 응용하는 것이다. 그러므로 이것을 철학상의 종교라고 한다. 이른바 지력상의 종교다. 정토문은 간접적으로 이것을 응용하여, 직접 정감의 응용을 보여 주는 것이다. 다른 말로 하면 성도문은 표면으로 지력의 종교임을 보이고 이면으로 정감의 종교를 포함하며, 정토문은 표면으로 정감의 종교임을 보이고 이면으로 지력의 종교를 포함하는 것이다. 이 표리(表裏) 양면이 서로 합하여 불교의 전체를 조성하는 것으로, 성도문만 불교인 것이 아니며 정토문만 불교인 것이 아니다. 성도와 정토 두 개의 문이 서로 합해 하나의 불교가 된다.[46]

"정감으로 지력을 온화하게 하고, 지력으로 정감을 인도하여, 지력과 정감이 서로 도와 양쪽 모두의 온전함[兩全]을 얻도록 하는 것"이 바로 불교라고 한다.[47] 즉, 불교는 본체를 지적으로 탐구하는 순정철학이기도 하고 정감적으로 다가가는 종교이기도 하다. 성도문과 정토문은 지력의 존재이기도 하고 정감의 존재이기도 한 인간에게 모두 필요하니, 불교야말로 문명의 시대에 유일무이하게 적절한 세계적 종교라고 주장하는 것이다.

46 井上円了, 「眞理金針·続々編」, 258쪽.

47 井上円了, 「眞理金針·続々編」, 258쪽.

4. '공덕 양성'에서 정치에 이르는 불교의 역할

1885년 엔료는 불교에서 철학의 이치를 발견하고 불교를 개량하여 "개명한 세계의 종교"로 만들기로 결정했다면서 그해를 자신의 "불교 개량의 기년"[48]으로 삼는다. 엔료는 이 시기부터 '불교 개량'에 대해 이야기했지만 그 개량에 대해 구체적으로 엿볼 수 있는 것은 1899년 『일본정교론(日本正教論)』과 1902년 『종교개혁안』을 통해서다. 이 두 책이 발간되는 사이에 엔료는 중대한 사건을 맞이한다. 개국 초기 서양과 맺은 불평등조약을 개정하려는 오랜 노력이 결실을 맺어 영사재판권 및 치외법권의 철폐가 이뤄졌으나, 그 대가로 내지잡거(內地雜居)를 허용하게 되었으며, 이와 아울러 외국인의 신앙 자유를 보호해야 하는 사정도 생겨, 1899년 종교교육금지령에 의해 유교와 불교 등 종교가 교육의 장에서 배제되었다.[49] 청일전쟁 후 국제사회에서 일본의 위치가 달라짐에 따라 일본 내에서도 세계 문명에 동반하여 교육의 정신을 진보시켜야 한다고 주장하며 "편벽, 비굴의 견해로 충효를 설하는 것"은 문명 진보에 장애가 된다고 하는 의견도 나오는 상황이었다.[50] 『일본정교론』은 도덕 교육에서 불교가 물러나야 하는 위기 상황에서 나온 글이고, 『종교개혁안』은 이미 법령이 발령되고 그것을 되돌리려는 의도에서 나온 것이다. 『일본정교론』의 요지는 종교적 형식을 갖지 않는 유교는 제외하더라도, 전통적으로 일본의 종교를 담당해 온 신도와 불교

---

48 井上円了, 「佛教活論序論」, 337쪽.

49 長谷川琢哉, 「円了と哲次郎: 第二次 '教育と宗教の衝突'論争を中心として」, 『井上円了センター年報』 22(2013).

50 2차 이토 내각 사이온지(西園寺) 문상의 말이다. 長谷川琢哉, 「円了と哲次郎: 第二次 '教育と宗教の衝突'論争を中心として」, 28쪽에서 재인용.

처럼 다수의 일본인이 믿는 종교는 '공인교(公認教)'로 지정하여, 승려에게 병역을 면제하고 소학교 덕육의 전권을 맡기며 병영·감옥의 교도를 전담하는 등 공인 종교로 대우해야 한다는 주장이다.[51] 이는 결과적으로 일본의 기존 종교가 아닌 기독교를 소외시키는 방안이었다. 그 제안은 받아들여지지 않고 종래의 종교교육은 학교교육에서 배제된다.

이에 엔료는 『종교개혁안』을 통해 다시 정부에 호소한다. 이 책에서 엔료는 종교교육이 가정과 사회의 기풍 형성에 밀접히 관계하기 때문에 종교 개혁이 필요하다고 말한다. 공덕(公德)을 양성하기 위해서는 가정교육과 사회교육에 의지해야 하는데, "가정교육과 사회교육을 개량하려면 부형과 친구를 개량해야" 하니, 결국 "국민 전체를 개량해야" 하는 문제이고, "종교를 개량하면 이 둘은 저절로 해결된다."라는 것이 엔료의 해법이다.[52]

그렇다면 종교 개량은 어떤 방향이어야 하는가? 이 책의 많은 부분이 종교 개량을 정부가 주도해야 한다고 설득하는 내용으로 채워졌다. 엔료는 종교와 정치가 분리되는 것이 당연하나 사정에 따라 분리되기 어려운 경우도 있다면서,[53] 종교들 간의 분란을 막기 위해 정부가 관여한다는 명목으로, "국가의 치안을 방해하지 않는 한에서 신앙의 자유를 허용한다."라는 제국헌법 조항에 의해 정부의 개입이 문제없다고 주장한다. 나아가 정부 주도의 개량이 '교리의 개량'이 아니라 '종풍(宗風)'의 개량이라는 점에서 신앙의 자유를 거스르지 않는다고 덧붙인다.[54] 구체적으로 엔료는 개량의 방법으로 다섯 가지를 드는데, 이를

51 井上円了(1899), 『日本正教論』 '二十段'; 『井上円了選集』 第8卷(1991), 67쪽.
52 井上円了, 『宗教改革案』(哲學書院, 1902), 8-10쪽.
53 井上円了, 『宗教改革案』, 24쪽.
54 井上円了, 『宗教改革案』, 26-29쪽.

보면 엔료가 개량하려는 내용을 짐작할 수 있다. 그 핵심은 승려나 목사가 되려는 사람은 문부성이 정한 학력을 보유할 것과,[55] 제국대학에 종교학을 전공하는 교과대학(教科大學)을 두자는 것이다. 그는 도쿠가와 말기부터 내부에 폐단이 쌓여 오늘에 이르렀다고 불교의 상황을 진단하는데,[56] 그 폐단이 주로 종교인의 타락 때문이라고 판단했기 때문이다.[57] 그러므로 종교 자체에 개량을 맡길 수 없다고 주장한다.[58]

이 글의 2절에서 엔료가 철학의 보급이 급한 일이라면서 그 효용을 설득 근거로 사용했다고 언급한 바 있다. 종교의 개량을 정부가 맡아야 한다고 주장하는 것도 같은 맥락이다. 종교는 한 나라의 인심과 민정(民情)을 지배하고 풍습과 습관을 유지하는 역할을 하고, 종교의 성쇠는 "국가의 영고(榮枯)와 국민의 이해(利害)에 관여"하기 때문에 종교 개혁 문제는 교육 방면에서뿐만 아니라 정치·실업·군사 방면에서도 중요한 문제라고 주장한다.[59]

실제로 '인심과 민정을 지배하고 풍습과 습관을 유지'하기 위해서 해야 할 일은 '공덕'을 기르는 것이라고 제안한다.

> 서양의 경우, 매주 일요일 오전 부모가 자녀를 데리고 사원에 가고 교회에 모여 단지 예배하고 공양을 올릴 뿐 아니라 교리 교육을 통해 평상 가정에서 지켜야 할 마음가짐을 배울 수 있으니, 가정교육의 실지 연습이라고 할 수 있을 것이다. 또 오후에 청년 교회, 직인 교육과 같은 특수한 교

55 일반 사원은 중졸 이상, 본산(本山) 본사(本寺)는 대졸 이상으로 하자고 주장한다. 井上円了, 『宗教改革案』, 42쪽.

56 井上円了, 『宗教改革案』, 10–12쪽.

57 井上円了, 『宗教改革案』, 21–23쪽.

58 井上円了, 『宗教改革案』, 23쪽.

59 井上円了, 『宗教改革案』, 10–11쪽.

화를 하는 것은 단적으로 말해 사회교육의 연습이다. 이처럼 학교교육 외에 가정교육, 사회교육을 실시하면, 공덕이 자연히 일반 사회에서 행해질 것이다. 그런데 우리 나라에는 다수의 종교가 있어 사원도 있고 교회도 있으나 단지 장례 의식을 행하는 데 머문다. 교화의 이름은 있으나 실질은 없으니, 도저히 가정교육, 사회교육의 진작 발양을 돕지 못한다. 하물며 공덕 양성은 어떻겠는가. 이에 종교 개량이 참으로 오늘날 급무임을 알겠다.[60]

그에게 종교의 역할은 과거 불교가 했던 장례 의식에서 벗어나, 근대 이전 서양에서 기독교가 했던, 윤리와 정치를 지도하는 역할을 포괄하는 것이었다. 그가 정부가 주도하는 종교 개량법 가운데 하나로 "각 사원, 각 교회가 매주 한 번씩 교회를 열어 교도(敎導)의 실질을 올릴 것"[61]을 꼽은 것도 기독교를 벤치마킹한 것이다. 성직자들에게 높은 수준의 국가 인정 학력제를 도입하자는 것도 "서양 여러 나라가 신학부를 각 대학의 수석"에 두어 "지덕겸체의 종교가를 양성하는 것"[62]을 벤치마킹한 것이다. 그것이 종교를 근대화시키는 길이라 생각했으므로 "종교를 위한 것이 아니라 국가를 위해 하루라도 빨리 정부가 종교 개량에 착수하여 메이지유신의 대업을 대성하기를 갈망"[63]한다고 말한다.

다시 말해, 엔료는 데쓰지로와 마찬가지로 종교를 정치와 분리할 수 없다고 생각했다. 종교는 공덕 양성의 핵심적 역할을 하므로, 그 지도자인 종교가들은 덕뿐만 아니라 지를 갖춰야 하고, 그 점에서 "지식

60 井上円了, 『宗教改革案』, 8-9쪽.
61 井上円了, 『宗教改革案』, 35쪽.
62 井上円了, 『宗教改革案』, 42-43쪽.
63 井上円了, 『宗教改革案』, 33쪽.

을 증진시키는 것은 실로 문부성의 임무"이므로 "종교국을 문부성으로 이관하는 것이 당연"[64]하다고 주장한다. 즉, 엔료가 생각하는 종교의 영향력은 개인의 안심입명이나 '종교국'에서 관리받는 좁은 영역의 종교에 머물지 않았다.

그의 주장에 의하면, 종교가 나라 안에서 하는 역할은 전방위적이다. 그런데 각 나라의 종교는 역사적인 경험과 밀접하게 관계한다. 앞 절에서도 언급했지만, 그는 "서양에는 서양인 고유의 성질, 기풍이 있고, 일본에는 일본인 고유의 성질, 기풍이 있기 때문"[65]에 일본인에 알맞은 종교가 있다고 생각한다. 그게 바로 불교다. 일본인에게 불교가 갖는 의미는 다음과 같이 서술된다.

> 이것[불교]을 사회에 응용할 때는 현명하고 어리석고, 예민하고 둔하고, 귀하고 천한 사람, 상하의 사람들로 하여금 각각 근기에 상응하는 이익을 얻도록 한다. 개명을 진전시키고 야만을 이끄는 좋은 법도 대개 이것에 지나지 않는다. 만약 이것을 한 사람의 몸에 간직하면 정감과 지력 양전(兩全)을 얻어, 한편으로는 치우치고 한편으로는 해를 입히는 폐를 없앤다. 그리하여 이를 수신제가에 응용한다면 또한 반드시 큰 이익이 있을 것이다. 이에 의해 보면, 현재 개명 사회의 종교에 적합하고 장래 도리(道理) 세계의 종교가 될 것은 불교를 버리고 달리 구할 수 없음은 의심할 여지가 없다. 과연 그렇다면, 우리 나라 장래의 종교를 정하는 데 불교를 이용한다면 다른 날의 이익을 다 헤아릴 수도 없을 것이다. 이는 내가 평소 호법애국의 진심을 가지고 불교를 개량하여 국은에 1만분의 1이라도 보

64 井上円了,『宗教改革案』, 51쪽.
65 井上円了,「佛教活論序論」, 345쪽.

답하기를 바라는 이유다.[66]

즉, 불교는 "수신제가"는 물론이고 "호법"과 더불어 "애국"하는 일까지 맡으려 한다. "개명을 진전시키고 야만을 이끄는 좋은 법"의 기능, 즉 문명화의 기능도 자처한다. 나아가 "일본으로 하여금 외국을 추종하고 따라 하게 하는 것이 아니라, 지금부터는 서양과 경쟁·대적하고 그 위에 이겨"[67]야 하는 상황에서, "장래 일본의 산물 가운데 서양에 전해져 가장 좋은 평가를 얻을 수 있는 것"인 "이른바 일본의 명산(名産)"은 불교[68]라고 자부한다.

불교가 수신·제가·애국을 관철하여 영향력을 발휘할 것이라고 자신하는 엔료는 위 인용문에서처럼 '호법', 즉 불교적 진리의 추구와 '애국'이 서로 어긋나지 않고 자연스럽게 공존하는 것으로 다룬다. 과연 그의 머리에서 그것은 무리 없이 공존했는가?

5. 호국과 애리를 양립시키는 원리: 현상즉실재론

폐불훼석(廢佛毀釋)의 수난을 당한 불교는 사태를 바로잡기 위해 정부에 의지할 수밖에 없었다. 불교계는 초기부터 개별적으로 탄원서를 보내다가 1875년 불교의 여러 사원이 연서한 건백서를 제출한다. 아래와 같이 시작되는 건백서는 불교 부흥의 도화선이 되었다고 한다.

---

66 井上円了, 「眞理金針·續編」, 253쪽.
67 井上円了, 「佛教活論序論」, 342쪽.
68 井上円了, 「眞理金針·續編」, 262쪽.

나라는 근본이며 도는 말단이다. 만약 국가가 존재하지 않는다면 우리 불도가 어디에 존재하겠는가. 국가가 먼저 서야 그 뒤에 우리 불도도 존재할 수 있다. 지금 배불(排佛)이 국가의 대해(大害)가 된다는 것을 승려보다 잘 아는 사람이 누가 있겠는가. 그리하여 승려 무리의 폐를 개선하여 불교가 주는 이익을 사용할 수 있는 이유를 별본에 상세히 논한다.[69]

국가이익에 봉사한다는 약속으로 재기하게 된 불교의 입장을 생각하면, 불교 개량을 기치로 내걸고 불교의 생존 방식을 모색하던 엔료가 '호법애국' 혹은 '호국애리' 구호를 외친 것은 당연한 일이었다. 엔료는 "불교를 개량하여 개명의 종교로 만드"는 일이 "학자로서 진리를 사랑"하는 것과 "한 개인으로서 국가에 의무"를 다하는 것을 포괄한다고 주장한다.[70]

그런데 2절에서 논했듯이 엔료는 진리를 찾아 헤매다가 철학을 발견했다는 사람이다. 철학은 존재의 실체를 찾는 보편학이다. 그가 불교의 개량화에 헌신하고자 한 것은 불교에서도 철학적 진리를 발견했기 때문이었다. 그는 철학적 진리라는 것을 무기로 삼아 불교의 근대적 성격을 부각시키며 기독교를 전근대적 종교라고 비판했다. 따라서 그는 논리적 정당화 없이 보편 진리의 추구와 애국을 결합시키지 않았을 것이다.

교육칙어 공포 전후로 윤리에 대한 그의 논의는 결을 달리한다. 이전에 발표한 『윤리통론』(1889), 『윤리적요』(1891)에서는 윤리학 일반에 대해 다루며 보편적 선악을 논했고, 이후에 발표한 『일본윤리학안』

69 櫻井匡, 『明治宗教史研究』(春秋社, 1971), 81쪽에서 재인용.

70 井上円了, 「眞理金針·続々編」, 262쪽.

(1893), 『충효활론』(1893)은 제목에서도 보여 주듯이 교육칙어의 핵심 덕목인 '충효'를 일본의 윤리로 소개했다.[71] 그런데 그는 충효를 특수한 윤리로 소개한다. 가령 『일본윤리학안』에서 윤리에는 보편적 윤리를 다루는 이론과 특수한 사회에 응용하는 두 면이 있다고 나눈다.[72] 『충효활론』에서는 "한편으로 이론상의 강구로 만국 고금 공통의 도리가 있음을 알지만, 한편으로 실제상의 강구로 각국 특수의 도덕이 있음을 밝히고, 이에 의해 그 나라의 체성(體性)을 계속 유지하도록 해야만 한다."[73]라고 말한다.

그 보편적 진리와 특수한 상황에 대해 그는 다음과 같이 말한다.

> 진리는 만세에 걸쳐 변하지 않고 우주가 다하도록 끝나지 않으며 국가가 사라지고 인류가 멸망해도 여전히 존재한다. 일월성신의 높음과 산과 바다의 큼, 조수초목의 많음도 모두 그 안에서 동체(同體)의 진리를 배태하고 있어, 한 점의 구름 한 털의 먼지도 모두 하나로서 진리를 구유하고 있다. 이에 의해 [호국과 애리를] 비교하면 국가는 진리계 가운데 작은 부분을 점유하는 데 불과하다. 마치 바다 한구석의 작은 섬과 같다. 과연 그렇다면 애리는 그 임무가 무겁고 호국은 그 책임이 가볍다고 해야 한다. 그러나 국가도 성립하지 않고 인류도 현존하지 않으며 진리만 존재한다면, 누가 이것을 알고 이것을 논할 것인가. 이를 강구하기 위해서는 지자(智者)·학자를 기다려야 한다. 지자·학자가 탄생하는 데는 국가의 독립생존이 필요하다. 그러므로 학자가 진리를 강구해야 한다는 것을 안다면

71 熊田健二, 「明治期倫理思想の一考察: 井上円了の倫理学説とその問題点」, 『思想と文化』(岩手大学人文社会科学部, 1986), 66쪽.

72 井上円了(1893), 「日本倫理學案」, 『井上円了選集』 第11巻, 222쪽.

73 井上円了(1893), 「忠孝活論」, 『井上円了選集』 第11巻, 293쪽.

반드시 국가의 독립을 기원하지 않을 수 없다. 이로써 호국의 임무가 애리의 책임에 일보도 그 경중을 양보하지 않음을 알 수 있다. 학자가 힘써야 할 바는 호국과 애리 양쪽의 대사를 병행하는 데 있음을 알 수 있다. 이렇게 본다면 호국애리는 하나지 둘이 아니다. 진리를 사랑하는 정을 떠나 별도로 호국의 염(念)이 있지 않다. 국가를 지키려는 염을 떠나 별도로 애리의 정이 있지 않다. 그것이 향하는 바가 달라서 그 명칭 또한 다르지만 귀결하는 바의 본심에 이르면 하나다. 이 마음[心]으로 국가를 대하면 호국의 성심이 되고 이 마음으로 진리를 대하면 애리의 정신이 된다.[74]

논리적인 관점에서는 애리가 호국보다 앞서지만, 현실 차원에서는 호국이 애리보다 뒤지지 않는다는 것으로 요약할 수 있다. 이는 2절에서 다룬 순정철학의 주제, 즉 본체와 그 본체의 현실적 전개에 대한 문제와 관련된다. 엔료는 '현상즉실재'라는 용어를 사용하지 않았지만 거의 비슷한 시기 데쓰지로가 '현상즉실재'라는 용어로 전개한 세계관을 공유했다.[75] 2절에서 확인한 엔료의 용어로는, '만법이 진여이고 진여가 만법'이라는 명제다. 즉, 그가 '순정철학'이라고 부른 '체' 혹은 '실체'의 존재론은 '현상즉실재론'이었다. 생성변화하는 다양한 현실의 '만법'이 모든 존재의 기반인 '진여'가 전개된 것에 다름 아니라는 사고다.

물(物)과 심(心)의 이원(二元)이 어떻게 진여의 이체(理體)와 관계하는가 물으면, 천태에서는 이 둘을 동체불리(同體不離)로 세운다. 이것을 동체라고 해도 둘은 반드시 동일하지 않다. 그러므로 이를 하나면서 하나가 아니며

74 井上円了, 「佛教活論序論」, 331쪽.

75 데쓰지로와 엔료의 현상즉실재론에 관해서는 井上克人, 「明治期アカデミー哲学の系譜: '現象即実在論'をめぐって」, 『關西大學文學論集』 55-4(2006) 참조.

둘이면서 둘이 아니라고 한다. (…) 서양에서 셸링의 철학은 상대 밖에 절대를 세웠고, 헤겔은 이를 논박하여 상대와 절대가 분리되지 않음을 증명했다. 지금 불교가 세우는 바의 것도 이 상대절대불리설(相對絶對不離說)로, 헤겔이 세운 바와 조금도 다르지 않다. 즉, 불교에서는 상대인 만물의 체는 진여 일리(一理) 외의 것이 아님을 논하여 만법이 진여라 하고, 진여 일리가 물심을 떠나 별도로 존재하지 않음을 논하여 진여 이것이 만법이라고 한다. 혹은 진여와 만법이 동체불리임을 논하고 '만법이 진여이며 진여가 만법이고 색즉시공이며 공즉시색'이라고 한다.[76]

엔료에 의하면, 불교의 순정철학 즉 형이상학은 헤겔의 형이상학과 상통한다. 그것은 하나며 전체인 본체가 물과 심으로 나뉘고 그것이 현실로 전개되는데, 현실 이외에 본체가 따로 있는 것은 아니라는 것이다. 즉, 진여즉만법이며 공즉시색이고 색즉시공이다. 그리하여 진리의 실현을 위해 국가가 필요한 것이 현실이며, 이 현실이란 바로 본체가 전개된 것이다. 엔료가 인용한 헤겔의 말을 빌리자면 "절대의 범위 안에 상대가 있으며" "상대 안에서 절대가 어떤지 잘 알 수 있다".[77] 상대와 절대가 분리되지 않으며 서로를 품고 드러낸다는 이 형이상학적 틀에 의해, 어떤 상태의 현실도 절대의 전개라고 주장될 수 있다. 천황을 정점으로 하는 일본의 국체와 충효는 상대적 진리라고 해도, 이 상대적 진리조차 절대적 진리의 드러남인 것이다. 이 틀에 의하면, 호국이라는 상대적 행위는 애리라는 절대의 범위 안에 있으며, 호국의 행위 속에서 애리가 어떤 것인지 알 수 있게 된다. 이러한 틀에 의해서

76 井上円了, 「佛教活論序論」, 369-370쪽.

77 井上円了, 「哲学要領」, 114쪽.

엔료는 도쿠가와 시대 이래 실리 차원에서 호법·호국·방사를 동거시켰던 것에서 나아가, 같은 방책에 논리적 정당성을 부여한 것이다.

6. 불교개량운동은 왜 철학을 필요로 했는가?

1899년 종교교육금지령 발포 이후 데쓰지로는 새로운 방식으로 종교와 윤리의 관계를 재정비한다.[78] 충효 교육의 부적합성 논의에서 더 나아가 수신 교과 폐지론, 교육칙어 개정론까지 거론되는 상황이었기 때문이다.[79] 보편종교가 필요한 때라고 언명하며 데쓰지로가 생각해 낸 것은 기성의 모든 종교에서 역사적 특수성을 제거하여 "윤리적 종교"[80]를 세우는 것이었다.

이에 대해 엔료는 종교를 학술로 취급한 결과라고 비판하며 종교는 학술로 환원되지 않는 독특한 것이라고 주장한다.[81] 엔료에게 종교는 "인지의 유한함, 인력의 부족함, 인간의 박약함"[82]에서 오는 불만족을 충족시켜 줘야 하는 것이었다. 개인의 불완전한 감정은 완전한 개인의 실재를 환기할 수 있는 "인격적 실재를 세움"[83]으로써 충족된다고 주장한다. 즉, 엔료는 종교에는 인격신이 필요하다고 생각했다. 인격신은 가령 데쓰지로와 같은 학자가 "공상이므로 믿을 만하지 않다."[84]라

---

78 이 책의 제1장 5절 참조.

79 井浦節夫, 「命治後期における井上哲次郎と井上円了の思想対立」, 『比較思想研究』 34(2007), 123쪽.

80 이 책의 제1장 5절 참조.

81 井上円了(1901), 「余が所謂宗教」, 『井上円了選集』 第25卷, 47쪽.

82 井上円了, 「余が所謂宗教」, 28쪽.

83 井上円了, 「余が所謂宗教」, 52쪽.

고 하지만, "종교는 본래 공상"[85]이며, "공상을 본령으로 한다."[86]라고 그는 역설한다. 상대적 존재인 인간은 절대를 '공상'함으로써 절대에 다가간다는 것이다. 그에 의하면, 불가지적 세계가 형상화되는 것은 사람이 생각할 수 있고 상상할 수 있기 때문이다. 상대적 존재가 절대를 생각하는 일에 대해 엔료는 다음과 같이 말한다.

> 절대가 상대 밖에 있으면, 그 체는 우리 지식 범위 밖에 있는 것이 된다. 지식의 범위 밖에 있는 것을 우리가 어떻게 알고 또 이에 대해 논하겠는가. 그리하여 우리가 진정 그 유무를 알고 이것을 논하는 이상, 그 절대의 체는 우리 지식 안에 있어야 하는 이치다. 즉, 절대는 상대를 떠나 별도로 존재하지 않는 이유를 알아야 한다.[87]

인간이 유한한 존재인 한, 그리고 유한한 존재로서 무한함을 상상하는 한 종교는 존속할 것이다. 그러한 엔료 입장에서 데쓰지로의 윤리적 종교 구상은 종교의 특성을 이해하지 못하는 "학자의 미몽"에 불과하다.[88] 데쓰지로의 보편종교 구상을 비웃으며, 엔료는 일본 "특유의 도덕인 절대적 충효의 대도를 전하는 데 신도, 유교, 불교 삼도가 가장 적합"하다면서,[89] 종교교육금지령 이전으로 되돌려야 한다는 의지를 분명하게 표명한다.

절대 혹은 실재에 대한 상상을 본령으로 하는 종교로서 불교는 엔

84 井上円了,「余が所謂宗教」, 30쪽
85 井上円了,「余が所謂宗教」, 30쪽
86 井上円了,「余が所謂宗教」, 31쪽.
87 井上円了,「佛教活論序論」, 369쪽.
88 井上円了,「余が所謂宗教」, 44쪽.
89 井上円了(1902),「勅語玄義」,『井上円了選集』第11卷(1992), 370쪽.

료에게 순정철학보다 중요한 것이었다. 엔료는 기독교를 벤치마킹함으로써 불교의 활로를 개척하고자 했다. 그는 불교가 유럽에서 기독교가 근대 이전에 누렸던 그 권위에 필적하는 것을 갖춘 종교이기를 바랐다. 과거에 '불법(佛法)'이나 '종승(宗乘)'으로 불리며 파편적으로 흩어져 있던 여러 종파를 하나로 묶어 '불교'라는 용어 안에 수습한 것은 불교가 기독교에 대응하는 종교로 거듭나기 위한 노력의 결과였다.[90] 엔료 역시 불교가 내부의 차이로 갈라지지 않고 포괄적인 하나의 종교로 존립하는 것이 불교 개량의 방향이라고 생각했다.[91] 그렇게 하나가 된 불교가 과거 기독교가 서양에서 그랬듯이 윤리에서 정치까지 일본의 모든 것을 지도하는 종교가 되기를 희망했다.

그런데 엔료에 의하면, 기독교는 과학과 양립할 수 없는 전근대의 종교였다. '철학'은 기독교를 전근대적인 것으로 폄하하며 불교를 치켜세울 수 있는 도구였다. 불교의 종교적 성격이 중요했지만, 철학은 근대의 상징으로서 불교를 근대적인 존재로 자처하게 하고 동시에 기독교를 시대에 뒤처진 것으로 정리하게 해주는 중요한 틀이었다. '철학으로서 불교'는 서양에서 전개된 철학의 전 역사를 포괄하는 것으로서, 불교라는 문화를 갖고 있는 일본이 자신의 역사와 문화를 존중하고 서

---

90 伊吹敦, 「佛教は哲學なりや宗教なりや: 近代日本における佛教の宗教化と禪宗·眞宗の一元的理解の誕生」, 『国際禅研究』 3(2019), 197-198쪽.

91 井上円了, 「眞理金針·続々編」, 260쪽에서 다음과 같이 말한다. "성도의 여러 종은 정토문을 경시하고 천시하며, 정토의 여러 종은 성도문을 배척하여, 서로 외교이종(外教異宗)이라고 본다. 성도와 정토는 표리일체의 관계임을 전혀 모르는 자들 같다. 단지 성도와 정토의 관계를 모를 뿐만 아니라, 성도문 가운데 각 종이 서로 자기 이외의 종지를 논박하고, 정토문 가운데 각 종이 서로 비방할 뿐, 공동일치하여 불교의 일대 법성(法城)을 지키는 일이 없다. 불교 종파 내부 사정이 이미 이러하니, 어떻게 세상 사람들을 향해 확장하기를 바랄 수 있겠는가. 이것이 내가 불교의 개량을 오늘날의 급무로 삼는 이유다."

양과 대등하게 대면할 수 있게 해주는 자원이기도 했다.

불교가 철학으로 자리매김할 수 있게 해준 서양의 관념론 철학, 그 철학에 힘입어 구축한 현상즉실재론은 철학으로서 보편을 추구한다는 명분을 가지면서 동시에 일본적 특수성을 고려하는 윤리를 주장하게 해주는 틀이기도 했다. 현상즉실재론이라는 '일본형 관념론'은 서양과 대등한 일본을 넘어 일본 혹은 동양으로의 회귀를 지시하고, 나아가 개체 확립 과정이어야 할 근대가 동시에 개체를 초월한 절대를 더 중요한 자리에 두게 되는 독특한 근대를 만들었다. 불교는 전통적이면서 동시에 근대적인 것이며 또한 포스트 근대적이라는 세 가지 역할을 담당할 수 있었다.[92]

국가주의적 도덕을 제공하여 일본의 경쟁력을 고양시킨다는 기획은 데쓰지로와 엔료가 공유하는 것이었다. 엔료가 데쓰지로와 갈라서는 점은 그 도덕 제공의 원천을 무엇으로 정하는가의 차이 정도일 것이다. 엔료는 데쓰지로와 달리 불교를 부흥시켜 새 시대의 종교로 세우고, 불교가 수신부터 애국까지 지도하는 종교가 되기를 바랐다. 그 기획을 위해 철학이 불교를 근대적인 것으로 설명할 수 있는 틀을 제공했다면, 일반인은 순정철학을 앎으로써 삶이 어떻게 달라지는가? 그에게 철학의 효용은 "실로 국가를 이롭게 하고 사회를 이롭게 하며 인간세계에 더없는 행복을 가져다준다."라는 것이었다. 철학이 진정 국가를 이롭게 했다면 어떤 메커니즘에서 그렇게 했을까? 그가 구상한 대로라면 애국주의적 공덕을 교육시킴으로써 일본의 대외적 경쟁력을 상승시킬 수 있었을 것이다. 철학교육은 애국이 곧 절대적 진리 실현

92 스에키 후미히코는 교토학파의 근대초극론이 이미 메이지 시대에 준비되었다고 지적한다. 스에키가 구체적으로 엔료를 지적하는 것은 아니다. 스에키 후미히코 지음, 이태승·권서용 옮김, 『근대 일본과 불교』(그린비, 2009), 12-24쪽 참조.

임을 주지시킴으로써 일본인들로 하여금 자발적으로 공덕 함양에 힘쓰게 했을 것이다.

그런데 철학교육이 그것을 가능하게 했다면, 그것은 엔료가 '철학'을 순정철학에 한정시켰기 때문이고, 순정철학 가운데서도 '현상즉실재론'에 제한했기 때문일 것이다. 종교, 윤리와 긴밀히 연결되는 현상즉실재론은 불교를 최상의 종교이자 철학이게 하는 동시에 일본적인 불교를 보편철학이게 만들어 주는 것이었다.

철학이나 윤리로 대체될 수 없는 독보적 종교로서 불교는 그가 지켜야 할 가장 중요한 것이었다. 철학이자 종교로서 불교는 서양으로부터 철학이나 종교의 수입 필요를 차단해 주고, 일본이 서양에 비교해 뒤처지지 않는 문명국임을 설명해 주는 중요한 장치였다. 나아가 그가 주장한 순정철학은 현실의 일본에 애국하는 것이 곧 진리의 실현이라는 논리를 제공하는 것이었다.

7. 불교 개량의 방향

엔료가 자신을 키워 준 정토진종에서 벗어나 사립 철학관을 세우고 철학을 대중화한다는 기획을 세운 것은 불교의 개량과 밀접하게 관련되어 있었다. 그는 한 종파의 개혁이 아니라 불교 전체의 부흥을 도모해야 한다고 판단했기 때문에 환속했다. 그가 대중화해야 한다고 생각한 철학이란 불교의 순정철학이었다. 메이지유신 이후 수난과 고통의 시간을 보내야 했던 불교는 그러한 비극이 되풀이되지 않도록 무엇이든 해야 했다. 엔료가 기획한 것은 메이지 정부에 적응하면서 근대국가 일본에 필요한 것을 제공할 수 있는 불교로 거듭나는 것이었다.

그것은 기독교가 일본에 발붙이지 못하게 공격하는 한편, 불교를 근대 종교로 새 단장하는 것이었다.

엔료는 문명의 진보에 따라 종교도 진보한다는 종교진화론을 받아들이며, 문명의 종교란 과학과 철학에 입각한 종교라고 생각했다. 그 맥락에서 창조설·부활설과 같은 비과학적 교리를 포함한 기독교를 비문명적 종교로 여기는 한편, 불교는 『구사론』과 같은 과학뿐 아니라 『대승기신론』과 같은 순정철학까지 포괄한다고 주장했다. 또한 불교는 순정철학과 같은 지적인 분야부터 정토종과 같은 정감적인 분야까지 구비하고 있다고 자부했다. 이리하여 불교는 정감의 종교와 지력의 종교를 포괄할 뿐만 아니라, 서양에서 긴 역사에 걸쳐 전개된 철학의 전 역사를 감당하는 것이라고 설명한다. 종교든 철학이든 궁극적으로는 본체에 다가가기를 희구하면서 본체에 다가가는 수많은 방법을 고안해 왔는데, 기독교는 그 가운데 지적이지 않은 대중을 위한 방법만 가진 반면, 불교는 대중에서부터 과학자·철학자까지 포용할 수 있는 다양한 방법을 가진 종교이자 과학이자 철학이라고 그는 설명한다.

불교가 이러한 종교라면, 그리고 어떤 시대든 종교가 필요하다면, 일본인이 불교를 선택하지 않을 이유가 없다. 이미 일본인에게 친숙할 뿐 아니라 그 어떤 종교보다 우월한 체계이기 때문이다. 엔료가 불교라는 종교 내지 종교 단체의 처지 개선을 위해 가장 주력한 일은 이처럼 불교를 문명의 종교로 설명하는 것이었다.

그의 이론 작업은 한편에서 당시 도쿄대학 철학과 출신들 사이에서 공유되었던 이른바 '현상즉실재'론의 세계관을 세우는 일로도 전개되었다. 그는 독일의 관념론에서 발견한 순정철학의 원형을 불교 안에서 적극적으로 찾아냄으로써, 불교의 순정철학은 서양의 근대철학을 능가하는 것이라고 주장했다. 현상즉실재론은 일본적인 것이 세계적인 것이며 보편적인 것이라는 논리를 제공했다. 포괄적인 종교로서 불교가 윤리에서 정치까지 일본의 구석구석을 지도하는 것이 엔료가 그린 개량된 불교의 청사진이었다. 불교를 철학으로 설명함으로써 불교를 근대국가에서 기능할 수 있는 종교로 수식하고, 불교 순정철학을 대중에 교육시킴으로써 일본인들이 자발적으로 공덕을 함양하게 하려는 구상이었다. 엔료가 그린 불교 개량의 구체적인 그림은 정부가 이러한 불교를 지도적 종교로 채택하는 것이었다.

제3장

아네사키 마사하루는 왜 '신종교'론을 제창했는가?

이연승

1. 일본 종교학 초기의 '신종교'론

일본 종교학의 역사에서 아네사키 마사하루(姉崎正治, 1873-1949)는 학문 분과로서 종교학을 일본에서 최초로 확립한 인물로 평가되곤 한다. 그가 1898년 도쿄제국대학에서 '종교학서론(宗教學緖論)'이라는 강의를 연 것을 일본 종교학의 기원으로 보는 것이 일반적인데,[1] 기독교나 불교 등 특정 종교의 입장을 표방하는 대학이 아니라 도쿄제국대학에서 인간의 종교현상을 종교적 편향성 없이 객관적인 입장에서 연구하고자 하는 종교학 강의를 개설했다는 사실이 그에게 일본 종교학의 창시자라는 평가를 가져다주었을 것이다. 아네사키는 인도학과 불교학 영역에서도 많은 전문적 연구서를 남겼고, 언어 천재로서 영어나 독일어로 일본의 종교·예술 분야에 대한 강의와 저술을 했으며, 20대부터 여러 잡지에 종교와 관련된 글을 기고했다. 그 외에도 종교학 관련 학회 조직이나 일본의 종교 정책 분야에서 메이지 후기부터 쇼와 초기까지 지도적 역할을 했다.[2] 방대한 저작을 남긴 아네사키 종교학의 전모와 그 특성을 파악하려면 그가 일생에 걸쳐 연구한 학문을 살펴봐야 할 것이다. 이 글에서는 일본에서 종교학이 형성된 초기, 즉 대체로 메이지 20-30년대(1887-1906) 전후 시기에 일본의 종교(학)계에서 논의되었던 '신종교'에 관한 논의에 주목하고, 아울러 아네사키 '신종교'론의 이론적·실천적 성격을 설명하고자 한다.

---

* 이연승, 「아네사키 마사하루의 '신종교'론과 그 실천양상」, 『종교문화비평』 44(2023)에 실린 글을 수정하여 수록했다.

1 이소마에 준이치 지음, 제점숙 옮김, 『근대 일본의 종교 담론과 계보: 종교·국가·신도』(논형, 2016), 60쪽.

2 이소마에 준이치, 『근대 일본의 종교 담론과 계보』, 213쪽.

현재 일반적으로 사용되는 신종교(new religion)에서 '새롭다(new)'는 것은 기존의 종교나 종파와 다르다는 의미로, 모든 문화권이나 모든 나라의 종교적 현상에 일정한 기준을 적용하여 구분할 수 있는 것이 아니다. "연구자들은 일반적으로 사용되는 컬트(cult)라는 용어의 경멸적인 의미를 피하기 위하여 신종교 운동(New Religious Movements, NRMs)이라는 용어를 채택했다."[3]라고 한 『종교대백과사전』의 설명에서 우리가 간취해야 할 중요한 사실은 신종교라는 용어가 종교적 현상을 기술하기 위하여 연구자들이 만들어 낸 학술적 개념이라는 점이다.[4] 신종교 분야의 대표적인 연구자 고든 멜턴(Gordon J. Melton)은 신종교에 속하는 종교적 집단의 공통점을 추출하여 이를 정의하기보다는 지배적인 종교적 문화에 의하여 주변적·외부적인 지위를 부여받은 종교들의 집합이라고 말한다.[5] 이 글에서 다루는 '신종교'는 주로 메이지 20-30년대 사용되었던 역사적 개념으로, new religion의 번역어인 신종교와 다르다. 사실상 '신종교'는 신종교의 개념에 가려져 있는 셈이다.[6] 시마조노 스

3 이 항목의 저자는 고든 멜턴이다. Lindsay Jones, editor in chief. *Encyclopedia of religion* [electronic resource] (Macmillan Reference USA, 2005), p. 6512.

4 서구 학계에서는 대체로 new religion보다 new religious movements라는 용어를 선호하는 것으로 보인다. 『종교대백과사전』에도 후자의 항목에서 전자를 설명하며, 옥스퍼드 핸드북 시리즈에서도 *The Oxford Handbook of New Religious Movements*라는 제목의 책을 출간하였다. 이 책의 엮은이인 제임스 루이스에 따르면, "학문적 연구(scholarly endeavor)의 한 분야로서, NRM 연구는 실제로 일본에서 수십 년 전 제2차 세계대전 이후 종교 혁신의 폭발적인 증가로 나타났으며, 심지어 new religion이라는 명칭은 일본의 사회학자들이 이 현상을 언급하기 위해 만든 신슈쿄(新宗教)라는 표현을 직역한 것"이라고 한다. James R. Lewis (ed.), *The Oxford Handbook of New Religious Movements* (Oxford University Press, 2004), p. 3.

5 Gordon Melton, "Toward a Definition of 'New Religion'", *Nova Religio: The Journal of Alternative and Emergent Religions* 8-1(2004), pp. 83-84.

6 양자를 구별하기 위하여 이 글에서는 '신종교'라 쓰고, 세계적으로 통용되는 new

스무(島薗進)는 '신종교'라는 말은 사제(師弟) 관계인 이노우에 데쓰지로(井上哲次郞)와 가토 겐치(加藤玄智)가 공동으로 사용하기 시작한 것 같다고 했으나,[7] 아쉽게도 추측성 발언일 뿐 이렇게 추정할 만한 아무런 근거도 제시하지 않았다. 마에카와 미치코(前川理子)는 '신종교'론에 대하여 "메이지 20년대(1887–1896)에 나타난 종교계의 새로운 경향과 이념들의 대두를 계기로 주로 지식층에게서 지지받은 것으로, 여러 종교의 통종교적인 것을 축으로 장래 종교의 새로운 형태를 추구하고자 하는 일종의 사상운동에서 제창된 이상종교론(理想宗教論)을 가리킨다."[8]라고 말한다. 이 종합적인 설명에 따르면 '신종교'를 '이상종교(理想宗教)'라고 바꾸어도 큰 무리가 없을 것이나, 이노우에 데쓰지로가 자신이 생각했던 미래의 가장 바람직한 윤리(적 종)교를 이상교(理想教)라고 지칭하기도 했으므로, 이 글에서는 당시 다양한 종교의 바람직한 양상과 이에 대한 논의 일반을 가리키는 용어로 '신종교'를 사용한다. 이노우에와 아네사키를 비롯한 당시 지식인들이 사용하던 '신종교'를 역사적 개념으로 사용하는 것은 타당하며, 나아가 신종교와 유사한 점이나 차이점을 염두에 두고 사상사 및 종교사 입장에서 규명할 필요도 있다고 생각한다. 아네사키에게 '신종교'라는 주제는 그의 학문적 생애 전반에

religion과 그 번역어인 신종교는 따옴표 없이 표시한다. 신종교의 경우, 지식인층을 배제하지는 않지만 일반 대중의 참여가 주를 이루므로 아네사키는 이를 민간종교라고 불렀다. '신종교'는 주로 지식인층에서 논의가 이루어졌으며, 신념적인 요소보다 합리성이나 윤리성 등을 더 추구했다는 점에서도 차이가 있으므로, 양자를 명확하게 구분해야 할 것이다.

7 島薗進, 「加藤玄智の宗教学的神道学の形成」, 『明治聖徳記念学会紀要』 復刊 16(1995), 74쪽. 시마조노의 이 문장의 일부가 후에 島薗進·高橋原·前川理子가 공동 집필한 『加藤玄智集』 제9권의 「解說」(2004, 7쪽)에 동일하게 들어가 있다.

8 前川理子, 『近代日本の宗教論と国家: 宗教学の思想と国民教育の交錯』(東京大学出版会, 2015), 68쪽.

지속되었으며, '신종교'라는 용어가 표면화되지 않은 경우에도 가장 바람직한 종교 양상에 대한 추구는 종교학자로서 또 종교인으로서 그의 삶 전체를 관통하고 있다. 따라서 이 글은 아네사키의 '신종교'론과 그 실천적 양상에 초점을 맞추어 그가 추구한 종교학의 일면을 살펴보려는 것이다.

종교학자로서 아네사키의 학문적 생애는 그의 스승이었던 이노우에 데쓰지로와 떼려야 뗄 수 없는 관련이 있다. 아네사키는 제국대학 학부 시절 이노우에의 '비교종교와 동양철학'이라는 과목을 수강하고 큰 자극을 받아 「바가바드기타의 철학 및 종교」라는 논문을 썼으며, '종교의 발달'이라는 연구 항목으로 대학원에 진학할 때 이노우에가 그의 지도교수였다.[9] 1898년 이노우에는 '비교종교와 동양철학'이라는 강의를 아네사키에게 물려주고, 자신은 동양철학사 가운데 일본철학사 강의를 담당했는데,[10] 이는 이노우에가 아네사키를 자신의 학문적 후계자의 한 사람으로 신뢰했음을 보여 준다. 이노우에는 아네사키를 조카사위로 삼았을 만큼 이들은 사적으로도 밀접한 관계를 유지했으며, 크고 작은 종교(학) 관련 활동을 함께하곤 했다. 아네사키의 '신종교'론이 이노우에가 주장했던 '이상교'의 직접적 영향을 받아 형성된 것은 아니지만, 스무살 이상 연장자였고 메이지 20년대부터 사회적으로 활발히 전개하던 이노우에의 종교 관련 담론은 아네사키의 '신종교'론에 중요한 학문적 배경이 되었다고 할 수 있다. 이노우에가 전개했던 종교 관련 논의가 일부 공유되지만 종교의 가치나 의의에 대한 견해에서는 근본적인 차이를 보이기도 하므로, 아네사키의 종교학 및 '신종교'론이 이

---

9 磯前順一·深澤英隆 編, 『近代日本における知識人と宗教: 姉崎正治の軌迹』(東京堂出版, 2002), 21-23쪽.

10 이 책의 제1장 1절과 3절 참조.

노우에의 학문적 계승이라고 말할 수는 없다. 그러나 학문적 배경이라고는 말할 수 있을 것이다. 이런 사정을 염두에 두고 본격적으로 아네사키의 '신종교'론을 검토하기 전에 먼저 '이상교'를 중심으로 이노우에 데쓰지로의 종교 담론을 살펴볼 것이다.

2. 이노우에 데쓰지로의 종교 담론: '이상교'를 중심으로

일반적으로 이노우에 데쓰지로를 국가주의적 성향이 강한 강단 철학자로 이해하지만,[11] 한편으로 그는 연구자로서 삶을 통틀어 종교라는 인류의 문화를 지적으로 이해하고 설명하려 한 종교학자이기도 했다. 그는 제국대학에서 약 6년간(1891. 9-1897. 7) '비교종교와 동양철학'이라는 강의를 했다. 실제 내용은 인도철학에 중점을 둔 것이었지만 수백 명의 학생이 모이는 인기 강좌였으며, 수강생 중 한 명이었던 아네사키는 강의 내용을 노트에 기록했다.[12] 이미 1893년에 이노우에 엔료의 『비교종교학(比較宗教學)』이, 1894년에 기시모토 노부타(岸本能武太)의 『종교의 비교적 연구(宗教の比較的研究)』가 간행되었고, 그 밖에 자유신학교와 우주신교신학교에서도 비교종교학 강의가 개설되었으나, 이노우에 데쓰지로의 강의는 특정 종교나 종파의 학교가 아니라 제국대학에서 행해졌고, 철학과 병행되었다는 점에서 일본 종교학의 선구적 역할을 했다고 할 수 있다.[13] 이노우에가 모든 종교 전통을 가치판단 없

11 이소마에 준이치, 『근대 일본의 종교 담론과 계보』, 135쪽.

12 이소마에 준이치, 『근대 일본의 종교 담론과 계보』, 139-140쪽. 당시 이노우에의 강의 일부분과 아네사키의 강의 노트가 발견되어 그 내용을 알 수 있었다. 이소마에 준이치, 『근대 일본의 종교 담론과 계보』, 138쪽.

이 객관적으로 비교, 연구하는 종교학의 기본적 태도를 견지한 것이 아님은 분명하다. 예컨대, 1890년 메이지 천황의 이름으로 교육칙어가 반포된 다음 해에 일어난 소위 '우치무라 간조(内村鑑三) 사건'을 단초로 '교육과 종교의 충돌' 논쟁이 전개되었는데, 이 논쟁에서 이노우에는 공개적으로 기독교 비판에 앞장섰다. 비판의 핵심은 기독교가 ① 인종도 국가도 구별하지 않으므로 이들의 도덕은 무국가적일 수밖에 없고, ② 출세간의 일에 몰두하여 현세를 매우 가볍게 여기며, ③ 기독교의 박애는 묵자와 같은 무차별적 사랑으로 칙어에서 강조하는 차별적 사랑과 다르고, ④ 충과 효라는 중요한 덕목이 결여되어 있다는 것이었다.[14] 이는 그가 상당히 단편적인 기독교 이해에 사로잡혀 있으며, 기술적(descriptive)이라기보다는 뚜렷한 규범적(normative) 발언을 하고 있음을 보여 준다.

그러나 이노우에는 지속적으로 '종교 혁신'의 필요성을 제기했고, '종교의 장래'에 대하여 고민했으며, 이와 관련된 글들을 발표했다.[15] 이에 대한 사색이 종합적으로 나타난 「종교의 장래에 관한 의견」이 1899년에 발표되자[16] 많은 찬반양론이 제기되었는데, 특히 일부 종교

---

13 이소마에 준이치, 『근대 일본의 종교 담론과 계보』, 155쪽.

14 井上哲次郎(1892), 「宗教と教育との關係につき井上哲次郎氏の談話」, 『井上哲次郎集』 第9卷(クレス出版, 2003), 110-112쪽. 이 글이 1892년 11월 『教育時論』에 실림으로써 본격적으로 기독교 측과 논쟁이 시작되었다. 박은영, 「'교육과 종교의 충돌' 논쟁에 관한 일고찰」, 『인문연구』 73(2015), 266쪽.

15 「宗教革新に於ける日本の位地」[본래 『日本宗教』 7(1897)의 '思潮' 칼럼에 실렸던 글]와 「宗教革新ノ時機」[본래 『日本弘道叢記』 72-73(1898)에 게재되었던 글]는 각각 井上哲次郎, 『井上哲次郎集』 第9卷(2003)의 219-220쪽과 221-225쪽에 실려 있다. 이 외에 그의 저서 『哲學と宗教』(『井上哲次郎集』 第5卷에 실림) 제16장 「我邦宗教の將來」과 제17장 「我邦宗教の革新」 역시 같은 주제를 논한다.

16 井上哲次郎(1899), 「宗教の將來に關する意見」, 『井上哲次郎集』 第3卷, 206-255쪽.

인에 의한 반대 의견이 주를 이루었다. 이 논쟁을 후나야마 신이치(船山信一)는 '신종교 논쟁'이라고 명명하면서,[17] 이노우에가 주장하는 내용은 ① 장래의 종교는 실재에 관한 인격적 표상을 제거해야 한다는 것, ② 윤리교여야 한다는 것, ③ 기성 종교의 통합이어야 한다는 것[18]이라고 했다. 이어서 이노우에의 주장을 비판한 대표적 저자들의 글을 나열하고 나서 그 비판의 요지로, ① 종교가(宗敎家) 및 종교를 사실로서 인식하는 사람들에게 종교란 윤리로 환원될 수 없는 것이고, ② 종교에는 반드시 인격적 표상이 필요하며, ③ 기성 종교의 통합은 불가능하다고 주장했으며, 아울러 ④ 이노우에가 말하는 '장래의 종교'는 '종교'라고 할 수 없고, ⑤ 종교의 존속은 필요하다라는 것이 비판자들의 주장이라고 지적했다.[19]

후나야마가 이 논쟁을 '신종교 논쟁'이라고 한 것은 자의적 명명이 아니다. 앞에서 본 마에카와의 '신종교'에 대한 서술에서 알 수 있듯이, 기존의 종교 전통들과 다른 장래의 '새로운' 종교이자 바람직한 종교의 양상에 대하여 논의했던 당사자들도 '신종교'라는 용어를 사용했기 때문이다. 예컨대 이노우에 데쓰지로는 물론[20] 그 비판자였던 이노우에 엔료도 '신종교'라는 용어를 사용했다. 이노우에 엔료는 「내가 말

17 이 논쟁은 우치무라 간조 사건을 단초로 일어난 '교육과 종교의 충돌' 논쟁에 이어 제2차 '교육과 종교의 충돌' 논쟁이라고 불리기도 한다.

18 船山信一, 『明治哲學史硏究』(ミネルヴァ書房, 1959), 20쪽.

19 후나야마는 무라카미 센쇼(村上專精, 1851–1929)의 「未來廿世紀間に於ける宗教觀」(1900), 이노우에 엔료(井上円了)의 「余が所謂宗教」(1901), 에비나 단조(海老名彈正, 1856–1937)의 「人格論」(1900), 모토라 유지로(元良勇次郞, 1858–1912)의 「井上·村上兩氏の所說に就きて」(1900) 등을 소개하고서 이와 같이 말했다. 船山信一, 『明治哲學史硏究』, 20쪽.

20 이노우에 데쓰지로의 경우, 「宗教革新に於ける日本の位地」(1897)라는 글에 '신종교'라는 용어가 보이는데, 이를 학술적 개념어로 사용하거나 자주 사용한 것은 아

하는 종교(余がいわゆる宗教)」에서 이노우에 데쓰지로의 종교론에는 "여러 종교를 일괄하여 종합적 '신종교'를 구성한다."라는 논지가 있는데, 이에 동의할 수 없다고 지적했다.[21] 같은 글에는 '구종교(舊宗教)'라는 말도 나오는 것으로 볼 때, 이노우에 엔료가 말하는 '신종교'란 글자 그대로 '새로운 종교'이며, 아울러 마에카와가 정의했던 '신종교'의 범주에 속한다. 따라서 메이지 20년대에는 종교 연구자와 종교인을 포함한 지성인들이 대체로 기성 종교에 만족하지 않고, 더 나은 방향으로 종교를 개선하려 하거나, 좀 더 이성적으로 윤리적 성격의 종교를 추구하는 공통된 방향이 있었다는 사실을 알 수 있다. 이노우에 데쓰지로는 종교가 장차 현재(=그 당시)보다 더 바람직한 양태로 발달해 나가리라는 진화론적 사고를 아무런 의심 없이 전제로 삼고 있었는데, 이는 비판자들 사이에서도 은연중에 공유되고 있었다. 다시 말하면, 이노우에를 비판했던 논자들 역시 이노우에의 모든 견해를 반박하는 것은 아니었고, 종교에서 미신적인 것을 제거하여 철학과 조화를 바라는 점이나, 기성 종교는 불필요하다는 급진적인 주장과는 거리를 두면서도 점차 변화가 필요하다는 점은 인정하는 등,[22] 큰 방향성에서는 동의하고 있었다.

큰 방향성의 내용은 세 가지 정도로 정리할 수 있다. 첫째, 종교는 철학을 비롯한 학술적·합리적 노선을 공유해야 한다는 것, 둘째, 종

니다.

21 이는 이노우에 데쓰지로의 「宗教の將來に關する意見」에 나타난 그의 종교관을 세 조항으로 언급한 것 중 두 번째 항목으로, 첫 번째는 '윤리의 성분을 포착하여 종교의 제1원리로 삼는 것'이고, 세 번째는 '인격적 실재를 종교의 조직 가운데에서 완전히 제거하는 것'이라고 했다. 인용문에서 '신종교'라고 한 부분은 본래 원문에는 작은따옴표 없이 되어 있다. 東洋大学創立100周年記念論文集編纂委員会 編, 『井上円了選集』 第25巻(東洋大学, 2004), 23쪽.

22 前川理子, 『近代日本の宗教論と国家』, 44쪽.

교의 도덕적 효과를 중시한다는 점, 셋째, 비판자들 역시 종교는 시세에 따라 현실 사회와 국가의 문제에 관심을 가져야 한다는 점이다. 예컨대, 이노우에는 「종교의 장래에 관한 의견」 마지막 부분에 '장래의 종교와 일본주의'라는 한 절을 마련하여, 사람은 모두 어떤 나라의 일원이며 동시에 세계에 속하는 일원이기 때문에 장래의 종교와 일본주의 중 양자택일이 아니라 양쪽 모두를 닦아 나갈 필요가 있다고 했는데,[23] 이 견해에 대해서는 아무도 문제 삼지 않았다.[24] 이 논쟁에서 이노우에든 그의 비판자든 모두 진화론적 사고의 틀에서 종교를 보았다는 사실은 간과할 수 없으며, 그들은 종교 역시 바람직한 방향으로 변화해 나갈 수 있다는 신념을 공유하고 있었다.

이노우에는 「종교 혁신에 있어서 일본의 지위」라는 글에서 "이제 여러 가지 특수한 종교에서 공통점을 취하여, 다시 그것을 융합하여 통일적인 '신종교'를 건설해야만 할 시기가 이미 무르익었다."[25]라고 했는데, 이는 모든 기성 종교가 지금 상태로 존속하는 것이 아니라 완전히 새로운 하나의 통일 종교라는 형태로 녹아 들어가야 한다고 주장한 것이다. 이소마에 준이치는 사실상 이노우에의 통일 종교에 대한 희구는 이보다 훨씬 이전, 즉 독일 유학 이전인 1883년에 펴낸 저서 『윤리신설』에서 "아직 현존하는 일종의 고등 종교"를 윤리적 관념에 기반을 두고 확립할 필요성을 언급했다고 지적한다.[26] 다만 이노우에는 메이지

---

23 井上哲次郎, 「宗教の將來に關する意見」, 252-253쪽.

24 동서고금의 모든 종교적 전통의 계합점을 찾아 이를 토대로 하나의 이상적인 종교를 만들고자 하는 보편주의적 지향과 일본이라는 국가의 이익을 표방하는 일본주의가 아무런 갈등 없이 공존할 수 없음에도 불구하고, 이에 대한 문제 제기는 찾아볼 수 없다.

25 井上哲次郎, 「宗教革新に於ける日本の位地」, 219쪽.

26 이소마에 준이치, 『근대 일본의 종교 담론과 계보』, 158쪽.

20년대 중반까지 그 통일 종교의 토대가 될 만한 기성 종교로서, 가장 원대하고 훌륭하며 일본 문화에 지대한 영향을 미쳤다는 이유로 불교에 주목했으나,[27] 「종교의 장래에 관한 의견」에서는 현상즉실재론이라는 사유의 틀을 적용하여, 여러 종교를 '실재'라는 관념을 기반으로 한 다양한 현상이라고 설명했다.[28] 이노우에는 1915년에 발표한 『철학과 종교』 제23장 「금후의 교육과 종교」에서 "여러 종교가 일어나게 된 본원에 이르러서는 고금을 통하여 다를 바가 없다."라고 하면서, 여러 종교의 근원으로 소급하여 얻어지는 광범위한 종교(사상)를 '실재종교'라고 불렀다.[29]

앞에서 후나야마가 말한 "기성 종교의 통합이어야 한다는 것"이라는 표현에는 부연 설명이 필요하다. 이노우에가 중시하는 것은 단순히 여러 기성 종교의 통합이라기보다 "여러 종교의 근저에 존재하는 공통점 — 이노우에의 용어로는 계합점(契合點) — 을 취하여 그것을 변형한 보편적 종교로 만드는 것"으로, 그러한 보편종교는 인류 일반에게 공통되며, 석가·예수·공자 등의 근본적 사상이 그 안에 자연스럽게 존재하므로 조금도 대립하는 바가 없게 된다고 했다.[30] 이는 「종교 혁신에 있어서 일본의 지위」에서 보이는 사고와 일맥상통한다.[31] 마에카와는 이노우에의 '신종교', 즉 '장래의 종교'에 대한 구상은 기성 종교나 각 교단 관계자들의 찬동을 얻지 못했고, 그가 구사하는 고도의 철학적 견해

27 이소마에 준이치, 『근대 일본의 종교 담론과 계보』, 158-159쪽.

28 이노우에의 '현상즉실재론'에 토대를 두고 전개된 논의였다. 井上哲次郎, 「宗教の將來に關する意見」, 222-234쪽.

29 井上哲次郎(1915), 「今後の教育と宗教」, 『哲學と宗教』; 『井上哲次郎集』 第5卷(2003), 626-627쪽.

30 井上哲次郎, 「宗教の將來に關する意見」, 247쪽.

31 井上哲次郎, 「宗教革新に於ける日本の位地」, 219-220쪽.

도 일반적으로 쉽게 이해될 수 없었다고 평가했다.[32] 그럼에도 불구하고 이노우에가 메이지 30년(1897)경에 본격적으로 논의하기 시작한 '통일 종교'에 관한 담론은 그 후 점차 강력한 주장이 되어 갔다. 이와 관련하여 한 가지 주목하고자 하는 것은 이노우에가 「종교의 장래에 관한 의견」의 2절 '현재 종교의 상태'에서 당시 일본의 종교를 유교·불교·기독교·신도[33]로 나누어 설명하면서, "그 어떤 것도 모두 쇠락과 폐망의 길로 치닫고 있으며, 장래 영원히 우리 민족의 정신계를 지배하기에 족한 것은 하나도 없다."[34]라고 단정한다는 점이다. 이노우에는 당시 일본의 모든 종교가 이미 회복 불능 상태라고 판단했기 때문에, 그가 희구하는 '통일 종교'를 지속적으로 주장했을 것이다. 1912년 결성된 귀일협회(歸一協會)의 일원이던 이노우에가 여전히 '통일된 이상적 종교'에 대한 기대를 유지하면서 통일 종교를 주장했으니,[35] 이 사실만 보아도 '신종교'에 대한 관심은 일시적이지 않았음을 알 수 있다. 이러한 사실은 아네사키도 마찬가지인데, 다만 아네사키는 종교라는 인류의 문화적 현상에 대한 이해가 그의 스승과 기본적으로 달랐다. 따라서 '신종교'의 이론 및 그 실천적 양상에서도 차이가 노정될 수밖에 없었다.

---

32 前川理子, 『近代日本の宗教論と国家』, 44쪽.

33 메이지 정부는 신도를 도덕과 종교로 양분하였다. 국가의 종사(宗祀)로 국가가 직접 관리하는 신사신도[神社神道(=國家神道)]는 일본 국민이 마땅히 실천해야 하는 도덕으로, 민간의 다양한 신앙 형태를 흡수하면서 자발적으로 종교의 길을 선택한 종파신도(宗派神道)는 종교로 인가함으로써 두 종류의 신도를 창출했던 것이다. 권동우, 「일제강점기 교파신도의 조선포교 양상 연구」, 『민족문화연구』 95(2022), 229쪽. 이때의 신도는 근대 일본에서 탄생한 종교로서의 교파신도를 의미하는 것으로 보인다.

34 井上哲次郎, 「宗教の將來に關する意見」, 209쪽.

35 이소마에 준이치, 『근대 일본의 종교 담론과 계보』, 157–158쪽.

3. 아네사키의 '신종교'론: 포괄과 융합의 결실로서 새로운 종교

아네사키는 20대 초반부터 아카데미 안에만 머물지 않고 여러 잡지에서 편집과 기고를 지속했으며, 종교와 관련된 다양한 모임을 주도하기 시작했다. 예를 들면, 그는 22세(1895)에 일반 종합잡지 『태양』의 종교 칼럼을 맡아서 꾸준히 기고했고, 23세에는 『태양』의 기자 자격으로 종교가간담회(宗教家懇談會)에 참가하여 「종교가간담회 참관기(宗教家懇談會所見)」를 썼으며, 같은 해 기시모토 노부타와 더불어 비교종교학회 설립을 기획하여 제1회 비교종교학회를 개최했다. 또 24세 때는 기시모토 노부타, 요코이 도키오(横井時雄, 1857-1927), 오니시 하지메(大西祝, 1864-1900) 등과 함께 정유간화회(丁酉懇話會)를 설립했으며, 「소위 신종교(所謂新宗教)」라는 글을 『태양』에 발표했다.[36] 25세 때는 아네사키의 '신종교'론을 파악할 수 있는 또 다른 중요한 자료 「메이지 30년사」[37]의 제7편 「종교」(이하 「종교」)를 『태양』에 발표했다.[38] 그리고 같은 해 『비교종교학』을 출간했으며, 2년 뒤 『종교학개론』(1900)을 출간했는데, 특

---

36 아네사키의 활동에 대한 기술은 「姉崎正治略年譜」를 참조했다. 姉崎正治(1950), 『新版 わが生涯』(大空社, 1993), 155-170쪽.

37 「明治三十年史」는 본래 『태양』(제4권 제9호)에 실렸으며, 후에 『奠都三十年』이라는 책에 수록되었다. 『奠都三十年』에 대한 소개는 이예안, 「대한제국기 '유신(維新)'의 정치학」, 『개념과 소통』 14(2014), 75-78쪽을 참조할 것. '奠都'란 메이지 원년의 천도를 뜻하는데, 이 책을 발행한 이유는 이른바 메이지유신 이후 30년간의 군국주의 성장 과정을 기념하고, 일본의 국세를 과시하기 위한 목적을 갖고 있었다고 한다. 허재영, 「지식 수용의 차원에서 본 『황성신문』 「일본유신30년사」 역술(譯述) 과정과 그 의미: '학술사상사'와 '교육적' 측면의 지식 수용을 중심으로」, 『한민족어문학』 70(2015), 143쪽.

38 이 두 글은 『姉崎正治集』 第9巻에 실려 있다.

히 후자는 아네사키가 서구 종교 연구의 기본적인 방법론 및 종교심리학, 종교윤리학, 종교사회학, 종교병리학 등 종교현상을 연구하는 다양한 분야를 균형 있게 소개한 역작으로 평가된다.[39] 1900년 3월 이 책을 출간하고 도쿄제국대학 문과대학 조교수가 된 직후 5월에 독일로 유학을 떠났으므로, 이 글에서 다루는 아네사키의 '신종교'론은 사실상 그가 종교학 관련 저작들을 출간하기 이전, 또 독일로 유학을 떠나기 이전에 이루어진 것이라고 말할 수 있다. 아네사키의 '신종교' 관련 논의는 주로 「소위 신종교」와 「종교」 두 편에서 집중적으로 이루어지는데, 「소위 신종교」는 '신종교'를 부정하는 자들을 분류하여 각각의 이유를 설명하면서 각성을 요구하는 내용이므로, '신종교'에 대한 이해를 전개하는 「종교」를 먼저 살펴보기로 한다.

「종교」는 서론 2절과 본론 10절로 이루어져 있는데, 서론에서는 메이지 시대 이전 종교적 상황을 다루고, 본론 10절에서는 메이지 30년간 일본 종교계 전반에 대해 설명한다. 그중 제9절 〈종교 연구·국민의 자각·신종교의 희망〉과 제10절 〈신운동·결론〉에서는 아네사키의 '신종교' 이해를 전개한다. 앞에서 본 이노우에와 비교하면, 아네사키는 메이지 30년간의 종교계를 불교·기독교·신도로 나누고, 시대에 따른 변화양상을 묘사했는데, 제6절의 제목을 〈활기찬 종교계·교육–종

39 『比較宗教學』에는 '一名宗教學概論'이라는 부제가 적혀 있지만, 2년 후에 출간된 『宗教學概論』은 단순히 개정판이라고 하기에 많은 변화가 있다. 후자의 서언(序言)에서 아네사키는 1898년(메이지 31) 임시로 종교학이라는 새로운 강의를 한 이후, 종교학 방법론과 과거의 종교 해석 및 연구의 족적을 탐구하고, 이 학문의 방침과 조직을 분명히 하며, 몇몇 분야를 보완했다고 말하고 있다. 姉崎正治(1900), 「序言」, 2쪽; 『宗教學概論』(東京專門學校出版部藏版), 이 책은 『姉崎正治集』에 포함되어 있지 않다. 일본의 국립국회도서관 Digital Collections에서 이 자료를 공개하고 있다. https://dl.ndl.go.jpinfondljppid814857(최종 검색일: 2023. 4. 25).

교의 충돌 문제〉라고 한 것에서도 짐작할 수 있듯이, 30년간 종교계의 상황을 흥미진진한 파노라마처럼 묘사했다. 제7절 〈신도(神道)의 상태, 그 부패〉와 제8절 〈불교계의 요란(擾亂)〉에서는 각각의 폐단을 주로 언급한다. 그런데 신도의 부패상이란 주로 다양한 기복 행위와 새로 생긴 '민간종교'의 결합을 지적하고,[40] 불교계의 요란이란 불교의 본지를 지키지 못하고 세속적인 이익, 즉 재물과 권세에 의해 좌충우돌하는 양상을 가리킨다고 보아, 이노우에처럼 이 시대의 종교 전통들이 모두 쇠멸을 앞두고 있다고 진단하지는 않았다.[41]

제9절에서는 일본에서 종교에 대한 과학적 연구의 초기 양상을 서술하면서 불교의 문헌비평적 연구를 언급한 후에 대학의 종교 연구 가운데 특히 이노우에의 '비교종교와 동양철학' 강좌와 도야마 마사카즈

---

40 예를 들면 "하층 대다수의 우민들은 메이지 초기부터 무언가를 믿지 않고 불안해하는 상태에 빠져 있는데, 이로 인하여 신도라는 것은 주로 유형의 신을 숭배하고 기도무축의 일에 의지하여 그들을 안위하고, 또 그들의 미신을 강화해 나가고 있다."[姉崎正治, 「宗教」, 『姉崎正治集』 第9卷, 2002, 48(下)쪽]거나 민간에서 다양한 신령들을 숭배하면서 기복하는 자들은 예로부터 있었지만, 이런 '민간종교'는 메이지의 종교 조직 열풍으로 발흥하여 기존의 불교 종파로 침투하거나, 구로즈미(黑住)·곤코(金光)·렌몬(蓮門)·덴린오(天輪王)·덴리(天理) 등 각 종교를 칭하면서 신도교파의 이름을 침식하는 양상을 지적하고 있다[姉崎正治, 「宗教」, 49(上)쪽]. 아네사키가 '민간종교'와 '민간신앙'이라는 용어를 뚜렷이 구별하는지는 알 수 없으나, 흔히 메이지 시기의 신종교라고 불리는 '구로즈미·곤코·렌몬·덴린오·덴리 등의 종교'를 그는 '민간종교'라고 불렀다는 것을 알 수 있다. 또한 아네사키는 그가 '민간신앙'이라고 칭했던 종교현상을 종교학 연구의 대상으로 삼았는데, 예컨대 「나카오쿠(中奥)의 민간신앙(民間信仰)」(1897)이라는 글에서도 잘 알 수 있다. 이 글은 최초의 조직화된 민간신앙 연구라고 평가받는다. 이소마에 준이치, 『근대 일본의 종교 담론과 계보』, 217쪽.

41 이 글과 같은 해에 『太陽』(제4권 제1호)에 발표했던 「금후의 종교계를 어떻게 할 것인가」라는 글에서는 불교와 기독교, 신도 등이 모두 근시안적인 이해관계에 얽혀 참된 종교를 파멸하고 있다고 비판한 바 있다. 姉崎正治(1898), 「今後の宗教界を如何にせんか」, 『姉崎正治集』 第9卷(2002), 18-19쪽.

(外山正一, 1848-1900)의 사회학 강좌에서 종교의 기원을 논한 것을 크게 다룬다.[42] 아울러 구미의 자유주의 신학이 수입되어 성서의 고등비평이 널리 공유되면서 종교에 대한 비판적 연구의 기세가 활발해짐에 따라 "한 종교를 무상의 교권으로 존숭하는 것의 망령됨은 이로써 점차 천명되었다."[43]라고 단언한다. 그리고 '신종교'를 동경하며 그 건설을 시도하게 된 배경으로 세 가지를 든다. 첫째는 종교에 대한 학문적 연구의 영향, 둘째는 청일전쟁 이후 고양된 국가 정신,[44] 셋째는 종교계에서 나타난 종파심의 약화 및 상호 친화의 형세다.[45] 그러면서 이러한 배경에서 기성 종교에 불만을 느낀 학자와 종교가들이 일제히 현대의 수요에 응할 만한 '신종교' 건설을 시도한 것이라고 지적했다.[46] 이노우에가 '현상즉실재론'이라는 사유의 틀에 입각하여 장래 바람직한 실재종교 혹은 이상종교로서 '신종교'를 당위적으로 주장했다면, 아네사키는 메이지 시대의 특수한 역사적·문화적 상황에서 '신종교'가 요구되는 것이라고 설명했다. 물론 아네사키 역시 온전히 객관적인 시선으로 종교적 현상을 묘사한 것은 결코 아니다. 왜냐하면 그는 이와 같은 '신종교'에 대한 갈망과 그 건설의 시도 등을 매우 긍정적으로 평가하며, 무엇보다 그가 말하는 '신종교'라는 개념 자체가 가치평가적인 함의를 지

42 姉崎正治, 「宗教」, 52(下)쪽.

43 姉崎正治, 「宗教」, 53(上)쪽.

44 부연하자면, 청일전쟁(1894-1895)을 기점으로 일본 국민의 정체성에 대한 자각이 일어났으며, 아울러 국가정신이 고양되었다는 것이다. 그 한 양상이 바로 일본을 동서양 인문(여기서는 특히 동서양의 종교 전통들을 가리키는 것으로 보는 것이 적절하다)의 집합장으로 인식하면서, 일본 국민들이 세계의 종교에 공헌해야 하는 천직을 떠안게 되었다는 자부심이다. 姉崎正治, 「宗教」, 53(上·下)쪽.

45 예컨대 심지어 불교와 기독교 사이에서 서로를 인정하고 상호 친화의 움직임이 일어나는 등 국가적으로 큰 흐름을 이루었다고 말한다. 姉崎正治, 「宗教」, 53(下)쪽.

46 姉崎正治, 「宗教」, 53(下)쪽.

니기 때문이다.

아네사키는 불교 및 기독교에서 '진취적인' 사람들은 자신이 속한 종교만이 아니라 모든 종교가 절대적 진리의 표현이라 여기고, 예컨대 불교도가 기독교의 도덕을 찬탄하거나, 기독교인이 참선을 하거나, 신도와 유교의 정수를 기독교에 접목시키며 등 종교가들이 서로 접근하는 일들이 실제로 일어났는데, 그 결과가 바로 1896년의 종교가간담회라고 했다.[47] 아네사키는 "많은 비판과 훼방의 목소리에도 불구하고 인도(人道)를 위하여 웅대한 정신을 고무시키며 종파의 장벽을 허물고 진취적인 태도를 가진 종교가들의 집회였던 이 종교가간담회를 실로 메이지 종교계의 진기한 현상"[48]이라고 평가했다. 제9절 마지막 단락에서 아네사키는 "종교가간담회는 중단되고 '신종교'의 목소리가 자취를 감추었다."라고 하면서도, 아울러 "종교 연구는 학술 사회에 전파되고 그 연구도 점차 깊이 진전되고 있다."라고 말했다.[49] 한 해 먼저 발표한 「소위 신종교」의 모두(冒頭)에서도 신종교의 소리가 쇠퇴하는 것 같다는 말이 있는데,[50] 짐작컨대 이는 지성적인 종교인들 및 종교 연구자들이

47 姉崎正治, 「宗教」, 54(上)쪽.

48 姉崎正治, 「宗教」, 54(上)쪽.

49 姉崎正治, 「宗教」, 54(下)쪽; 이소마에는 아네사키의 이 말에 근거하여, "신종교의 움직임은 1897년에 쇠퇴해 갔지만, 이를 대신하여 학문적으로는 비교종교학(Comparative Religion)이 전성기를 맞이한다."라고 말한 바 있다(이소마에 준이치, 『근대 일본의 종교 담론과 계보』, 259쪽). 그러나 신종교의 쇠퇴와 비교종교학의 성행이 왜 대체되어야 하는지 이해하기 어렵고, 비교종교학의 성행에 대해서는 메이지 20년대의 상황을 기술하기 때문에 시기적으로도 선후가 맞지 않는다.

50 「소위 신종교」 모두의 글은 다음과 같다. "신종교의 소리는 요사이 왠지 쇠퇴하고 있다. 그 소리가 성행할 때는 세상에서 불교와 예수교의 교도의 회합을 목도하여 양교 합일의 논의라고 억측하는 사람조차 있었다. 이로부터 경솔하고 천박한 사상을 가진 교사가 많이 우리 교계에 나타나고, 신종교의 희망과 신종교의 소리는 그들의 훼방 비난으로 그 빛을 숨겨 버렸다. 본래 '신종교'의 희망은 한 조각의 공상

특정 종교나 종파의 교리에서 벗어나 당시 종교적 문제에 대하여 기탄 없이 학문적으로 논의하고 현실에서 그 효과가 활발하게 발휘되기를 바라는 아네사키의 희구에서 비롯된 실망감의 표현이라고 생각된다. 그 외에 『태양』이나 『일본종교』와 같이 '신종교' 관련 이슈를 주로 다루던 학술 잡지나 일반 종합지의 활동이 메이지 30년 이후로는 그리 활발하지 않았던 상황도 하나의 요인이 되었을 거라고 생각한다.[51]

아네사키의 '신종교' 개념 및 그 범위에 대한 실마리는 제10절에서 찾아볼 수 있다. 제10절에서 아네사키가 강조하는 핵심적 논지는 '일본의 종교사는 포괄과 융합의 역사'라는 점이다. 그가 말하는 포괄과 융합의 양상이란 일본 내부 남북 민족의 통일, 중국 문물의 수입, 인도 사상에의 동화에 이어 메이지 개국 이후에는 2,000여 년의 발달을 이룬 서양철학과 셈족의 종교에서 기원하여 전 유럽에서 성행했던 기독교까지 포괄하게 되었으며, 그 결과 메이지 30년 동안 성숙하여 '신종교'의 희망이 되고 신 운동이 발흥한 것을 말한다.[52] 그가 보기에는 일본 종교사의 포괄과 융합의 역사를 가장 잘 보여 주는 사례가 바로 '신종교'였던 것이다. 아네사키는 자신이 생각하는 '신종교'의 범위를 명확히 특정하지 않지만, 그가 나열하는 사례들로부터 대강의 범위를 짐작할 수 있다. 먼저 그는 메이지 25년(1892) 이후 일본 종교는 '신종교' 시험[試作]의 시대라고 한 후, 불교통일단(佛教統一團)·석가종(釋迦宗) 등 불교계 신교단의 성립 외에 대일본교[大日本教: 자칭 대칙어교(大勅語教)·여시

에 지나지 않을 뿐이고, 또 때가 그때가 아니며, 사람도 그 사람을 얻지 못했기 때문인지, 본래 또 파도가 오가는 중에 대조(大潮)가 다가오는 것을 범인(凡人)들은 알지 못하고 있다." 姉崎正治(1897), 「所謂新宗教」, 8(上)쪽.

51 이들 잡지에 대해서는 前川理子, 『近代日本の宗教論と国家』, 74–79쪽을 참조했다.

52 姉崎正治, 「宗教」, 54(下)–55(上)쪽.

교(如是教)라고도 함], 신교철학[神教哲學: 조로아스터교의 우주론과 불교의 인과적 도덕에 의거하며, 『고지키(古事記)』를 기본으로 하는 종교], 진리교[眞理教: 불교의 현세적 해석과 교육칙어의 결합], 일본도덕회[日本道德會: 신도 중에서 새롭게 생겨난 일파로 궁행실천에 힘씀], 일본주의[日本主義: 국체(國體)에 바탕을 두고 광명생생(光明生生)이라는 신념에 의하여 현세적 도덕을 지도하고자 함. 처음에는 신신도(新神道)라고 칭함] 등을 나열했다.[53] 그가 나열한 사례들을 보면 대체로 일본의 신종교로 거론되는 종교나 종파와 중복되는 바가 없다.[54] 제10절의 마지막 문단에서 아네사키는 일본 종교의 절충과 혼화(混和)의 시운(時運)은 비단 일본에서뿐 아니라 구미의 신종교 운동에서도 나타난다면서 윤리수양운동(倫理修養運動)을 들고 있는데,[55] 이는 펠릭스

---

53 姉崎正治, 「宗教」, 55쪽. 괄호([ ]) 안의 내용도 「종교」의 본문에 실려 있는 것이다.

54 시마조노 스스무는 『신종교를 묻다』라는 책의 서언인 「신종교란 무엇인가」라는 짤막한 글에서 신종교를 정의하기보다 일본의 신종교를 크게 4기로 구분하여 역사적인 조망을 제시하는데, 제1기의 신종교는 19세기 초부터 활발한 활동을 시작하면서 급속히 성장한 구로즈미쿄(黑住教)·덴리쿄(天理教)·곤코쿄(金光教)·마루야마쿄(丸山教)·혼몬후츠류코(本門佛立講) 등을 말하고, 제2기의 신종교로는 메이지 후기부터 다이쇼기에 걸쳐 두각을 나타낸 것으로, 데구치 오니사부로(出口王仁三郎)가 이끌던 습합신도계의 오모토(大本)와 다나카 지가쿠(田中智學)가 지도하고 니치렌주의(日蓮主義)를 내건 고쿠추카이(國柱會)를 든다. 시마조노는 1920년대부터 1960년대까지를 신종교가 가장 성행한 시기(제3기)라면서, 소카각카이(創價學會)·레이유카이(靈友會)·히토노미치(人道) 교단 및 이전부터 존재했던 교단에서 파생된 수많은 신종교 교단 — 릿쇼코세이카이(立正佼成會)·묘치카이(妙智會) 교단·PL 교단·엔노쿄(円應教)·게다츠카이(解脫會)·젠린쿄(善隣教) 등 — 이 생겨났다고 했고, 1970년대 이후의 50년이 제4기라면서, 이 시기까지 지속적으로 교세를 확장해 온 교단들이 정체기 혹은 교세후퇴기에 접어들었고, 특히 1995년의 옴진리교 사건 이후 새로운 교단의 성장이 보이지 않는다고 했다. 島薗進, 『新宗教を問う: 近代日本人と救いの信仰』(筑摩書房, 2020), 8-10쪽. 적어도 시마조노가 말하는 일본의 신종교에는 아네사키가 말하는 '신종교'가 하나도 포함되어 있지 않다.

55 姉崎正治, 「宗教」, 56(下)쪽.

애들러(Felix Adler, 1851–1933)가 1876년에 뉴욕윤리협회를 창설하고, 그 운동이 각지로 확장된 상황을 가리키는 것으로 보인다.[56] 아네사키가 「종교」에서 나열한 '신종교'의 사례는 그가 일본 종교사의 특징으로 꼽았던 '포괄과 융합'이라는 기준에 입각하여 선별한 것이며, 해외 사례에 대해서도 어느 정도 같은 기준을 고려하는 동시에 특정 종교나 종파를 넘어 사회 전체의 윤리 수준을 제고하거나 인간의 도덕적 각성을 환기하려는 목적을 지닌 단체나 운동을 염두에 둔 것이라 생각된다.

이와 같이 아네사키의 '신종교'가 포괄하는 범위는 상당히 넓은데,[57] 여기에는 종교에 대한 그의 관점이 전제되어 있다. 즉, '신종교'론을 전개할 때 전제되었던 아네사키의 종교 이해는 다분히 기능론적인 성격을 띤다. 즉, 종교란 '사람들이 이 세상에 안전하게 발 딛고 살아가도록 하는(安立) 힘이고, 감화의 원천이자 도덕의 근원'이라는 것이다.[58]

---

56 필자는 마에카와 미치코(前川理子)의 'Ethical Culture 운동'에 대한 서술을 통하여 이같이 짐작했다. 前川理子, 『近代日本の宗教論と国家』, 119–122쪽. 마에카와는 아네사키의 「윤리수양운동의 발흥(倫理修養運動の勃興)」이라는 글에서 해외에서도 '신종교'를 구하는 사례가 다수 있다면서, 구미의 정신교(精神教)·양심교(良心教)·과학교(科學教)·유니테리언(Unitarian)·윤리수양운동 등을 일종의 '신종교'에 포함시킨다고 한다. 前川理子, 『近代日本の宗教論と国家』, 72쪽. 「倫理修養運動の勃興」이라는 글은 『太陽』 제4권 제8호에 실려 있다고 한다. 정신교란 spiritualism을, 과학교란 Scientology를 말하는 것으로 보이는데, 양심교는 무엇을 말하는지 불분명하다.

57 마에카와는 당시의 '신종교'를 좁은 의미와 넓은 의미로 구분하여, 전자는 기독교와 불교 내부의 진보파—이들은 종교의 (비교) 연구에 대하여 관용적('합리적')이고, 덕행을 강조하는 '윤리적' 성향을 띠며, 국가와 사회 속의 종교라는 자각을 하는 '사회적'인 특성을 띤다고 함—를 '신종교'의 제창자로 이해하는 반면, 후자에 대해서는 '포괄, 융합의 세계적 조류'라고 하면서 아네사키의 입장을 전형적인 경우라고 했다. 前川理子, 『近代日本の宗教論と国家』, 70–73쪽.

58 따라서 아네사키는 "미신이라는 병을 얻은 재래의 종교는 배척하고, 참으로 안립(安立)하게 하는 바가 있으며 감화와 도덕의 근원이 되어야 할 새로운 종교를 구해야 한다."라는 주장에 동의한다. 姉崎正治, 「所謂新宗教」, 9(下)쪽.

이는 아네사키가 '신종교'를 저주하는 자들을 세 부류로 나눈 가운데, 종교의 본질은 미신이나 근거 없는 신앙에 있으므로 앞으로 종교가 멸망한다고 보는 첫 번째 부류를 비판하는 과정에서 나온 내용이다. 이들의 '신종교' 배척에 대하여 아네사키는 종교라는 개념에 대한 집착 때문에 정신의 실질을 잊는 것이라고 비판한다.[59] 두 번째 부류는 자기 종파만 완전무결하다고 믿으면서 '신종교'를 배척하는 자들로, 아네사키는 이들의 안일하고 게으른 정신이야말로 '신종교'의 적이라고 비판한다. 세 번째 부류는 종교가 인류 문화사에서 나타난 자연적 산물이고, 결코 인력으로 좌지우지할 수 있는 것이 아니라면서 '신종교'의 가능성을 배척하는 자들인데,[60] 아네사키는 이들이 종교를 포함한 문화의 생명, 즉 시대에 따른 변화와 발전을 이해하지 못하는 오류에 빠져 있다고 비판한다. 이어서 아네사키는 '신종교'에 대한 기대는 당시 세계의 문화적 현상 가운데 가장 주의를 기울여야 할 것 중 하나라고 단언했다.[61] '신종교'에 대하여 종교라는 명칭을 포기해도 좋다고 할 만큼[62] 아네사키의 '신종교'는 삶의 제반 영역에 두루 걸친 것이었고, 24–25세의 젊은 나이에 전개한 그의 '신종교'론은 사실상 종교학자와 종교인으로서 그의 생애 전반에 걸쳐 지속되었다. 일례로, 아네사키의 '신종교'론에서 종교는 절대불변의 신성한 영역에 고정되어 있는 것이 아니라

59 姉崎正治, 「所謂新宗教」, 9(下)–10(上)쪽.

60 풀이하자면, 종교란 경전과 의례가 있어야 한다는 식의 정의에 사로잡혀 이 틀을 벗어나는 종교적 현상의 출현을 새로운 종교라고 인정하지 못하는 자들이라고 설명할 수 있다.

61 姉崎正治, 「所謂新宗教」, 12(上)쪽.

62 아네사키는 종교의 핵심이 '안립과 감화'어 있으니, 이런 기능을 발휘하기만 하면 사실상 종교이기 때문에 '신종교'를 종교라고 할지 안 할지는 중요하지 않으며, 심지어 다른 명칭으로 불러도 상관없다고 말한다. 姉崎正治, 「所謂新宗教」, 10(上)쪽.

시대 상황에 따라 변화하는 현상으로 파악되는데, 이 같은 사고는 『종교학개론』[63]에서 다음과 같이 표현된다.

> 종교학이란 종교의 현상적 사실을 연구하는 학으로서, 겨우 20-30년 전부터 점차 그 조직적 연구에 오른 신과학이다. 즉, 그것이 연구하는 종교란 단지 한 종교 한 종파[一宗一派]를 말하는 것이 아니고, 모든 종교가 동일하게 인문사(人文史)상의 사실이자 인간정신의 산물로서, (…) 즉 인문사적 파악에서 보면 종교란 인류의 정신이 자기의 유한한 생명과 능력 이상으로 무언가 위대한 세력이 드러나 움직이는[顯動] 것을 갈망하고 동경하여, 그것과 인격적 교섭을 맺는 심적 기능의 사회인문적 발현이다.[64]

아네사키는 종교학의 연구 대상인 종교란 모두 인문사적인 현상이고 정신활동의 산물로서, 인간이 초월적인 힘과 인격적으로 교류하고자 하는 심리적 작용이 사회적·인문적 현상으로 드러난 것이라고 말한다. "종교현상의 근본 바탕은 개인의 의식에 있지만, 그것이 겉으로 드러나는 무대는 사회적 인문에 있다."[65]라는 말에서도 드러나듯이, 그

63 『宗教學概論』은 『比較宗教學』을 대폭 수정·보완한 것으로, 후자의 서명에는 '一名 宗教學概論'이라고 되어 있다. 『比較宗教學』은 『姉崎正治集』 第1卷에 수록되어 있다. 양자는 구성상 유사점(종교심리학·종교윤리학·종교사회학·종교병리학의 4부로 구성)에도 불구하고, 전자의 서론으로 인하여 연구자의 관점에 큰 변화가 있는 것으로 이해되어 왔다. 그 변화를 이소마에는 "비교종교학에서 종교학으로의 전향"이라고 표현했는데, 여기에는 오해의 소지가 있다. '아네사키가 생각하는 비교종교학'에서 '아네사키가 생각하는 종교학'으로의 전환이라고 한다면 수긍할 수 있지만, '비교종교학'에서 '종교학'으로의 전향이라고 하면 마치 이 둘이 각각 고정된 성격이나 범위가 있는 것처럼 오해하게 되는데, 사실상 종교학은 본래 비교종교학일 수밖에 없다.

64 姉崎正治, 『宗教學概論』, 1쪽.

65 姉崎正治, 『宗教學概論』, 15쪽. 그가 사용한 '사회적 인문'이라는 말의 의미를 정

는 사회적 인문 현상으로서 종교적 현상은 다양하지만, 이는 모두 개인의 종교적 의식에 근원을 두고 있다고 이해한다. '신종교'론에서는 이런 발상이 명징하게 드러나지 않지만, 기본적으로 한 종교나 종파에만 절대적 진리가 존재한다는 믿음을 가차 없이 '망령된' 것으로 비판하던 아네사키의 입장은 별다른 변화 없이 종교학 연구에서도 유지되었던 것이다.

'신종교'에 관한 이론적 논의를 해나갔던 20대 초반부터 아네사키는 19세기 말 일본의 종교적 상황에서 절실하게 요구되는 것으로 다음 두 가지를 상정한 것으로 보인다. 첫째, 특정 종교나 종파만을 진리라고 여기는 전형적인 종교인들의 고착된 태도에서 벗어나야 하는데, 이를 위해서는 특정 종교적 신념과 실천만을 유지·강화하려는 다양한 종교적 전통이나 단체들의 존재를 있는 그대로 인정하면서도 그 가운데 공통적인 요소들을 이해하는 학문적 역량이 필요하다는 것이었다. 이 필요를 충족시켜 줄 수 있는 것은 바로 종교학의 학문적 태도였다. 둘째, 당시 일본이 처한 시대적·정신적 상황에서 가장 시의적절하고 바람직한 것은 그가 파악했던 일본 종교사 본래의 특성인 '포괄과 융합'을 보여 주는 '신종교'로서, 이는 기존 종교의 전형적인 양상과 다를 수도 있고 심지어 종교라 부르지 않아도 좋다고까지 할 정도로 절실한 것이었다. 그는 당시 시세가 바로 초종교, 초종파적인 종교이자 일본의 종교가 지향해야 할 '신종교'를 요구한다고 보았던 것이다.

확하게 알 수는 없지만, 그가 종종 사용하는 '人文史' 자체가 사회성을 띤다는 정도의 뜻으로 이해할 수 있을 것이다.

4. '신종교'의 이상을 향한 종교학적 실천: 국가주의에 접근한 '신종교' 활동

아네사키는 그의 사후에 간행된 저서 『나의 생애』에서 "나 자신이 종교학에 뜻을 둔 것은 아네사키가(家)의 가계에 의한다."[66]라고 다소 감상적인 회고를 한 바 있다. 그의 가계란 정토진종 불광사파(佛光寺派)의 회소(繪所)[67]를 가업으로 했던 것을 말하는데, 아네사키는 신앙심 깊은 조모의 영향을 많이 받으며 자랐다고 한다.[68] 그래서 자연스럽게 종교인의 삶을 살게 되었던 아네사키도 10대 중반에 영어를 배우고 서구학문을 접하면서 유년기의 종교적 세계에서 균열을 느끼는 체험을 한다.[69] 그러나 실제 아네사키를 인도철학과 불교학 및 종교학으로 이끈 것은 20세(1893)에 제국대학 철학과에 입학해서 들었던 이노우에 데쓰

66 姉崎正治, 『新版 わが生涯』, 3쪽.

67 회소(繪所)란 헤이안시대 이후 궁정이나 신사나 사찰에 소속된 회화 제작을 담당하던 기관이다.

68 古賀元章, 「姉崎正治の宗教意識の形成」, 『Comparatio』 20(2016), 1−2쪽.

69 이는 재야의 영어학자 히라이 긴조(平井金三, 1859−1916)가 개설한 사숙인 오리엔탈 홀에서 영어를 배운 1885년경 일로, 이에 대해서 다음과 같이 회고했다고 한다. "나는 원래 특별히 불교와 관계있는 집에서 태어난 처지로 어린 시기부터 부처님을 예배하는 것을 익혔고, 단순하게 충실한 마음을 가지고 신앙해 왔다. 그런데 14−15세 무렵 히라이 긴조 씨를 따라 서구의 학문[英學]을 공부했는데, 그는 스펜서주의자로, 모든 사항은 무엇이든 진화론으로 해석될 수 있다고 (…) 종교와 같은 것 역시 진화론으로 훌륭하게 설명될 수 있다는 의견을 들으면서 그때부터 어릴 때의 신념 같은 것이 희미해져 갔다." 古賀元章, 「姉崎正治の宗教意識の形成」, 3쪽. 저자는 본문에서 이런 내용을 『新版 わが生涯』에서 말했다고 했는데, 인용처는 "編集者(匿名, 1906), 「姉崎博士の信仰談」, 『基督教世界』 1180號, 5쪽"이라고 되어 있고(이 글의 주해에는 『基督世界』라고 되어 있음), 『新版 わが生涯』에도 이런 문장이 없다. 출처가 불분명하지만 그가 일찍이 스펜서의 진화론적 사고로 종교현상을 해석하는 것을 접했음을 알려 주는 기록이므로 재인용했다.

지로의 '비교종교와 동양철학' 강의, 22세 가을에 도야마 마사가즈(外山正一)에게 들었던 허버트 스펜서의 사회학과 벤저민 키드(Benjamin Kidd, 1858-1916)의 사회진화론에 관한 강의 등이었다.[70] 그러나 그가 종교학에 뜻을 두고 본격적으로 활동하게 된 직접적인 계기는 종교가간담회였다. 시카고 만국박람회 기간에 개최된 세계종교회의(1893)의 자극을 받아 메이지 29년(1896)에 정토진종계 잡지인 『반성잡지(反省雜誌)』에서 일본도 만국종교대회를 개최해야 한다는 주장을 제기했고, 『일본종교』와 『태양』의 종교 칼럼[宗教欄]에서 곧바로 동조했다.[71] 물론 보수적인 종교인들이 반대 목소리를 내기도 했지만, 결국 1896년 9월 26일, 도쿄에서 종교가간담회가 개최되었다. 아네사키는 그때 일본에서 종교학이 탄생하는 데 선구적 역할을 한 요코이 도키오, 오니시 하지메, 기시모토 노부타 등을 만났다.[72] 특히 하버드대학에서 종교학을 배웠고 한때 일본의 종교학을 선도했던 기시모토는 아네사키와 그 자리에서 비교종교학회의 설립을 논의한 뒤, 같은 해 제1차 학회를 개최했다.[73] 오니시는 아네사키에게 학문적으로 큰 영향을 미쳤던 인물로, 아네사키의 지도교수는 이노우에였지만 종교학이라는 전공 분야에서는 개인적으로 오니시에게 지도를 받았다.[74] 또한 '신종교' 운동의 추진자로서 이들 모

70 아네사키의 수강 관련 내용은, 磯前順一·深澤英隆 編, 『近代日本における知識人と宗教』, 244-245쪽.

71 前川理子, 『近代日本の宗教論と国家』, 79쪽.

72 이들은 모두 정통 기독교가 아니라 자유주의 기독교계의 인물로, 오니시 하지메와 기시모토 노부타는 유니테리언 출신이고, 요코이 도키오는 도시샤(同志社) 영학교(英學校) 출신이다. 특히 요코이는 1891년경부터 신신학(新神學, new theology) 관련 저작을 발표했고, 일본 기독교계에 파란을 일으킨 『我邦之基督敎問題』(1894) 등으로 널리 알려졌다. 이들에 관해서는 前川理子, 『近代日本の宗教論と国家』, 97-100쪽을 참조했다.

73 磯前順一·深澤英隆 編, 『近代日本における知識人と宗教』, 246쪽.

두와 협력하면서 이끌었던 요코이의 발안으로 1897년에 정유간화회가 설립되었다.[75] 이와 같은 사정을 미루어 생각할 때, 1896년 9월 26일 개최된 종교가간담회는 메이지 20–30년대 '신종교' 운동에서 하나의 정점을 이루었다고 평가할 수 있을 것이다. 아울러 아네사키는 종교가간담회를 통하여 당시 '신종교'의 흐름에서 선도적 역할을 했을 뿐 아니라 일본의 종교학 형성 초기에 혁혁한 역할을 했던 인물들을 만나게 되어 그들과 지속적으로 교류하고 영향을 받으면서 종교학을 연구했으며, 종교학자로서 사회적인 활동에 적극 참여했던 것이다.

아네사키는 종교가간담회 이후에도 종교학자와 종교가들, 때로는 정계 인사들을 포함한 회동의 장(場)을 개최하는 일에 적극적이었다. 여러 종교 전통에 속한 종교가들 사이에서 상호 협조하는 분위기가 조성되었던 것에는 국가주의가 중심적인 역할을 했는데,[76] 아네사키가 종교계와 정계 인사들과 만남의 장을 열고자 했던 것 역시 국가주의가 가장 중요한 동기였다. 여기에서 마에카와가 좁은 의미의 '신종교'에 대하여 지적한 '합리적'·'윤리적'·'사회적'이라는 특성[77]을 상기해 볼 필요가 있다. 좁은 의미의 '신종교'가 가진 특성들은 넓은 의미의 '신종교'에도 그대로 해당되는데, 그 가운데 '사회적'이라는 특성이 바로 종교가들의 상호 협조를 이끌었던 '국가주의'라고 이해해도 무리가 없으며, 이는 아네사키가 평생 믿어 의심치 않았던 가치이기도 했다. '합리적'이라는 특성은 한 종교나 종파에만 절대적 진리가 존재한다는 망령된 믿음에서 벗어나 여러 종교에 속한 지성적인 종교가와 종교 연구자들의

74 前川理子,『近代日本の宗教論と国家』, 98쪽.
75 前川理子,『近代日本の宗教論と国家』, 100쪽.
76 前川理子,『近代日本の宗教論と国家』, 84쪽.
77 앞의 57번 주를 참조할 것.

자유로운 토론에 열려 있는 태도이며, 이는 넓은 의미의 '신종교'에서도 기본적인 성격이다. '윤리적'이라는 특성은 여러 종교에 두루 통하는 인간 보편의 윤리에 토대를 두는 태도로서, 앞서 말했던 정유간화회에서도 잘 드러난다. 그 당시 24세이던 아네사키는 대학원 진학을 앞두고 있었다. 정유간화회의 중심은 앞에서 말한 네 사람, 즉 오니시·기시모토·요코이·아네사키 등 소장학자였다. 이들은 종파에 구애되지 않는 윤리 운동을 목표로 매달 한 번 연구회를 진행하여 자유로이 토론했다. 그러나 '종파에 구애받지 않는다'는 목표로 인하여 점차 종교에의 관심이 희박해지고 도덕에 대한 관심이 강화되면서 종교에 무관심한 사람 및 교육가들도 참여하게 되었다. 연구회는 매달 개최되어 3년간 30회를 넘어섰다. 정유간화회는 점차 안으로 회원이 늘어나고 밖으로 신용이 높아져 일본 사회에서 무시하지 못할 세력이 되어 갔으며, 학술연설회(공개강연회) 개최 및 『정유윤리회윤리강연집』 간행 사업 등을 이어 갔다. 그리고 1900년 1월, '정유윤리회'로 이름을 바꾸었다.[78]

정유윤리회로 재출발한 후에는 일본주의에 연명(連名)했던 이노우에 데쓰지로(철학)·모토라 유지로(元良勇次郎, 심리학)·나카지마 리키조(中島力造, 윤리학)도 입회했으며, 철학·심리학·윤리학 방면의 학사(學士)들의 참여가 권고되면서 점차 전국적으로 권위를 누리는 윤리 운동이 되어 갔고, 아울러 『정유윤리회윤리강연집』 또한 부동의 지위를 가진 정기간행물로 자리 잡아 갔다.[79] 정유간화회 시절에는 일본주의에 대한 저항의 목소리를 내기도 했다. 하지만 정유윤리회 이후 국가주의와 밀착하면서 '종파를 초월한 종교신앙적인 윤리 운동'이라는 최초의 목표

78 前川理子, 『近代日本の宗教論と国家』, 128쪽.

79 前川理子, 『近代日本の宗教論と国家』, 131쪽.

는 소원해지고 '온건한 국가적 인격주의'라는 성격을 띠었는데,[80] 이러한 정유윤리회의 사례를 통하여 '신종교'의 윤리적 성격이 점차 국가주의와 결합되어 간 양상을 이해할 수 있다. 아네사키는 1904년 정유윤리회 「개회사」에서 자신의 인격주의가 개인주의와도 다르고 국가주의와도 다르다고 했으나,[81] 그는 정유윤리회 외에도 지속적으로 국가주의적 성격이 농후한 '신종교' 활동에서 중심적 역할을 해나갔다.

아네사키의 종교학은 이러한 국가주의적 성격과 상당히 거리가 있는 듯하지만 실제 같은 시기에 진행되면서 국가주의와 내외로 평행선을 이루는 신비주의에의 경도라는 측면이 있는데, 이런 경향은 독일 유학 시절(1900-1903) 이후 본격적으로 드러났다고 평가된다.[82] 그가 경험한 독일은 영국과 프랑스에 필적할 제국주의 국가를 구축하기 위하여 대외정책에 매진하면서 황화론(黃禍論)을 고취하고 있었다.[83] 따라서 독일은 더 이상 배우거나 동일화하고자 하는 대상이 아님을 확인한 아네사키는 독일뿐 아니라 서구 근대문명 전반을 비판하는 동시에 서구를 추종하는 일본 사회도 비판적 시각으로 바라봤다.[84] 아울러 근대문명의 진보를 신뢰했던 독일 유학 이전과 달리, 근대문명에 대한 위기감을 느끼면서 인위적 변혁을 위한 노력을 기울였으며, 이는 러일전쟁을 계

80 前川理子, 『近代日本の宗教論と国家』, 132쪽.

81 이소마에 준이치, 『근대 일본의 종교 담론과 계보』, 229-230쪽.

82 이소마에는 독일 유학에서 귀국한 후 아네사키가 한편으로는 신비주의에, 다른 한편으로는 니치렌신앙에 심취했다면서, 이 시기 아네사키 종교론의 핵심은 신비주의에서의 내면적 탐구가 현실에서 국가와 결부된다는 점이라고 지적했다. 이소마에 준이치, 『근대 일본의 종교 담론과 계보』, 277-278쪽.

83 아네사키가 경험한 독일은 이노우에 데쓰지로가 그보다 15년 전에 경험하고 찬미했던 독일과 대조적이었다. 이소마에 준이치, 『근대 일본의 종교 담론과 계보』, 270-271쪽.

84 이소마에 준이치, 『근대 일본의 종교 담론과 계보』, 272-273쪽.

기로 현실적 국가 및 정치에 대한 관심이 강해지면서 국가주의를 표방하는 적극적인 '신종교' 활동으로 나타났다.

예를 들면, 1904년 5월 도쿄의 시바공원(芝公園) 충혼사당회관(忠魂祠堂會館)에서 제3회 종교가간담회가 '전시종교가간담회(戰時宗教家懇談會)'라는 별칭으로 개최되었는데, 아네사키는 이노우에와 함께 발기인 명단에 올랐고, 정토진종 혼간지파(浄土真宗本願寺派) 승려였던 사쿠라이 기초오(桜井義肇, 1868-1926)와 함께 이 대회를 개최한 취의서(趣意書)의 기초를 담당했다.[85] 그는 러일전쟁을 '동양의 평화, 황인종의 운명'을 위한 의로운 전쟁[義戰]으로 인식하여, "한국이 다른 강국에 잠식당하는 것을 방지하고 청국의 온전한 독립을 위해서" 이 전쟁은 필요하며, 나아가 "1억 슬라브족을 벌족(閥族) 정부로부터 해방하는 러시아 자신을 위한 싸움"이라고 생각했다.[86] 1904년 제3차 대회는 1896년 제1차 종교가간담회와 비교해 규모나 참가자의 속성에서 큰 차이가 있었다. 제1차 종교가간담회가 진보파 중심의 사적인 소회합(참가자 42명과 참관인 6명으로 총 48명이 참석[87])에 가까웠다면, 제3차 회의에는 러일전쟁을 계기로 수구파도 적극 참여했고 1,500여 명의 참가자 대부분이 종교계에서 지명도 있는 사람들이어서 다방면으로 거국일치의 성격을 띠었다.[88] 전시종교가간담회에서 종교계 전체가 전쟁을 적극적으로 지지했던 것을 상기한다면, 그 당시 기독교계의 반전론자였던 우치무라 간조는 극히 드문 경우라고 할 수 있다.[89] 러일전쟁을 거치면서 '거국일

85 前川理子, 『近代日本の宗教論と国家』, 87쪽.
86 이소마에 준이치, 『근대 일본의 종교 담론과 계보』, 279쪽.
87 前川理子, 『近代日本の宗教論と国家』, 80쪽.
88 前川理子, 『近代日本の宗教論と国家』, 87-88쪽.
89 이소마에 준이치, 『근대 일본의 종교 담론과 계보』, 278-279쪽.

치'의 '삼교연합' 정신이 확대되고, 회합 속행의 희망도 생겨 러일전쟁이 끝난 뒤 1906년 4월 유니테리언 유일관(惟一館)에서 일본종교가협화회(日本宗教家協和會)가 결성되었는데, 아네사키는 이때도 발기인의 한 사람이었다.[90] 1911년의 삼교회동(三教會同)은 당시 내무차관 도코나미 다케지로(床次竹二郎, 1867–1935)가 종교를 이용하여 국가의 이익을 도모하고자 소집한 것이었는데, 아네사키는 여기에도 적극 찬동했으며 간사로서 취지서의 초안부터 잡지 편집까지 담당함으로써 어용학자라는 비난을 받았다.[91] 회의가 끝난 뒤 종교가들만 모인 자리에서 결의된 조항에는 "국민도덕의 진흥과 사회 풍교의 개선을 위하여 정치·종교·교육이 분계를 지키는 동시에 상호 협력한다"거나 "황도(皇道)를 부익하고 시세의 진운(進運)을 돕는다."라는 내용을 담아,[92] 국가주의를 넘어 노골적인 제국주의적 태도를 드러내고 있다. 이후에도 1911년의 교육가종교가간담회(教育家宗教家懇談會)와 귀일협회(歸一協會) 결성, 1924년의 일본종교간담회, 1929년의 쇼와 천황 즉위 기념[御大典記念] 일본종교대회 등의 활동에서 아네사키는 종교학자로서 중심적인 역할을 했다.[93] 이런 측면에 대하여 이소마에는 "우치무라 간조와 나쓰메 소세키(夏目漱石)처럼 시대 풍조에 철저하게 대항한 인물을 탁월한 지식인이라고 한다면, 권력과 시대의 흐름에 거리를 두지 못한 아네사키를 그들과 같은 수준에서 논하는 것은 생산적이지 못하다."[94]라고 혹평했다.

90 前川理子, 『近代日本の宗教論と国家』, 89쪽.
91 이소마에 준이치, 『근대 일본의 종교 담론과 계보』, 232쪽.
92 前川理子, 『近代日本の宗教論と国家』, 91쪽.
93 이에 관한 내용은 前川理子, 『近代日本の宗教論と国家』, 91–96쪽 참조.
94 이소마에 준이치, 『근대 일본의 종교 담론과 계보』, 318쪽.

5. 아네사키 '신종교'론의 의미

구미에서는 종교학이 하나의 학문 분과로 정립되기까지 다소 험난한 여정을 거쳐야 했다. 예컨대 신학 연구의 전통이 유구한 곳에서는 종교학이 마땅히 신봉해야 할 절대적 존재를 상대화함으로써 신자들의 신앙에 방해가 되리라는 염려로 인한 저항이 있었고, 교회와 무관한 일부 대학에서는 신학으로부터 학문적 독립성을 유지해야 한다는 의식이 강력했다.[95] 19세기 말부터 스위스, 네덜란드, 스웨덴, 프랑스, 이탈리아 등에서 종교학이 시작되긴 했으나 유럽 각국의 서로 다른 여러 상황에 의하여 1910−1920년대에 비로소 종교학 강좌의 담당 교수직이 마련된 경우가 대다수였다.[96]

그에 비해 일본에서는 이미 19세기 말 제국대학에 종교학 강좌가 개설되고 담당 교수직이 마련되었다. 이는 유럽과 다른 일본의 종교적 상황 및 메이지 시대 사회적 분위기에 힘입은 바 크다. 이 시기 명실공히 일본 종교학의 확립자로 일컬어지는 아네사키 종교학의 성격은 당시 일본의 학술적·사회적 요구로부터 결코 자유로울 수 없었다. 아네사키는 『종교학개론』에서 과학적인 태도를 견지하며 종교현상을 다루고자 하는 태도를 보이긴 하나, 그의 종교학은 사실상 상당히 규범적이고 가치판단적인 성격을 띠고 있었다. 더 나아가 그는 종교학의 직간접적 영향이 사상적·지적 측면에서 종교계의 변화에 관련되는 것에 긍

95 Eric J. Sharpe 지음, 유요한·윤원철 옮김, 『종교학의 전개』(시그마프레스, 2017), 137쪽.

96 에릭 샤프의 『종교학의 전개』 제6장 「학문의 한 분야로 정립되기 위한 여정」에는 유럽 각국의 대학에 종교학과가 설립되거나 담당 교수직이 생기는 과정이 서술되어 있다.

정적이었으며, 1896년의 종교가간담회부터 1911년의 삼교회동에 이르기까지 종교 간 상호 협조의 역사를 회고하면서, 이러한 활동을 선도해 온 것은 자신과 자신이 이끌던 문과대학 종교학과였다고 자랑스럽게 기술했다.[97] 이야말로 당시 국가주의와 지극히 밀착되어 있던 제국대학 종교학의 성격을 그대로 보여 주는 사례라고 하겠다. 아네사키는 특정 종교나 종파의 진리만을 유일한 진리라고 여기는 지적 게으름이나 특정 종교나 종파의 세속적 이익을 추구하는 탐욕은 비판했지만, 국가주의와 거리를 두어야 한다고는 결코 생각하지 않았던 것이다. 그 연장선상에서 볼 때, 아네사키의 '신종교' 이론과 그 실천은 그의 종교학 전체를 관통하는 핵심적 작업이었음을 분명히 이해하게 된다. 이노우에 데쓰지로 역시 이상교(理想教)의 건설을 추구하면서 '신종교' 관련 활동을 지속했다는 점에서 아네사키와 마찬가지이며, 앞에서도 보았듯이 두 사람은 정유윤리회·삼교회동·귀일협회 등의 활동에 함께 참여했다. 다만 이노우에는 기존의 여러 종교는 이미 존재가치를 상실했고 장래의 종교인 이상교로 융합, 통일되어야 한다고 본 반면, 아네사키는 모든 종교의 상대적 가치를 인정했으며, 무엇보다 종교적 체험을 통한 개인적 인격의 변화가 결국 국가적 차원으로 확대될 수 있다고 보았다. 다시 말하자면, 이노우에는 오로지 그가 희구하는 장래의 종교이자 실재 종교인 윤리교에 의해서 여러 종교가 국민도덕으로 승화되어 국민 교화를 추동해야 한다고[98] 생각했다. 이와 반대로 아네사키는 종교, 특히 종교적 체험의 가치를 높이 평가했고, 나아가 국가의 논

---

97 姉崎正治, 『宗教と教育』; 『姉崎正治集』 第5巻(2002), 544−546쪽; 前川理子, 『近代日本の宗教論と国家』, 108쪽 재인용.

98 島薗進·高橋原·磯前順一, 「解説」, 『井上哲次郎集』 第9巻(クレス出版, 2003), 15−16쪽.

리에 매몰된 개인의 존재를 부정하며 개인의 내적 존엄을 강조했다.[99] 이 지점에서 아네사키가 개인주의와도 다르고 국가주의와도 다르다고 언급한 '인격주의'를 상기해야 할 것이다. 아네사키는 인간 정신의 지(知)·정(情)·의(意)라는 세 기능을 통일하는 자기의식(자각)을 '인격'이라 하고, 이 세 기능을 집중하게 하는 중심적 계기를 정조(情操, Gesinnung, Sentiment) 혹은 양심(Gewissen, Conscience)이라고 하며, 이어서 종교란 인격이 신에 대하여 지와 정과 의가 협력·화합하는[協合] 기능으로 드러나는 정조라고 했다.[100] 이 점은 개인주의적이라고도 이해될 수 있을 것이다. 그러나 이러한 인격 수양에 바탕을 둔 종교적 윤리 운동, 즉 '신종교'적 활동은 다분히 국가주의를 그 지향점으로 하고 있었다.

아네사키는 다음과 같이 말한다.

> 처음에는 종교학개론을 주로 했고 거기에 더하여 특수 강의를 했는데, 예컨대 '종교와 문화', '신인(神人)의 신앙' 등의 강의를 한 적도 있다. 이들 강의에서는 얼마간 내용의 영역에 대해서도 다루었지만, 전체적으로 골격에 해당하는 강의였다. 그런데 다이쇼 12-13년(1923-1924)경, 즉 도서관에 관계하게 된 이후 그쪽 일로 바빠졌기 때문에 '개론'은 우노군(=宇野円空, 1885-1949)과 이시바시군(=石橋智信, 1886-1947)에게 맡기고 나 자신은 특수 분야 강의 쪽으로 들어갔는데, 그 후에는 거의 개론과는 관계가 없었다. 그것은 단지 형식만의 일이 아니라, 사실상으로도 나 자신의 두뇌는 점차 종교학의 골조를 만드는 쪽을 버리고 살과 피라는 실질 쪽으로 들어갔던 것이다.[101]

99 이소마에는 이런 차이로 인하여 이노우에는 국가주의자, 아네사키는 개인주의자로 평가받는다고 했다. 이소마에 준이치, 『근대 일본의 종교 담론과 계보』, 238쪽.

100 姉崎正治, 『比較宗教學』; 『姉崎正治集』 第1卷(2002), 17-18쪽.

이 내용을 보면 아네사키에게 중요하고 가치 있는 것이 무엇이었는지 짐작된다. 그가 '골격'이라고 한 것은 종교 연구의 방법론이나 객관적인 종교현상에 대한 이해 및 분석과 같은 것이고, '살과 피'라고 생각한 것은 인간의 의식이나 감정 등 종교적 내면의 영역과 일본의 특수한 종교적 양상에 관한 것이었다.[102] 후카사와 히데타카(深澤英隆)는 이런 점을 지적하여, "아네사키의 초기 종교 이해는 설명학으로서 종교학을 강하게 지향하면서 종교의 규범적 이해로부터 거리를 두고자 했으나, 시간이 지나면서 마땅히 존재해야 하는 종교를 모색하는 규범적 혹은 형이상학적 종교론의 성격이 강해졌다."라고 평가했다.[103]

이 글에서는 아네사키 종교학에 접근하는 통로로서 그의 '신종교'론에 주목했다. 일본 종교학이 형성되던 시기부터 이상적인 종교를 모색하는 '신종교'에 대한 관심과 활동은 종교 연구자와 종교가들 사이에서 중심적인 것이었다. 현대 연구자들이 일본의 신종교라고 부르는 종교는 특히 에도 말기부터 메이지 시기에 민중이 중심이 되어 생겨난 종교들을 가리키며, 아네사키는 그것을 '민간종교'라고 불렀다. 아네사키는 이 역시 종교학의 연구 대상이라고 여겼으나, 미신적 성격이 강한 '병태(病態)'라고 하면서 결코 긍정적으로 평가하지는 않았다.[104] 그가

---

101 姉崎正治,『新版 わが生涯』, 109쪽.

102 아네사키는 위 인용문에 이어서 "이 무렵에 시작한 강의로서 '생사와 불멸'·'종교투쟁'·'성격과 종교' 등 특수한 문제를 다루었고, 1929년경부터는 일본종교사를 강의하면서 역사 문제로 들어갔다."라고 했다. 姉崎正治,『新版 わが生涯』, 109쪽.

103 아네사키의 종교학은 초지일관 규범성이 강했으며, 강의 교재 성격을 띤『宗教學概論』이 오히려 예외적인 저작이 아니었을까 짐작한다.

104 이소마에는 이에 관하여 아네사키가 덴리쿄(天理教)를 '신해(信解)의 지적 방면이 아닌 실행에 힘쓰는 감정적 종교'라 단언하고, 슈겐도(修驗道)나 신슈쿄(神習教)를 '어딘가 모르게 망상망각으로 지배되는 것'이라 평가했다고 지적했다. 이소마에 준이치,『근대 일본의 종교 담론과 계보』, 128-129쪽.

말하는 '신종교'는 현재 일반적인 신종교의 개념과 완연히 다른 성격으로서, 이상적이고 바람직한 형태의 종교를 뜻한다.

아네사키는 1918년에 『새로운 시대의 종교』[105]라는 책을 출간했는데, 제목만 본다면 이것이야말로 아네사키의 '신종교'론에 합당한 '새로운 시대'에 적절한 '새로운(=바람직하고 지성적인) 종교'로, 종교학자로서 아네사키에게 평생 지속되었던 중요한 주제였다. 덧붙이자면, 기존 연구에서는 양자를 구별하지 않고 기술했기 때문에 혼란을 야기하거나 '신종교' 담론이 신종교 담론 안에서 드러나지 못했다.[106] 물론 신종교와 '신종교'가 완전히 이질적인 것만은 아닐 것이다. '신종교'의 이론과 실천의 기본적 성격은 기존의 종교적 양상에 만족하거나 안주하지 않으며, 변화와 개혁을 모색한다는 점에서 다양한 신종교의 지향과 일정 부분 상통하는 바가 있다. 이 글에서는 양자의 구분을 염두에 두고 아네사키의 '신종교' 이론과 실천을 다루었는데, 이는 아네사키의 종교학뿐 아니라 그의 생애를 관통하는 핵심적 문제였음을 확인할 수 있었다.

---

105 姉崎正治의 『新時代の宗教』는 『姉崎正治集』 第6巻에 실려 있다. 이 책은 1918년 하쿠분샤(博文社)에서 출간되었는데, '신종교'에 대한 이론적 저작이라기보다 '인본주의'에의 헌신을 선언한 저작이라고 평가된다. 高橋原, 「解説」, 16쪽.

106 예컨대 이소마에는 신종교라는 용어에 이중적 의미가 있다고 했음에도 불구하고, '신종교'를 신종교(new religion)와 구별하여 기술하지 않았기 때문에 이해하기 어렵고 혼란이 가중된다. 일본어 원서를 찾아봐도 이러한 상황은 마찬가지다. 신종교라는 용어에 두 가지 뜻이 있다고 말할 때만 「新宗教」라고 표기했을 뿐, 그 이후에는 양자를 구별하지 않고 기술한다. 磯前順一, 『近代日本の宗教言説とその系譜: 宗教·国家·神道』(岩波書店, 2003), 144-145쪽. 후카사와 히데타카는 아네사키에 대한 논문에서 「신종교와 신시대의 종교」라는 장을 따로 마련하고 있지만, 그가 말하는 신종교에는 아네사키가 중시했던 '신종교'라는 의미가 반영되지 않고, 주로 new religion의 번역어로서 신종교라는 의미로 사용되고 있다. 磯前順一·深澤英隆 編, 『近代日本における知識人と宗教: 姉崎正治の軌迹』, 113-118쪽.

제4장

가토 겐치의 국가신도는 어떻게 종교가 되었는가?

이예안

1. 가토 겐치의 국가신도론 등장 배경과 현대적 맥락

1) 가토 겐치의 국가신도론 등장 배경

가토 겐치(加藤玄智, 1873-1965)는 근대 일본에서 종교로서 국가신도를 구축한 종교학자이자 신도학자다. 1896년 제국대학 문과대학 철학과에 입학해 이노우에 데쓰지로의 지도를 받았으며, 1899년 졸업 후 동 대학원에 진학해 연구과제「지식과 신앙」으로 1909년 문학 박사 학위를 취득했다. 1906년에 육군 교수, 1907년에 육군대학교 교수가 되었으며, 겸임으로 1906년에 도쿄제국대학 종교학과 강사로 위촉되어 1921년까지 강의를 했다. 이노우에의 발의로 1920년 도쿄제국대학 문학부에 신도 강좌가 창설되자 가토는 이듬해부터 조교수로 취임하여 1933년 퇴임 때까지 주요 강좌를 담당했다.[1]

가토는 학문 이력뿐 아니라 연구 방향에서도 이노우에의 영향을 강하게 받았다. 이노우에의 많은 제자 중에서도 가토는 스승의 연구 주제인 국민도덕과 국체사상을 누구보다 가까이서 공유했다. 그들은 종교를 통해 국가적 지도 이념을 제공하고 민중 교화를 달성한다는 공동의 목적을 가지고 있었다. 하지만 실현 방도를 모색하는 데서는 차이도 있었다. 이노우에는 철학과 과학의 합리주의를 표방하고 이를 보

* 이예안,「가토 겐치의 국가신도 창출: 근대일본에서 국가신도는 어떻게 종교로 정의되었는가?」,『한국동양정치사상사연구』 22-1(2023);「가토 겐치의 국체신도 개념: 21세기 국가신도 논쟁과 '신황신앙'의 문제」,『용봉인문논총』 62(2023)에 실린 글을 수정하여 수록했다.

1 島薗進·高橋原·前川理子,「解說」,『加藤玄智集』第9巻(クレス出版, 2004) 참조.

강하기 위해 종교를 요청했지만, 가토는 인간의 삶과 사회가 불안에 빠지지 않고 잘 영위되기 위해서는 굳건한 신념이 필요하며 이는 종교를 통해 확보할 수 있다고 생각했다. 따라서 가토는 무엇보다 먼저 종교 신앙의 확립을 요청했으며, 이와 더불어 현대의 철학과 과학이 제공하는 신지식에 호응하는 종교를 추구했다. 주목할 점은, 종교를 대하는 가토의 자세가 불교나 신도라는 특정 종교의 신자를 자임하면서도 그 정체성보다 "사회정책적 철학자"의 면모가 강했다고 평가되듯이, 그의 종교학과 신도 연구는 결국 "국체론적 국민도덕론 형성"이라는 목적에서 이노우에와 만난다는 것이다. 그런 점에서 이노우에는 철학 영역에, 가토는 종교학과 신도 연구 영역에 각자 한 발씩 두면서, 국체론적 국민도덕론에서 함께 "이인삼각의 학문 영위"를 추진했다고 평가된다.[2] 이 글에서는 가토가 이노우에와 문제의식을 공유하면서도 독자적으로 종교로서 국가신도를 어떻게 정의했는지 살펴본다.

본격적인 검토에 앞서, 가토의 국가신도론이 등장한 배경으로 메이지 정부의 신도 관련 정책을 확인할 필요가 있다. 메이지 정부의 신도 정책은 크게 두 국면으로 나눠 설명할 수 있다. 첫 번째는 메이지 초기 정부가 추진한 신도국교화 정책이다. 메이지 원년인 1868년 3월 메이지 천황에 의해 왕정복고가 선포되고, 이어서 제정일치로의 복귀, 그리고 신기관(神祇官)의 부활이 선언되었다.[3] 신기관은 고대 헤이안 시기 율령제에서 조정의 제사와 전국의 관사(官社)를 관장하던 최상위 관청이었다. 이런 신기관을 메이지 일본의 출발점에서 다시 최상위 기관으로 소환한 것이다. 메이지 시기에 부활한 신기관은 고대 신기관의

2 島薗進·高橋原·前川理子, 「解說」, 7쪽 이하.

3 安丸良夫·宮地正人 編, 『(日本近代思想大系5) 宗教と国家』(岩波書店, 1988), 425쪽.

역할을 이어받는 동시에 새로운 직무로서 천황릉 등 황실 분묘를 관할하고, 하부 관청으로 선교사(宣教使)를 설치해 신도에 따라 국민을 선교하는 역할을 담당했다.[4] 하지만 신도국교화 정책은 추진 직후부터 불교와 신도 사이에 불거진 주도권 다툼에 더하여 조직의 분열 및 재편을 거듭 겪으면서 구심점을 잃어 갔다.

이런 상황에서 새롭게 설치된 신도 사무국 신전에 안치할 제신(祭神)에 관한 논쟁이 격화되자 1882년 메이지 정부는 신관(神官)과 교도직을 분리하고, 신사신도는 '치교(治教)'를 받들어 국가 및 황실 제사에 관여하는 것으로 교파신도, 불교 종파, 기독교 등의 '종교'와 다른 범주에 속한다고 명시했다. 이러한 신사비종교론(神社非宗教論)에 입각한 신도 정책이 두 번째 국면이다. 더 나아가 메이지 정부는 신사신도를 1890년 제국헌법에 명시된 '신교의 자유' 범위 밖에 두었으며, 특히 1900년에는 종교국과 별도로 신사국을 설치해 신사 관련 행정을 관리함으로써 신사비종교론의 입장을 굳혔다. 이러한 신도 정책은 20세기 전반기를 관통해 유지되었다.

여기에서 유의할 점은, 메이지 초기의 신도국교화 정책과 메이지 중반의 신사비종교론이 신사·신도에 대해 상반된 정책 입장에서 나왔다기보다 내용상 오히려 연속되었다는 점이다. 이 문제는 근대 일본의 종교 개념을 둘러싼 역사적 전개와 관련된다. 즉, 메이지 초기에 '종교'라는 용어는 'religion'의 번역어로서 기독교라는 의미로 사용되었는데, 제정일치 선포와 함께 추진된 신도국교화 정책은 '서양의 종교=기독

4 이후 신기관과 선교사는 신도국교화 정책 과정에서 태정관 아래 신기성(神祇省)과 선교사로 재편되거나 신기성이 폐지되고 교부성(教部省)이 설치되어 대교원(大教院)과 교도직(教導職)이 마련되는 등 변화를 거듭해 갔다. 安丸良夫·宮地正人 編, 「宗教關係法令一覽」, 『(日本近代思想大系5) 宗教と国家』, 423쪽 이하.

교'에 대항하기 위해 일본의 신도를 국교로 만들자는 정책이었다. 그때 '국교' 또는 '교'는 'religion'의 번역어로서 '종교=기독교'가 아니라, 제정일치적 치교(治教)의 의미에 가깝다.[5] 이후 기독교의 금제 해제 및 신교의 자유 선포에 발맞춰 종교 개념의 의미는 외연을 넓혀, 기독교뿐 아니라 불교, 신도에서도 자신들의 종교 신앙을 근대적 의미로 제시하려는 시도가 계속되었다.[6] 그런 가운데 나온 신사비종교론은 신사를 근대적 종교 개념에서 분리하여 황실·국가 제사를 담당하게 함으로써 다시 '치교'의 의미로 되돌리는 계기를 마련해 주었다. 신사비종교론에 내장된 문제는 여기에 있다.

가토가 종교학 연구를 시작한 시기는 1900년 전후이며, 1920년대 들어 본격적인 신도 연구를 개시해 종교로서 국가신도를 체계화하는 작업을 진행했다. 그때 그는 당대 정부의 신사비종교론을 비판하고, 종교학 연구와 이를 적용한 신도 연구를 통해 신사·신도를 종교라고 주장했다. 이러한 가토의 신사종교론은 종교학이라는 근대 학문적인 접근을 통해 신사·신도를 근대적 종교로 정의하고자 한 것이었다. 하지만 그 내실은 오히려 신사·신도를 제정일치적 종교로 제시하고 그 유

---

5 메이지 3년 천황의 이름으로 나온 「선포대교소(宣布大教詔)」, 즉 「대교선포」는 '천신(天神)', '천조(天祖)'로부터 황통이 계승되었음과 제정일치를 언명하면서, 유신 이후 '치교'를 다시 선명하게 함으로써 '유신대도(惟神大道, かんながらのだいどう)'를 선양하리라고 게시하고 있다. 安丸良夫·宮地正人 編, 『(日本近代思想大系 5) 宗教と国家』, 431쪽.
관련해서 이소마에 준이치(磯前順一)는 근세 이래 '(대)교'가 사적영역과 공적영역을 아우르는 개념이었던 것과 달리, 메이지 10년대 이후 '종교'가 내적 영역과 결부된 개념으로 서양으로부터 수용되면서 사적영역을 이루는 한편, 비종교적인 세속으로서 공적영역이 구별됨으로써 이분법적 세계가 성립했다고 설명한다. 磯前順一, 『宗教概念あるいは宗教学の死』(東京大学出版会, 2012), 183쪽.

6 호시노 세이지 지음, 이예안·이한정 옮김, 『만들어진 종교: 메이지 초기 일본을 관통한 종교라는 물음』(글항아리, 2020).

일한 주권자로 천황을 위치시킴으로써, 종래의 제정일치적 치교의 의미를 강조하면서 이를 천황교, 신황교로 재구축하는 것이었다. 이 점에서 가토의 신사종교론은 근대 일본 정부의 신사비종교론과 형식적으로는 대립하는 것처럼 보이지만 실질적으로는 이를 보강하는 역할을 했다. 가토의 신사종교론은 근대 일본 정부의 신사비종교론 아래 불문에 부쳐진 신사신도 그리고 국가신도의 제정일치적 종교성을 선명하게 드러낸다는 점에서 중요하다. 근대 일본에서 신사신도·국가신도는 종교행정 밖에 있어 이들이 종교용어로 명시될 여지가 없었기 때문이다. 이런 상황으로 인해 1945년 12월 연합군최고사령부(GHQ)가 「신도지령(神道指令)」[7]에서 국가신도를 적발해 폐기를 명할 때 그 개념 정의의 근거가 되었던 것은 가토의 '국가적 신도' 개념이었다.[8] 가토는 자신이 집필한 *A Study of Shinto: the Religion of the Japanese Nation*(1926)을 미국인 민족학자이자 일본 전문가인 홀텀(D. C. Holtom)에게 증정했는데, 홀텀을 거쳐 '국가적 신도' 개념이 GHQ의 「신도지령」에서 'State Shinto(國家神道)' 개념으로 번역되어 일본으로 역수입되었다.[9]

「신도지령」에서는 지령의 목적이 "종교를 국가로부터 분리하는

7 「国家神道、神社神道ニ対スル政府ノ保証、支援、保全、監督並ニ弘布ノ廃止ニ関スル件」[昭和二十年十二月十五日連合国軍最高司令官総司令部参謀副官発第三号(民間情報教育部)終戦連絡中央事務局経由日本政府ニ対スル覚書], 文部科學省, 〈学制百年史 資料編〉, 連合国軍最高司令部指令.
https://www.mext.go.jp/b_menu/hakusho/html/others/detail/1317996.htm (최종 검색일: 2023. 8. 20).

8 가토는 자신의 신도론을 전개할 때 '국가적 신도'라는 용어로 관철했으며, '국가신도'라는 용어는 서양에서 말하는 '국교'와 혼동될 여지가 있다는 점을 들어 사용하지 않았다. 다만 이 장에서는 가토의 국가신도론 일반을 가리키는 경우 '국가신도(론)'을 사용하고, 그 외 가토의 개념을 정확하게 가리킬 필요가 있을 때는 '국가적 신도'를 사용한다.

9 島薗進·高橋原·前川理子, 「解說」, 29-30쪽.

것"과 "종교를 정치적 목적으로 오용하는 것을 방지하는 것"이라고 명시했다.[10] 그다음 지령에서 언급한 "국가신도"라는 용어는 일본 정부가 법령에 의해 종파신도 혹은 교파신도와 구별하여 비종교적 제사로 분류한 신도 일파를 칭해 온 것이지만,[11] "국가신도"의 실상은 "국가가 지정한 종교 내지 제식"[12]이라고 다시 규정했다. 일본 정부가 공식 표명과 달리 실상은 '국가신도'를 '종교'로 삼아 왔으며, 그러한 국가신도에 대한 "신앙 혹은 신앙고백을 (직접적 혹은 간접적으로) 강제"함으로써 "군국주의적 내지 과격한 국가주의적 이데올로기"를 주입했다고 적시한 것이다. 이런 경위로 GHQ에 의해 국가신도 개념이 비로소 종교 행정에 관련된 공식 용어로 등장했기 때문에, 전후 일본 학계에서 국가신도를 어떻게 정의할 것인가를 둘러싸고 논쟁이 불거질 때마다 가토의 국가신도론이 소환되고 있다.

2) 21세기 국가신도 논쟁과 가토 겐치

제2차 세계대전 직후 신사본청 설립 및 국체수호·신사수호를 주창한 신도사상가 아시즈 우즈히코(葦津珍彦)와, 이에 대해 근대 일본의 왜곡된 정교 제도로서 국가신도가 천황숭배와 군국주의를 추동했음을 비판하고 그 부활을 경고한 무라카미 시게요시(村上重良) 사이의 논쟁은 잘 알려져 있다.[13] 21세기 초를 맞이한 지금 국가신도 논쟁은 그 연장

10 二 (イ), 「国家神道､神社神道ニ対スル政府ノ保証､支援､保全､監督並ニ弘布ノ廃止ニ関スル件」.

11 二 (ハ), 「国家神道､神社神道ニ対スル政府ノ保証､支援､保全､監督並ニ弘布ノ廃止ニ関スル件」.

12 一, 「国家神道､神社神道ニ対スル政府ノ保証､支援､保全､監督並ニ弘布ノ廃止ニ関スル件」.

선상에 있으면서도 새로운 국면을 맞이한 듯 보인다. 현재까지 이어진 논쟁의 직접적 배경은, 2001년 자민당 총재 선거 당시 고이즈미 준이치로가 매년 8월 15일 전몰자위령제에 야스쿠니신사를 참배하겠다는 공약을 내걸었고, 수상으로 취임하자 일본 국내외 여론의 비판에도 불구하고 야스쿠니신사 참배를 단행한 것이다. 고이즈미 내각의 행보와 더불어 일본 정계와 학계 모두에서 그간 잠복해 있던 국가신도 긍정론이 수면 위로 고개를 들었다.

이렇게 촉발된 국가신도 논쟁은 현재에 이르기까지 크게 다음 두 진영 사이에서 진행되어 왔다. 한쪽은 사카모토 고레마루(阪本是丸), 후지타 히로마사(藤田大誠) 등 고쿠가쿠인(國學院)대학 소속 신도사·신도학 연구자들을 주축으로 하여 신사본청 관계자 및 신도가들을 포괄하는 그룹으로, 대부분 국가신도연구회 소속이다. 그들은 아시즈 우즈히코의 논의를 계승하며, '국가신도'는 일본이 예로부터 천황을 중심으로 이뤄온 '국민적 종교'라고 주장한다. '국가신도'가 '국민적 종교'라는 주장은 바로 가토의 국가신도론에서 비롯된 것이다.

그런데 국가신도연구회는 자신들의 기본 입장이 근대 일본에서 '재야 신도가'였던 교파신도 계열을 계승한다고 자처하면서, 가토의 국가신도론과도, 전시기 일본 정부의 신사신도·국가신도 정책과도 다르다고 선을 긋는다. 그들은 자신들의 입장을 이와 같이 설정함으로써, 전시기 일본에서 신사신도·국가신도가 천황숭배와 국체론에 직결된 측면은 자신들과 관계없다고 잘라 낸다. 그런 다음 '국가신도'를 '국민적 종교', '국민도덕'으로서 옹호하는 주장을 펼치고 있다. 이 주장에서

13 두 입장의 주장이 간명하게 표명된 것으로는 각각 다음을 들 수 있다. 村上重良, 『国家神道』(岩波新書, 1970); 葦津珍彦, 『国家神道とは何だったのか』(神社新報社, 1987, 2006).

국가신도연구회는 가토의 국가신도론을 결코 정면에서 다루지도 않고 깊게 논의하지도 않는다. 그들은 일본이 예로부터 천황을 중심으로 이뤄 온 국민적 종교로서 국가신도라는 큰 틀을 가토의 국가신도론에서 빌려 오면서도, 그 핵심 내용은 건드리고 싶어 하지 않는 것이다.[14, 15] 가토가 주장하는 국가신도론의 핵심 내용은 국체신도와 신황신앙에 관한 논의다.

이와 반대로 사상사연구자 고야스 노부쿠니(子安宣邦), 종교학자 시마조노 스스무(島薗進) 등은 무라카미 시게요시의 논의를 보완·계승하는 입장에서, 근대 일본에서 국가신도는 천황숭배를 주축으로 삼아 군국주의와 과격한 국가주의를 추동한 정교일치적 이데올로기였다고 지속적으로 고발한다. 이들의 주장에서 비판의 근거를 제공하는 것이 바로 가토의 국가신도론이다. 특히 시마조노는 신성 천황에 대한 비판을 주도하고, 최근 일련의 저서에서 가토를 천황 숭경의 주창자로 지목하며 비판을 가속화하고 있다.[16] 2004년에 출간된 『가토 겐치 집(集)』은

---

14 阪本是丸, 『国家神道形成過程の研究』(岩波書店, 1994); 阪本是丸 編, 『国家神道再考: 祭政一致国家の形成と展開』(久伊豆神社小教院叢書)(弘文堂, 2006); 藤田大誠 編, 『国家神道と国体論: 宗教とナショナリズムの学際的研究』(弘文堂, 2019).

15 이 두 입장에 더하여 국가신도라는 용어는 애초에 근대 일본에서 사용된 용어가 아니며 GHQ에 의해 비로소 정책 용어로 등장한 것이므로 이를 가지고 지금 근대 일본의 종교 상황을 소급적으로 설명하는 것은 무의미하다고 지적하는 입장도 있다. 山口輝臣, 『戦後史のなかの「国家神道」』(山川出版社, 2018). 국가신도 개념의 사용 자체를 문제시하는 이 입장은 자칫 국가신도에 관련된 수많은 문제를 미해결 상태로 사장하는 결과를 낳을 우려가 있다.

16 島薗進, 「加藤玄智の宗教学的神道学の形成」, 『明治聖徳記念学会紀要』 16(明治聖徳記念学会, 1995); 고야스 노부쿠니 지음, 김석근 옮김, 『야스쿠니의 일본, 일본의 야스쿠니』(산해, 2005), 16-17쪽[일본어 원서: 子安宣邦, 『国家と祭祀: 国家神道の現在』(青土社, 2004)].
최근 시마조노가 출간한 일련의 천황숭배 비판론 책은 『国家神道と日本人』(岩波

당시 일본 사회에 부상한 우경화 동향 및 국가신도 긍정론의 분위기에 발맞추어 이 문제를 구체적으로 논의하기 위한 발판으로 마련된 것으로 볼 수 있다.

국가신도를 둘러싼 논쟁은 사그라들 기미가 보이지 않고 여전히 치열하게 진행 중이다. 주된 원인으로는 다음 두 가지를 들 수 있다. 첫째, 국가신도연구회는 오로지 제도사, 정교관계사, 신도사 등 '역사적'·'실증적' 입장을 표방한다. 종교학, 사회사, 사상사 등의 학문 영역을 배척할 뿐만 아니라, 근대 일본의 실제 종교 상황과 정치사회 상황도 고려하지 않는다. 이런 점에서 국가신도연구회는 논쟁을 위한 정식 그라운드에 나서지 않고 자기주장만 한다고 말할 수 있다. 둘째, 국가신도연구회와 고야스·시마조노는 상반된 입장을 취하면서 공통 근거로 가토의 국가신도론을 채용한다. 고야스·시마조노는 가토의 국가신도론의 핵심 중에서 신황 숭배를 조준하여 공격하는 한편, 국체신도에 관한 본격적인 논의는 하지 않는다. 반면, 국가신도연구회는 신황 숭배에 관한 언급을 회피하는 한편으로 천황이 다스리는 일본 고유의 국가체제의 의미로 국체론을 긍정적으로 제시한다. 즉, 21세기 국가신도 논쟁에서 양측 모두 가토의 국가신도론을 근거로 삼으면서도, 그 핵심 내용인 국체신도와 신황 숭배는 전면적으로 다루지 않는다.

이상의 논의 상황을 통해 가토 겐치의 국가신도론이 일본의 전쟁 전후 각각에서 국가신도를 이해하는 데 결정적 역할을 했음을 확인할 수 있다. 가토에 관한 연구 또한 당연한 일이라고 할 수 있는데, 그 연

書店, 2010);『神聖天皇のゆくえ = From the Divine to the Symbolic Emperor: 近代日本社会の基軸』(筑摩書房, 2019);『明治大帝の誕生: 帝都の国家神道化』(春秋社, 2019);『戦後日本と国家神道: 天皇崇敬をめぐる宗教と政治』(岩波書店, 2021) 등이 있다.

구는 국가신도론에 집중되어 있다.[17] 하지만 지금까지 가토의 국가신도론의 핵심인 국체신도의 의미가 무엇인지 구체적으로 분석된 적이 없었다. 한편, 가토의 신황신앙은 고야스·시마조노에 의해 종교학, 정치사상사의 관점에서 비판되었는데, 이러한 관점은 정당하지만 신황신앙이 실제 국가체제와 어떻게 연결되는지 설명이 필요하다. 여기서 우리는 가토가 종교학 연구를 통해 신도를 어떻게 종교로 정의했는가, 그리고 종교학 연구를 통해 국체를 어떻게 재해석했는가 주목할 필요가 있다. 그의 국가신도론에서 천황은 어떻게 신으로 위치하여 신앙의 대상이 되었는가? 그가 제시하는 국체란 어떤 것인가? 그리고 어떤 구상 속에서 국가신도를 국민적 종교라고 불렀는가? 그 사유 과정을 면밀하게 검토하면 근대 일본에서 국가신도가 구체적으로 어떤 종교였는지

---

17 대표적인 몇몇 연구를 소개하자면, 헌법학자·정치학자·신도학자인 닛타 히토시는 가토의 국가신도론이 「신도지령」으로 이어지는 과정을 검토하면서 가토를 "국가신도의 원점"으로 자리매김했다. 新田均, 「加藤玄智の国家神道観」, 『宗教法学会』 14, 1995; 新田均, 「「国家神道」研究史の整理の開始と加藤玄智との出会い」, 『皇學館論叢』 53-3(2020). 종교학자 시마조노 스스무·다카하시 하라·마에카와 미치코는 『加藤玄智集』 9권에 수록된 「해설」에서 가토의 사상 및 저작에 관한 개요를 정리했다. 島薗進·高橋原·前川理子, 「解說」. 또한 마에카와 미치코는 가토의 국가신도론의 특징을 종교학의 이상주의와 천황교의 현실주의 사이에 위치한 것으로 평가했다. 前川理子, 「加藤玄智の神道論: 宗教学の理想と天皇教のあいだで(1)」, 『人文学研究所報』 46(2011); 前川理子, 「加藤玄智の神道論: 宗教学の理想と天皇教のあいだで(2)」, 『人文学研究所報』 47(2012).
한편, 한국 학계에는 가토 겐치가 잘 알려져 있지 않은 상황인데, 박규태는 국가신도를 다룬 선구적 논문에서 이를 일부 검토했다. 박규태, 「국가신도란 무엇인가: 근대일본 국민국가와 종교」, 『종교연구』 29(한국종교학회, 2002); 박규태, 「국가신도의 국체신학과 공사(公私)관념: 《국체의 본의》를 중심으로」, 『종교문화비평』 26(2014). 또한 식민지 조선에서 신사참배 문제를 다루는 가운데 국가신도 정의가 가토 겐치에서 유래하는 것임을 지적한 연구가 있다. 고마고메 다케시, 「조선에서의 신사참배 문제와 일미관계: 식민지 지배와 '내부의 적'」, 강명숙·오성철 지음, 『식민지 교육연구의 다변화』(교육과학사, 2011).

설명할 근거를 발견할 수 있을 것이다.

2. 신종교 대망과 새로운 국체론

1) 신종교 대망

가토 겐치는 1873년 도쿄 아사쿠사에 위치한 진종(眞宗) 다카다파(高田派) 쇼넨지(称念寺)의 승려 가토 겐토쿠(加藤玄德)의 장남으로 태어났다.[18] 가토는 일찍이 자기 출신 종교인 불교의 개혁 필요성을 절감했다. 대학원 시절인 1899년에 불교 개혁을 목표로 결성된 '불교청도동지회'(후에 '신불교동지회')에 참여하여 교권 타파, 자유 토론, 미신 근절 등을 주장하고 과학적 방법으로 종교의 새로운 정신 파악을 촉구하는 신불교 운동을 추진했다. 불교를 중심으로 한 종교 보급을 목적으로 '종교연구회'를 발족해 운영하기도 했다. 하지만 동시에 가토는 불교 개혁을 넘어 이상적인 신종교를 추구하는 방향으로 나아가고 있었다.

그 배경에는 1899년 문부성 훈령 제12호 공포에 의해 종교교육이 금지된 후 이노우에가 발 빠르게 「종교의 장래에 관한 의견」[19]을 발표

18 진종 다카다파는 정토진종의 일파로 가마쿠라 시대 승려인 신란(親鸞, 1173-1263)을 종조로 한다. 미에현(三重県) 쓰시(津市)의 센주지(専修寺)를 본산으로 한다. 정토진종에서 초기에 다카다파는 최대 규모로 본산의 역할을 했으나, 15세기 말 이래 혼간지파가 8대 렌뇨(蓮如)에 의해 세력을 확대한 이후 세력이 축소되어 메이지 시기에는 니시혼간지파, 히가시혼간지파에 이은 3대 세력을 이뤘다.

19 井上哲次郎(1899), 「宗教の將來に關する意見」, 島薗進·磯前順一 編纂, 『井上哲次郎集』 第3巻(クレス出版, 2003), 206-255쪽; 「종교의 장래에 관한 의견」, 『철학과 국가: 제국대 교수의 근대일본 만들기』(빈서재 2024), 126-165쪽 참조.

해 학계에 이른바 '신종교 논쟁' 또는 '윤리적 종교 논쟁'을 촉발한 일이 자리하고 있다.[20] 이노우에는 정책의 방향에 맞춰 기성 종교가 국민교육에 더 이상 유용하지 않다고 하면서 문명 시대에 맞는 새로운 종교가 필요하다고 주장했다. 그가 기대하는 종교는 "철학·과학과 양립하는 문명적인 것"이면서도 "일본의 조상교 전통과 충돌하지 않는 것" 그리고 "개인윤리뿐만 아니라 국가·민족 윤리를 제시하는 것"으로, 보다 분명하게는 "윤리적 종교"였다.[21] 이노우에의 신종교론은 아네사키 마사하루(姉崎正治)를 비롯한 제자들이 이어받아 근대 일본에서 종교학 성립의 발판을 이루었다.[22] 가토 또한 1세대 종교학자로서 스승 이노우에의 신종교론을 계승했다. 이노우에의 논문 발표에 이어 가토는 곧장 방대한 분량의 『종교신론』(1900)과 『종교의 장래』(1901)를 간행함으로써 신종교 논의를 본격적으로 시작했다.

가토의 신종교론이 이노우에에 의해 촉발되었고 그 영향 아래에서 전개된 것은 분명하지만, 두 사람이 종교를 이해하는 시각에는 차이도 있었다. 이노우에는 가토의 『종교신론』에 붙인 「서문」에서, 기성 종교 간의 분열이 국가 대혼란을 야기한다는 문제의식에서 모든 종교를 융합·조화하여 하나의 근본주의에 의해 "국민을 깨닫게 하는 것이 종교의 새로운 맥락"이라고 제시했다.[23] 이노우에는 국가의 당면 과제인 국민교육과 국가 통합을 위해 종교를 중요하게 생각했으며, 일본의 신도를 "국가적 종교"로 논의했지만 이는 궁극적으로 "국민도덕의 기초"로

20 前川理子, 「加藤玄智の神道論: 宗教学の理想と天皇教のあいだで」(1), 87쪽.

21 이혜경, 「이노우에 데쓰지로의 종교 편력: 민심통합의 도구를 찾아서」, 『한국동양정치사상사연구』 21-2(2022), 131-135쪽.

22 이 책 3장 이연승, 「아네사키 마사하루는 왜 '신종교'론을 제창했는가?」 참조.

23 井上哲次郎, 「宗教新論序」, 加藤玄智, 『宗教新論』(博文館藏版, 1900); 『加藤玄智集』 第1卷, 1-5쪽.

서 기대한 것이었다.[24]

이와 달리 가토는 종교학자·신도 연구자이자 종교가·신앙인의 입장에서 종교 자체를 보다 근원적인 것으로 이해하고 있었다. 그는『종교신론』의「자서」에서, "우리 인류에게 궁극적인 안심입명을 부여하는 것"으로 철학과 종교를 꼽으면서,[25] 특히 종교는 "인민 일반의 풍속 습관과 매우 밀접하며 불가분의 관계"에 있을 뿐만 아니라, "인성(人性)의 필연적 현상으로 인생에 지중지대한 관계"를 가진다는 점에서 중요하다고 봤다. 무엇보다 종교는 "나의 행위의 근본적 동기"라는 점에서 중요했다. 문제는 재래 종교가 오랜 관습과 교리를 고수하고 사상의 진보와 자유를 고려하지 않은 결과, "무능력, 무감화" 상태가 되었다는 사실이었다. 또한 재래 종교는 "도덕 수양에 노력하기는커녕 속세의 권력을 빌려 종교의 외관을 장식하고 승려의 모습으로 정치적 종교운동까지 벌인다."라고 비판했다. 이로부터 가토는 종교학 연구의 목적을 "오로지 진리의 천명"에 두고 "종교를 과학적으로 연마하여 종교의 본의를 밝히고 건전한 정신(正信)의 근본적 기초를 확립"함으로써, 인류가 영원히 "정신상의 암브로시아"를 얻도록 하는 데 있다고 설파했다. "독립하여 어디에도 얽매이지 않는 건전하고 순수한 신신앙(新信仰)의 확립"과 "종교의 본질, 종교의 진수"를 규명하는 일이야말로 종교 연구의

24 井上哲次郎,『国民道徳概論』(三省堂, 1912), 84쪽 이하 및 310쪽 이하.

25 가토는 양자의 성격을 다음과 같이 대조하여 설명한다. 즉, 철학은 "지식인과 학자에게 우주와 인생에 대한 크고 깊은 뜻을 천명·논정"하려는 것으로 "개인적"·"정지적"이고, 단합한다고 해도 연구 학파를 형성하는 정도로 그치며 "진취적" 특성을 가진다. 이와 비교해 종교는 "범속한 대중에게 그 깊은 뜻을 가르치고 설시"하려는 것으로 "관계적"·"활동적"이고, 열광의 큰 신앙단체를 조직하며 "퇴수적(退守的)" 특성을 가진다. 加藤玄智(1900),「自序」,『宗教新論』; 島薗進, 高橋原, 前川理子 編,『加藤玄智集』第1卷(クレス出版, 2004), 2-3쪽.

목적이라는 것이다.[26] 그는 종교를 "인생의 근본의(根本義), 제1원리"로 생각했다.[27]

그때 가토가 가장 고심한 문제는 신앙과 지식의 조화였다. 이 문제는 그가 박사논문 주제로 오랫동안 고민해 온 것이기도 했다. 『종교신론』에서는 종교에 관한 새로운 논의를 위해 우선, 서양에서 발흥한 비교종교학의 취지를 알리고 동서양의 종교 및 사상을 비교하는 관점에서 새로운 형태의 일본 종교를 탐색하고자 했다. 즉, 기독교와 불교에서 수천 년 전 교리 및 의례를 그대로 따르는 것을 진정한 신앙이라고 하는 것은 시대착오적이며, 20세기라는 현대 과학과 철학에 부합하는 새로운 종교가 필요하다는 주장이었다. 특히 서론에 〈장래의 종교〉라는 절을 마련해, 동서양 사상계에서 종교, 철학, 도덕 모든 영역에서 회의론에 빠져 혼란스러운 지금 신앙의 수요를 충족할 새로운 방법이 절실하다고 토로했다. 그중에서 주목할 점은 다음 두 가지다.

우선, 장래 종교의 핵심으로 '종교적 천재'를 기대했다는 점이다.[28]

> 요컨대 지식은 현금의 과학과 철학의 모든 분야를 아우르고 게다가 공명정대한 비판력과 해박하고 탁월한 종교적 지식을 구비하면서, 스스로 구법(求法)의 의지가 두터워 다른 자들을 인도해 진리의 문으로 들어가게끔 하는, 즉 자신도 믿고 다른 사람도 믿도록 가르친다(自信教人信)는 자리이타(自利利他) 원만(圓滿)의 동정과 동감을 가지는 대활동자가 아니면 도저히 그 목적을 달성할 수 없다.[29]

26 加藤玄智, 「自序」, 『宗教新論』; 『加藤玄智集』 第1卷, 1-15쪽.

27 加藤玄智, 『宗教之將來』(法藏館, 1901), 97쪽.

28 加藤玄智, 『宗教新論』; 『加藤玄智集』 第1卷, 20쪽 및 385쪽 이하.

29 加藤玄智, 『宗教新論』; 『加藤玄智集』 第1卷, 21쪽.

가토는 기독교와 불교를 비판할 때, 구시대적인 교리 및 의례의 폐해를 지적하고 그에 대한 엄수를 진정한 신앙이라고 부르는 것을 불합리하다고 언급했다. 따라서 그는 신앙이 새로운 지식과 조화를 이루도록 추구해야 한다고 보았는데, 그 방법으로는 기성 종교가 가지는 불합리한 요소의 혁신보다 새로운 구세주를 대망했다. 흥미로운 점은 가토가 기대하는 구세주의 모습이 그가 몸담은 정토진종과 관련 있다는 것이다. "자신도 믿고 다른 사람도 믿도록 가르친다[自信教人信]."라는 말은 아미타불에 대한 신앙을 핵심으로 하는 정토진종의 경구다.[30] 가토는 『종교신론』 마지막 부분에서 '종교적 천재'를 희구하면서 거듭 "자신도 믿고 다른 사람도 믿도록 가르친다는 지성(至誠)으로써 몸소 실천하여 스스로 세상을 화육하고자 하는 대선각자"[31]로 묘사했다.

또한 가토가 기대하는 '종교적 천재'는 신앙의 체현자로서 감화를 주는 당대적 존재여야 했다. 그리하여 "그리스도 따위는 영매함도 탁월함도 없으며 그는 이미 2,000년 전 옛적 사람이다. 2,000년 전 옛적 사상을 그대로 오늘날 실행하려 하는 것은 자가당착"[32]이라고 기독교를 신랄하게 비판한다. 또한 불교도가 3,000년 전 부처가 살아 있을 때를 기준으로 삼는 것은 중국인이 요순삼대를 그리워하는 것과 마찬가지로 몽상이라면서 불교도 비판한다.[33] 그리하여 그는 "종교적 천재로

30 '自信教人信'이라는 말의 출처는 당나라 시대 정토종의 대성자 선도대사(善導大師, 613-681)의 『왕생예찬(往生禮讚)』이며, 이를 가마쿠라 시대 정토종의 종조 신란(親鸞)이 『교행신증(教行信証)』에서 받아들인 이후 정토진종 교화의 핵심이 되었다. 真宗聖典: https://shinshuseiten.higashihonganji.or.jp/. (최종 검색일: 2023. 8. 20.)

31 加藤玄智, 『宗教新論』; 『加藤玄智集』 第1卷, 384쪽.

32 加藤玄智, 『宗教新論』; 『加藤玄智集』 第1卷, 22쪽.

33 加藤玄智, 『宗教新論』; 『加藤玄智集』 第1卷, 22쪽.

20세기 석가나 그리스도가 되는 자 과연 누구인가?"[34]라고 당대의 구세주를 갈구한다.

이러한 종교 이해는 이듬해 출판한 『종교의 장래』에서 반복해서 주장되었다. 그에 따르면, 종교가 종교로서 실제 사회에 도움이 되고 실제 세력을 얻기 위해서는 "인격적 존재"를 세워야 한다. 기독교와 불교 모두 지금은 구복 신앙, 미신으로 전락했지만 각각 장단이 있다. 기독교가 유대교적 현세 사상을 가진 것은 장점이지만, 여전히 여호와와 같이 "원시적이며 불가사의한 기적을 행하는 인격적 존재자"를 세우는 것은 약점이다. 반면, 불교는 염세 사상을 가졌다는 약점이 있지만 "석가가 철학 사변의 결과 사유 관찰"하여 성립한 가르침으로서 근거가 있고 이론적이라는 장점이 있다. 가토는 이 두 종교의 장점을 융합하여 "기독교와 불교 이상의 종교"를 추구해야 한다고 생각했다.[35] 즉, 기성 종교를 뛰어넘어 새로운 시대의 지식과 신앙이 조화하는 종교를 기대했으며, 이를 체현한 당대의 인격적인 존재가 강력한 사회적 영향력을 발휘하기를 기대했다.

또 하나 주목할 점은, 가토가 기대하는 장래의 종교가 단지 기독교나 불교를 대체하는 것이 아니라 종교, 철학, 도덕 등 정신 분야를 아우르는 '우리 사상계'에서 굳건한 '신념', '신앙'의 근원지 역할을 하는 것이라는 사실이다. 그렇기 때문에 그는 장래의 종교를 곧장 '신종교'라고 명명하지 않고 무엇이라 부를 것인가 고민한다.

그렇다면 장래의 종교로서 우리 사상계를 지배할 것은 과연 어떤 것인

34 加藤玄智, 『宗教新論』; 『加藤玄智集』 第1巻, 388쪽.

35 加藤玄智, 『宗教之將来』, 177-180쪽.

가? 불교와 기독교를 가령 그대로 채용한다면 어떻게 해석해야 오늘날 우리의 종교적 의식을 만족시킬 수 있는가? 아니면 이들을 어떻게 해석해도 구종교는 우리 장래의 종교로 도저히 수요를 충족시킬 수 없는가? 과연 그렇다면 이른바 장래의 종교가 되는 것은 과학인가 철학인가, 아니면 어떤 신종교인가? 혹은 무종교 그 자체인가?[36]

가토는 장래의 종교로서 '우리 사상계를 지배할 것'을 우선 '과학' 또는 '철학'이란 이름으로 불러 보고, 재차 고민하여 '신종교'라고도 '무종교'라고도 호명해 본다. 결국 그는 '신종교'를 선택한다.[37] 여기서 보여 준 용어 선택의 망설임에는 그가 구상하는 '장래 종교'의 모습이 예견되어 있다. 종교, 과학, 철학 모든 영역을 아우르고, 신종교이자 무종교라고 부를 수 있는 장래 종교의 모습이 바로 가토가 제시할 '국가신도'의 원형이었다.

2) 새로운 국체론

가토가 자신이 진행해 온 종교학 연구를 국체에 접목시켜 설명하는 작업은 1910년대에 집중적으로 이뤄졌다. 1910년에 이른바 '고토쿠 사건'으로 알려진 대역 사건이 일어났고, 이로써 1911년에 대거 사형집행이 이뤄졌다. 혹독한 '겨울 시대'를 거치면서 사회주의운동, 무정부주의운동이 침체된 것과 반대로, 천황을 정점으로 내세운 국가주의 사상이 전면으로 나왔다. 1912년에 이노우에 데쓰지로는 『국민도덕개

36 加藤玄智, 『宗教新論』; 『加藤玄智集』 第1卷, 22-23쪽.

37 '신종교' 개념 자체가 스승인 이노우에와 가토의 합작이라고 한다. 島薗進·高橋原·前川理子, 「解說」, 7쪽; 島薗進, 「加藤玄智の宗教学的神道学の形成」, 74쪽.

론』을 발표하여 국민도덕을 국체, 신도, 가족국가 등의 측면에서 설명하면서 국가주의 사상을 설파했다.[38] 또한 메이지 헌법 제정 이래 호즈미 야쓰카(穗積八束, 1860-1912)의 천황주권설이 주창되었으나 미노베 다쓰키치(美濃部達吉, 1873-1948)의 천황기관설이 우세한 가운데 우에스기 신키치(上杉慎吉, 1878-1929)가 천황주권설을 강조하기 시작한 것도 같은 1912년이었다. 이전 시기까지 가토는 서양 종교학 이론을 수용하면서 종교론을 전개하는 한편, 러일전쟁 무렵부터 종교학 연구 대상으로 신도에 관심을 갖고 있었다. 가토는 1910년대 국가주의 사상의 대두라는 시대 경향에 발맞춰 자신의 종교학 연구를 국체론과 접목하여 설명하기 시작한 것이다.

가토가 이해한 국체는 당대에 공유되던 국체의 의미, 즉 만세일계의 천황을 중심으로 이뤄진 일본 고유의 특수한 국가체제를 전제로 한다.[39] 이와 동시에 가토는 기독교의 신(神) 관념에 비춰 천황을 이해하고, 그로부터 천황과 신민의 관계를 설명함으로써 국체에 새로운 의미를 부여하고자 한다.

> 서양의 기독교도들이 단지 이상으로서 신과 인민의 관계를 부자 관계로 보던 것을, 우리 일본인은 수천 년 이래 위로는 만세일계의 황실을 모시고 일국이 마치 일가와 같은 관계를 이루어 천양무궁의 황운과 함께 존속

---

38 井上哲次郎, 『国民道徳概論』; 島薗進·磯前順一 編纂, 『井上哲次郎集』 第2巻 (2003); 이혜경, 「이노우에 데쓰지로의 종교 편력: 민심통합의 도구를 찾아서」.

39 米原謙, 『国体論はなぜ生まれたか: 明治国家の知の地形図』(ミネルヴァ書房, 2015), 39쪽. 요네하라 겐은 '국체' 개념을 다음 네 가지 의미로 나누어 설명한다. (1) 국가의 체면 또는 국위, (2) 국가의 기풍, (3) 전통적인 국가체제, (4) 만세일계의 황통을 중심으로 하는 정교일치 체제. 위 인용문에서 보이는 가토의 국체 개념은 (3)과 (4)에 가깝다.

해 온 결과로서 실제로 우리 일본 신민의 원수 혹은 지존으로 천황폐하를 모시고, 아래로는 우리 신민이 그 수족이 되고 그 적자가 되어 평화로운 나날을 살 수 있게 해주신 것은 실로 몸 둘 바 모를 정도로 감사한 일입니다. 이번 사건 관계자 중에도 이미 특사의 은전을 입은 자가 있으니 우리 신민은 실로 성덕의 무궁에 엎드려 감읍하며 단지 황송하기 이를 데 없습니다.[40]

기독교에서 말하는 신과 인민의 부자 관계는 이상에 불과하지만, 일본에서는 건국 이래 만세일계의 황실과 천황이 존재했으며 천황과 신민의 관계는 실제로 일가의 관계를 이루어 지속해 왔다고 가토는 말한다. 이 점이 바로 신성한 존재로서 천황의 우월함을 증명한다는 것이다. 가토가 "이번 사건 관계자 중에도 이미 특사의 은전을 입은 자가 있으니"라고 운운한 것은 대역 사건 관계자에게 신적 존재인 천황이 아버지의 마음으로 베푼 '너그러운 용서'를 가리킨다.

나아가 가토는 기독교 신과 신성한 존재로서의 천황을 각각 관념으로 파악함으로써 이 둘을 같은 층위에 위치시키고자 한다. 그에 따르면, 종교가 발전하여 최종 단계에 이르면 "신 즉 사랑"으로 이해하게 된다. 기독교에서는 신을 사랑으로 보고, 불교에서는 부처를 대자비의 응집으로 보는데, 이는 신을 '상징'으로 표현한 것이다. 신을 아버지로 '사랑'한다는 것, 그런 부자 관계에서 말하는 '친애'도 마찬가지다. 가토는 특히 기독교에서 신을 사랑으로 보는 것을 인격적 존재를 상징으로 표현한 것이라 이해하고, 그에 따라 신과 인간의 관계를 설명한다. 그리고 이러한 설명을 천황과 인민의 관계를 수식하는 데 사용한다. 즉,

40 加藤玄智(1911),「神観念から見た日本の国体」,『加藤玄智集』第9巻, 156–157쪽.

기독교 신이 '사랑'이라면 천황은 '자애', '성덕'이며, 기독교 신의 '사랑'이 이상이라면 천황의 '자애', '성덕'은 실제로 신민에게 미치고 있다는 것이다.[41]

이와 같이 기독교 신보다 우월한 천황과 그의 자애와 성덕을 향유하는 신민의 관계로 이뤄진 일본 국체의 특수성을 서양에서 알아주지 않는다는 점에 가토의 고민이 있었다. 특히 배질 홀 체임벌린(B. H. Chamberlain)이 『신종교의 창조』에서 일본에서 행해지는 "천황숭배 및 일본숭배(충군애국)의 종교"와 "무사도"를 일본 정부가 서양을 의식해서 근래에 창조한 신종교라고 비판한 내용을 가토는 의식하고 있었다.[42] 일본의 국체에서 태어나 사상과 감정을 가진 일본인이라면 당연히 받아들이는 천황숭배 및 충군애국을 왜 외국인은 이해하지 못하는가 하는 불만이 그를 촉발한 것이다. 가토가 생각하기에 문제는 일본 종래의 국체론이 완미고루하다는 데 있으므로, "과학적 연구에 근거해 정확한 사실을 기초로 입론"하는 국체론의 쇄신이 필요했다.[43] 단지 만세일계의 황실, 천양무궁의 신칙, 일국일가론 등을 말하면서 일본의 국체를 특수하다고 설명하는 것에는 한계가 있다는 것이다. 이로부터 가토는 이러한 역사적 또는 신화적, 전설적 언설들을 종교학 연구를 통해 설명하면서 일종의 종교학적 논리를 구축하고자 했다. 앞서 비교종교학적 관점에서 불교의 부처, 기독교의 신과 천황을 비교한 것도 그 일환이었다. 이러한 자신의 취지를 가토는 다음과 같이 정리해서 말한다.

---

41 加藤玄智, 「神観念から見た日本の国体」, 157-158쪽.

42 加藤玄智(1912), 『我建國思想の本義』; 『加藤玄智集』 第3巻, 24쪽. 체임벌린의 원문은 B. H. Chamberlain, *The Invention of a New Religion* (Watts & Co., 1912).

43 加藤玄智, 『我建國思想の本義』, 27쪽.

> 이상에서 서술한 바와 같이 나는 서양에서는 신, 일본에서는 천황 폐하, 서양에서는 종교상의 신앙, 일본에서는 충효일본(忠孝一本), 서양에서는 기독교, 일본에서는 천황교라고 말씀드려 온 것입니다.[44]

가토는 서양의 기독교와 대응시키면서 일본의 천황교를 정의한다. 종교로서 천황교, 신으로서 천황, 종교 신앙으로서 충효일본이 그것이다. 종래 회자되던 일본의 특수한 국가체제와 관련된 만세일계의 천황, 충효일본, 천황교의 의미를 전제로 하면서, 이들 개념을 기독교와 비교하는 과정을 통해 국체 개념을 재해석하고자 한 것이다.

이러한 국체 연구의 관점을 가토는 1919년 『우리 국체와 신도』를 통해 보다 정리된 형태로 표명했다. 그에 따르면, 만세일계의 이 '특수한 국체'는 지금껏 윤리학·정치학·사학 등 각종 학문 분야에서 연구되어 점점 그 진수가 파악되고 정화가 발휘되어 왔다. 이에 가토 자신은 "내 전공인 종교사, 종교학 방면에서 우리 국체의 성립에 관한 새로운 연구를 시도하여 국체의 연원으로 거슬러 올라가 그 대본을 천명하고자" 했다. 종교사와 종교학 연구에 의해 비로소 국체의 연원과 대본을 규명할 수 있다는 말이다. 그는 이러한 종교학적 국체 연구가 일찍이 발표한 『우리 건국사상의 본의』의 부족한 논의를 보충하는 것이라고 말한다. 1911년 글이 "통속적인 시사평론에 관한 국체론"이었다면 1919년의 글은 "교육가·종교가·정치가·군인 등 실제 방면에서 세도인심(世道人心)을 지도하고 유도하는 인사들에게 도움이 되기"를 기대한 것이었다.[45] 종교학 연구 관점에서 수행하는 국체 연구의 목적을 지도

44 加藤玄智, 『我建國思想の本義』, 185쪽.

45 加藤玄智(1919), 『我が国体と神道』; 『加藤玄智集』 第5巻, 1-6쪽.

자층에게 국민 교화의 방편을 제시하기 위한 것으로 설정하고 있음을 알 수 있다.

가토가 목적한 바는 종교학과 종교사 연구를 통해 '천황은 신이다'라는 명제가 참이라는 것을 증명하는 것이었다. 그리고 신인 동시에 인간인 천황이 만세일계이며 국체의 중핵을 이룬다는 것을 증명하는 것이었다. 가토에 따르면, '국체'는 크게 다음 세 가지 원리로 설명된다. 우선, "제왕유유덕설(帝王唯有德說)"이다. 그 설명에 의하면, 제왕의 덕으로 나라를 다스림은 세계 만국 국체의 공통 원리이며, 일본에서 천황이 만민을 애무함 또한 성덕에 의한 것이다. 하지만 오로지 제왕의 덕에만 의거한다면 "지나의 국체와 같이 선양방벌(禪讓放伐)"을 피할 수 없고 "우리 국체의 정화는 근본적 파괴"를 맞이할 것이다.

이로부터 가토는 일본의 독특한 국체의 원리로 "천황신위(天皇神位)"를 역설한다.

> 〔개개 천황의 연장으로서 황위 즉 신위(神位)의 항구〕[46] 일본에서는 천황이 현인신(現人神)으로 지나인의 이른바 천(天) 즉 상제, 유대인의 이른바 야훼의 위치를 차지하신다. 따라서 천이 역성혁명의 화를 입지 않고 천추만고 초연한 것과 같이, 또 유대의 왕가가 흥폐존망하는 와중에 단지 야훼만은 시종 변함없이 유대국에서 무형의 군주인 것과 같이, 일본 천황의 보위가 견고하여 흔들림 없음은 또한 필연이다. 이를 '유신(惟神, 가무나가라)'이라고 칭한다.[47]

46 괄호 안의 문장은 원문의 두주에 해당한다.

47 加藤玄智, 『我が国体と神道』, 13-14쪽.

신위(神位)는 신계(神階)와 같은 뜻이며 신도의 신에게 수여되는 위계를 말한다. 가토에 의하면, 중국이나 유대의 왕조는 교체되거나 흥망성쇠하지만 그들의 신인 상제나 야훼는 왕조를 초월해 영원히 군주로 군림한다. 일본의 천황은 현인신으로서, 단순한 왕조가 아니라 이들 신에 필적하는 존재다. 물론 "개개 천황"은 바뀌지만 "황위"가 연장됨으로써 "신위"는 영구하다고, 신위로써 천황의 존재를 설명한 것이다. 가토는 바로 이것이 '유신(惟神, 가무나가라)'이라고 말하면서 천황이 신이라는 것은 즉위식을 보면 더욱 분명하다고 주장한다.

> 천황에게 신위(神位)를 인정하고, 지나인의 이른바 천(天), 유대인의 이른바 야훼의 위치에 있는 만세일계의 천황을 봉대하는 우리 특수한 국체에서는, 그 즉위식이 서양 나라들에서 행하는 군주의 대관식과 완전히 다른 취지다. 이는 제왕이 신을 대표하는 성직자로부터 왕관을 받아서 쓰는 것이 아니라, 천황 스스로 황조황종의 신령을 제사 지내고 즉위를 고제(告祭)하며 후에 이를 신민에게 널리 고지하는 것으로, 이런 것이 실로 다이조사이(大嘗祭)를 이룬다.[48]

일본의 천황이 중국의 천과 유대의 야훼와 같은 위치임을 말하기 위해 천황 즉위 시 행하는 '다이조사이'[49]에 주목하여, 천황이 스스로 황조황종의 신령을 제사 지냄으로써 즉위한다는 점을 들어 증명하고자 한다. 이는 서양의 대관식에서 신을 대표하는 성직자로부터 왕관을 받

---

48 加藤玄智, 『我が国体と神道』, 24쪽.

49 다이조사이(大嘗祭)는 일본 천황이 황위를 승계할 때 최초로 거행하는 대규모 니나메(新嘗)를 말한다. 그해 새롭게 수확한 곡물을 천황이 직접 조종의 신인 아마테라스 오미카미를 비롯해 천지신명에게 바치는, 한 대에 한 번 실시하는 대례(大禮)다.

아 제왕으로 즉위하는 것과 완전히 다른 취지라는 것이다. 가토가 일본의 특수한 국체에 관해 제시한 '천황신위'설은 천황을 신으로 자리매김함으로써 만세일계의 황위라는 영속성을 말하고, 또 그럼으로써 국체의 연원을 설정하려는 목적에서 나온 것이었다. 이러한 가토의 비교종교학적 관점에서 이뤄진 천황 해석은 '천황은 신의 자손'이며 '신성한 존재'라는 당시의 이해가 '천황은 신'이라는 이해로 전환되는 분기점이 되었다.

이에 더하여 가토는 일본이 독특한 국체를 이루는 또 하나의 원리로 "주합가족제(湊合家族制)"를 제시한다.

> 또한 이 천황신위의 조국주의(肇國主義)와 표리를 이루어 우리 일본 신민이 만세일계의 황실을 봉대하게 된 또 하나의 원인은 우리 독특한 사회조직에 의한다. 즉, 우리 독특한 국가적 가족제도가 그것이다. 이를 '주합가족제'라고 부른다. 실로 이 천황신위의 조국주의와 주합가족제는 서로 순치보차(脣齒輔車, 순치보거)의 관계를 가지며 마치 이를 서양 가옥의 건축에 비교하자면 건축의 연와와 시멘트의 관계와 비슷하다. 우리 국가에서 이 2대 주의는 진정 차의 양 바퀴이며 새의 두 날개와 같다.[50]

여기에서 가토는 "주합가족제"를 "우리 독특한 사회조직"이며 "우리 독특한 국가적 가족제도"라고 바꿔 말한다. 가토에 따르면, 개별 가족제는 중국에도 서양에도 있다. 하지만 일본의 독특한 점은 "개개의 가족이 다시 황실을 공동의 종가로 봉대하는 주합가족제"라는 것을 발달시켜 왔다는 것이다. 이러한 '주합가족제'와 "천황신위의 우리 건국

50 加藤玄智, 『我が国体と神道』, 29쪽.

정신"이 어우러져 상보하면서 일본 국가를 특징지었다는 것이다.

> 주권자가 신이라는 것을 인정하는 조국(肇國)의 정신을 주합가족제로 보좌한다. 이에 주권자는 큰 후원을 얻어, 신위에 있는 천황이 동시에 개개 가족을 주합하여 그 위에 서는 큰 가족의 수장이 된다는 사상과 결합하며, 여기에 견고하여 움직이지 않는 만고불역의 국체를 형성해 온 것이다.[51]

가토는 국체에 관한 종교학 연구를 통해, 일본이 특수한 국체를 이루는 첫 번째 논리로 '신황신위'를 제시한다. 그리고 신황신위는 주합가족제에 의해 보강되어 만고불역의 국체를 이룬다고 설명한다. 그러한 국체의 핵심에 자리하는 존재로 신이자 아버지(Father)로서 천황을 자리매김한 것이다.

즉, 천황숭배에 관한 논리를 자기 전문 분야인 종교학과 신도 연구 방면에서 찾고, 이를 국가조직론을 원용해 보강함으로써 새로운 국체론을 구축한 것이다. 이와 같은 생각을 가토는 다음과 같이 분명하게 제시한다.

> 그러한 일본 국가는 종합가족제(總合家族制)라는 일종의 혈연관계 아래 조직되어 그 가부장이자 원수로서 천황을 배대(拜戴)하고, 그 천황은 동시에 또한 신위를 물려받으신 아키쓰카미(現つ神)로 계시는 곳에 우리 국가조직의 유례없는 모습을 이룬다.[52]

---

51 加藤玄智, 『我が国体と神道』, 32-33쪽.

52 加藤玄智, 『神道の宗教学的新研究』(大鐙閣, 1922), 252쪽.

가토는 '주합가족제'와 같은 뜻으로 '종합가족제'라는 용어를 사용하는데,[53] 이를 통해 천황 배대가 종교 신앙 측면에서뿐만 아니라 일본 국가조직의 특징을 고려해도 마땅한 것이라고 주장한다. 천황은 "신위를 물려받으신 아키쓰카미," 즉 현인신인 점에서 신민이 마땅히 숭배해야 하며, 동시에 천황은 "종합가족제"의 "가부장이자 원수"인 점에서 신민이 마땅히 배대해야 하는 존재라는 것이다. 이렇게 천황과 신민 사이에는 종교적 신앙과 국가가족적 혈연이라는 이중의 결속 관계가 설정되어 있다. 그렇기 때문에 천황을 중심으로 한 국민의 단결력은 공고하고 만세일계의 국체 또한 더할 나위 없이 견고하다는 것이다.

53 '總合家族制度'는 이노우에 데쓰지로의 용어로, 가장이 일가를 통솔하는 '가족제도'라는 일본의 전통적인 사회조직이 '충효일본(忠孝一本)'의 도덕을 발전시켜 왔다는 주장을 담고 있다. 1911년「우리 국체와 가족제도」를 거쳐 1912년『국민도덕개론』중 7장「가족제도와 조상숭배」에서 종합가족제도를 본격적으로 설명한다. 그에 따르면, 일본의 가족제도는 호주를 가장으로 세워 이뤄진 개별가족제도와, 개별 가족들을 하나로 만들어 그 위에 천황을 큰 가장으로 삼는 종합가족제도로 구분된다. 종합가족제도에 일본 가족제도의 특색이 있으며, 이로 인해 충효일본의 국민도덕이 크게 발전했다고 주장한다. 가토는 이노우에의 종합가족제도론을 충실하게 수용하여 자신의 새로운 국체론 구축에 중요한 한 축으로 활용한다. 이노우에는 종합가족제도를 설명하기 위해, 메이지민법(1898)에서 호주, 가독상속원칙 등을 포함한 가부장제적 '이에(家)제도' 요소를 취한 점, 천황주권설 및 가장제도론 등을 주장한 헌법학자 호즈미 야쓰카의 논의를 참고한다고 밝힌다. 井上哲次郎,「第7章 家族制度と祖上崇拜」,『国民道徳概論』;「국민도덕개론: 7장 가족제도와 조상숭배」,『철학과 국가』, 363-386쪽 참조.

3. 종교학 이론 수용과 종교로서 신도 정의

1) 종교발달론: 문명의 종교로서 신도

가토가 신종교로서 신도를 고민하기 시작한 것은 1901-1903년으로 보인다. 1901년 『종교의 장래』에서는 "우리 나라 사상계, 신념계에 불교, 기독교, 신도, 유교, 심지어 천리교와 연문(蓮門) 등 미신"이 있다고 서술하면서 '신도'를 언급했고, '신도'와 구분해서 천리교와 연문 등 교파신도 계열을 '미신'으로 규정했다.[54]

이와 비교해 1903년 『통속 동서비교종교사』에서는 조금 더 진전된 논의가 보인다. 이 책에서는 동서양의 종교를 비교하면서 일본의 종교로 불교를 내세웠지만 신도에 관해서도 일부 논의하고 있다. 그에 따르면, 일본의 신도는 원래 "천연숭배와 조령숭배의 두 요소가 혼성된 일종의 자연적 종교"였으며, 아직 "윤리적 종교가 되지 않은" 상태였다. 불교가 도래한 이후 그 영향을 받으면서 신도가 발전했으며, 특히 히라타 아쓰타네(平田篤胤), 요시카와 고레타리(吉川惟足), 야마자키 안사이(山崎闇斎) 등이 "우리 나라 고대 종교에 새로운 국면"을 열었다. 하지만 이들은 단지 유교나 불교에 대항하려 준비한 것에 그치며 당시 봉건과 쇄국의 분위기에서 신도를 "세계적, 보편적 종교"의 위치로 올려놓지는 못했다.[55] 가토는 결론에서 종교를 '열등 인문교'와 '고등 인문교'로 나누고, 후자를 다시 '신화적', '윤리적'으로 구분했다. 그런 다음 '윤리적' 종교는 다시 '반(半)윤리적', '순(純)윤리적'으로 나누는데, '순윤

---

54 加藤玄智, 『宗教之將来』, 100쪽.

55 加藤玄智, 『通俗 東西比較宗教史』(有朋館, 1903), 377-383쪽.

리적' 종교에 속하는 것은 '이스라엘의 예언자 종교'·'기독교'·'불교'라고 했다. 반면, '신화적 종교'에 속하는 것 중 하나로 "고대의 신도"를 배치했다.[56] 1903년 시점의 가토에게 신도는 여전히 고대의 신화에서 완전히 벗어나지 못한 상태로 이해되었으며, 앞으로 '윤리적 종교'이자 '세계적, 보편적 종교'의 위상으로 높여야 할 '장래의 종교'였다.

이러한 입장에서 가토는 문부성 및 내무성이 취하는 신사비종교론을 정치적 타협의 산물이며 진실을 왜곡한 것이라고 비판했다. 즉, 신사비종교론은 신도의 세속적 측면만 강조하고 이와 불가분의 관계인 종교적 측면을 고려하지 않았다는 비판이다. 신도는 하나의 전체로서 세속의 성격과 동시에 종교의 성격을 가진다는 것이다.[57]

신도를 종교로 자리매김시키는 가토의 작업은 당시 서양에서도 새로운 학문 분야였던 종교학 이론을 수용하면서 본격적으로 추진되었다. 그 가운데 코르넬리스 틸레(Cornelis Petrus Tiele, 1830–1902)[58]는 아네사키와 가토의 종교학 연구에 특히 큰 영향을 끼쳤다고 지적되며,[59] 가

56 加藤玄智,『通俗 東西比較宗教史』, 389–390쪽.

57 가토에 의한 신사비종교론 비판은 그의 글 전체에서 산견되며 加藤玄智(1915),『眞修養と新活動』;『加藤玄智集』第4巻, 149쪽 이하; 加藤玄智 編,『神社対宗教』, 明治聖徳記念学会(1921); 加藤玄智,「序」,『神道の宗教学的新研究』(1922) 등에서 전개되었다.

58 코르넬리스 틸레는 네덜란드의 아르미니위스파 교회의 목사와 신학교 교수로 재직했으며, 이후 1877–1901년에 라이덴대학에 신설된 종교사, 종교철학 강좌를 담당했다. 이집트, 메소포타미아, 이란 등의 종교사 원자료에 의한 연구를 개척하는 한편, 진화론적 도식을 사용해 장대한 인류 종교사를 완성했다고 평가된다.

59 가토의 연구는 틸레의 저서 중에서도 특히 C. P. Tiele, *Elements of the Science of Religion*(W. Blackwood and sons, 1897–1899)에 크게 의거했다고 지적된다. 島薗進,「加藤玄智の宗教学的神道学の形成」,『明治聖徳記念学会紀要』16(明治聖徳記念学会, 1995), 76쪽. 틸레의 이 책은 野々村直太郎,『宗教學要論』(内外出版, 1922)으로 번역되었다.

토는 “비교종교학에 입각해 신도를 연구한 최초의 연구자”로 평가된다.[60] 틸레는 네덜란드의 프로테스탄트 신학자이자 종교사학자로, 프리드리히 막스 뮐러(Friedrich Max Müller)와 함께 종교학의 창시자로 거론되는 인물이다. 종교발달론과 종교인류학 연구자로 알려져 있다. 가토는 틸레의 종교학 이론 중에서 종교발달론과 종교유형론에 주목했다.

앞에서 살펴봤듯이, 가토는 자신의 종교학 연구의 출발점에서부터 세계의 모든 종교가 원초적 형태에서 보다 고도의 형태로 진화한다는, 즉 ‘자연적 종교’에서 ‘윤리적 종교’로 진화한다는 종교발달론을 전제로 했다. 그 이론적 근거를 제공한 것이 틸레의 종교발달론이다. 틸레에 의하면, 종교는 애니미즘에 지배되는 열등한 자연교(Lower nature religions dominated by animism) → 보다 고등한 자연종교(Higher nature religions) → 가장 고등한 자연종교(Highest nature religions) → 윤리적 종교(Ethical religions)의 순서로 진화한다. 또한 그러한 종교의 진화는 단계적으로 변화할 뿐만 아니라 인간정신이 성장함에 따라 질적으로도 변한다고 했다.[61]

가토의 종교발달론은 『종교학』(1912)에 이르러 보다 체계화되었다.[62] 이 책에서 가토는 ‘자연적 종교’를 다시 ‘열등 자연교(원시적 유일신

60 新田均,「加藤玄智の国家神道観」, 201쪽.

61 C. P. Tiele, *Hoofdtrekken der godsdienstwetenschap* (P. N. van, Kampen 8c Zoon, 1901), p. 12; Naomi Hylkema-Vos, “Katō Genchi: A Neglected Pioneer in Comparative Religion”, *Japanese journal of religious studies* 17-4(南山大学, 1990), 387쪽.

62 加藤玄智,『宗教學』(博文館, 1912). 시마조노 스스무는 『종교학』에서 가토의 종교학 연구가 집대성되었으며, 종교발달론 또한 보다 체계적으로 정리되었다고 지적한다(島薗進,「加藤玄智の宗教学的神道学の形成」 및 島薗進·高橋原·前川理子,「解説」, 10쪽). 다만 아쉽게도 필자는 해당 책을 입수하지 못했기에 시마조노의 논의에 기대어 정리했다.

敎)'와 '고등 자연교(고대 종교)'로 구분했다. 열등 자연교 중에서 가장 수준이 낮은 단계가 '소박한 배물교'이며 자연물이나 인간 자체를 신적인 것으로 숭배한다. 이 단계에서는 아직 신체적인 것과 심적인 것이 구별되지 않는다. 다소 추상적인 사고능력이 생기면 "신체적, 심적 이원의 막연한 의식계"에 진입해 고등 자연교에 이른다. 가토의 관심은 물론 '윤리적 종교'에 집중되어 있다. '윤리적 종교'는 다시 유대교, 힌두교, 이슬람, 그리스의 밀의(密義) 종교 등 '준윤리적 종교'와 철학적 바라문교, 헤브라이 예언자, 조로아스터교의 '순윤리적 종교 초기', 그리고 기독교, 불교 등의 '초윤리적 종교' 내지 '절대교'로 분류된다. 가토는 기독교와 불교를 이전 시기에 '순윤리적 종교'로 자리매김했으나, 이 시점에서는 '초윤리적 종교' 내지 '절대교'로 명명하고 있다. 그리고 기독교와 불교는 '셈 사상계'와 '아리아 사상계'의 '2대 종교사조' 계통이 궁극적으로 발전한 것으로, 각각 '객관적 절대교'와 '주관적 절대교'로 특징지어진다.[63]

가토의 종교발달론은 이전의 『종교신론』보다 『종교학』에서 정리된 형태로 제시되었지만 기본적인 종교 이해는 변함이 없었다. 즉, 가토는 1900년 무렵 일본의 종교론에서 널리 통용된 "불교·기독교 2대 세계종교론"을 토대로 하면서, 서양 사상을 대표하는 기독교에 대항하기 위해 불교를 높이 평가하고 강조해 왔다. 불교는 '윤리적' 종교로 파악되었고, '종교'로 강조되었다. 그렇기 때문에 여기에 신도가 논의에 등장할 여지는 희박했다.

이러한 그의 종교발달론이 신도발달론의 형태로 전개된 것은 1922년 『신도의 종교학적 신연구』에 이르러서다. 이 책에서 가토는 종

63 島薗進, 「加藤玄智の宗教学的神道学の形成」, 77쪽 이하.

교가 '자연교(Nature Religion)'에서 '문명교(Culture Religion)'로 발달한다고 전제하면서, 신도 또한 '자연교 시기'의 '원시 신도'에서 '문명교 시기'의 '윤리적·지적 종교'로 발달한다고 주장하기에 이르렀다.[64] 다만 일본에서 천황숭배가 자연교 시기의 여타 종교에서 보이는 인물 숭배와 같은 낮은 수준의 신앙에 머무르지 않고, 문명교 시기에 이르기까지 도덕과 지식의 진보와 함께 발전한 점을 주의해야 한다고 강조했다. 그의 신도 구상에서 신도의 종교적 윤리성은 천황숭배와 불가분의 관계에 있다. 천황숭배는 자연교 시기에도 이미 있었지만 문명교 시기에는 더욱 발전해 이노우에가 말한 '천황교(Mikadoism)' 및 라프카디오 헌(Patrick Lafcadio Hearn)이 말한 '충의교(Religion of Loyalty)'의 형태가 되었다고 보았다. 이것이 신도의 발달 과정에서 나타난 특징이며, "우리 천황의 덕치주의"에 비춰 보면 명료하다고 그는 거듭 주장한다.[65]

이전 시기의 가토는 종교발달론상에서 신도를 여전히 충분히 발달하지 못한 신화적인 것으로 이해했으나, 이 시점에 이르러서는 신도를 '문명교'로 위치시키면서 '윤리적·지적 종교'라고 말한다. 이러한 가토의 재해석에 이론적 근거를 제공한 것은 틸레의 종교발달론이지만, 그와 동시에 신도가 '문명교', '윤리적·지적 종교'로 자리매김한 결정적 계기는 천황숭배에 관한 재해석임이 분명하다. 그리고 가토의 천황숭배에 관한 재해석에 이론적 근거를 제공한 것 역시 틸레의 이론이었다. 다음에서 살펴보자.

64 加藤玄智, 『神道の宗教学的新研究』, 1쪽 이하 및 131쪽 이하.
65 加藤玄智, 『神道の宗教学的新研究』, 249쪽.

2) 신인동격교: 데우스호모(Deus-Homo)로서 천황, 그리고 노기 장군

신과 인간의 교섭 방식에 따른 종교 유형으로, 틸레는 'Theocratic Religion'과 'Theanthropic Religion'을 제시했는데, 가토는 이를 '신인현격교(神人懸隔教)'와 '신인동격교(神人同格教)'로 번역하고, 각각에 기독교와 불교를 배당하여 설명했다.[66] 위에서 기독교와 불교를 가리킨 '객관적 절대교'와 '주관적 절대교'는 이러한 이해에 바탕을 둔 것이다.[67]

틸레의 종교 이론에 의거해 불교를 신인동격교로 설명하는 작업은 가토의 출신 종교인 불교·정토진종을 기독교와 같은 위상의 종교로 제시하려는 목적에서 시작되었다. 우선, 가토는 『종교학상에서 본 석가모니불』[68]에서 관련 논의를 시작했다.[69] 불교는 종교가 아니라 윤리도덕이라는 당시의 비판에 대한 반론으로 가토는, (1) 제자들이 석가를 신으로 봤다는 점, (2) 석가가 자기 자신 안에서 신과 인간의 합일을 실현했다는 점을 들면서 불교가 종교임을 증명하고자 했다. 불교에 신이 부재하는 것도 아니고 신과 인간의 교섭이 없는 것도 아니며, 다만 신 관념 그리고 신과 인간의 교섭 방식에서 기독교와 차이가 있다고 설명한 것이다. 즉, 기독교에서 신과 인간 사이에 교섭이 이뤄지는 방식과 달리, 불교에서는 석가모니가 인성 안에 신성을 가지고 있다는 말이다. 이렇게 불교를 신인동격교적인 종교로 설명하면서 기독교와 나란히 고

---

66 '신인현격교'와 '신인동격교'는 각각 틸레의 'Theocratic Religion'과 'Theanthropic Religion'을 의역한 것이다. 島薗進·高橋原·前川理子, 「解説」, 10쪽.

67 島薗進·高橋原·前川理子, 「解説」, 각주 24.

68 加藤玄智(1910), 『宗教学上より見たる釈迦牟尼仏』; 『加藤玄智集』 第3卷.

69 島薗進·高橋原·前川理子, 「解説」, 각주 24.

등 종교로 위치시킨 점에, 가토의 독자적인 종교론의 토대가 구축되었다고 평가된다.[70]

불교를 신인동격교로 해석한 가토의 작업은 종교로서 신도의 특성을 설명하기 위한 전제가 되었다는 점에서 중요하다. 그가 기본적으로 마주한 문제는 신사비종교론에 대응해 신사신도를 종교로 설명하는 일이었으며, 특히 신도가 기독교와 같은 유일신이 없고 무엇보다 종교의 특성인 신과 인간의 교섭이 없다는 기독교 측의 비판에 반론이 필요했다. 그리하여 가토는 틸레의 신인동격교 이론에 의거해 불교와 석가모니를 해석했던 자신의 논의를 신도와 천황을 설명하기 위한 논리로 활용했다. 『우리 건국사상의 본의』(1912)에서는, 기독교의 신 관념을 비판하면서 신도의 특성과 신에 대한 이해를 다음과 같이 설파한다.

> 우리 나라는 예로부터 천황을 묘진(明神) 또는 아라히토가미(現人神)라고 존칭하고 있으며, 천황이 Deus-Homo임을 인정하고 있습니다. 사람 속에서 신을 보는 것은 틸레 교수가 말한 소위 신인동격교의 특징 중 하나로 결코 나쁜 것이 아닙니다. 신인동격교 중에는 기독교에 뒤떨어지지 않는 불교라는 매우 큰 정신적, 윤리적 종교 또는 절대교가 있으므로, 신인동격교적으로 사람 속에 신을 보는 것은 결코 틀린 사상이 아닙니다. (…) 이 신인동격교의 의미에서 나온 것이 일본의 신도이며, 즉 일본에서는 천황 폐하가 신임을 인정하고, 천황 폐하가 Deus-Homo임을 인정한 다음에 구세주 관념에 관해서는 그 황자인 야마토타케루노미코토(日本武尊)의 내력이 옛적에 나타난 것은 우연이 아니라고 생각합니다. 또 이를 거꾸로 보면, 신의 아들인 구세주의 위치를 야마토타케루노미코토가 차지하신

70 島薗進·高橋原·前川理子, 「解說」, 10쪽.

것은 일본의 천황 폐하가 서양에서 신의 위치를 차지하고 계시다는 사실을 우리에게 알리는 단초가 됩니다.[71]

이런 주장의 배경에는 종래 신도에서 천황을 신으로 섬기는 것, 즉 "사람 속에서 신을 보는 것"은 제대로 된 종교가 아니라는 비판이 있다. 신도 비판에 대해 가토는 틸레의 신인동격교에 근거해 그 대표적 종교로 윤리적 종교인 불교가 있다고 거론하면서, 일본의 신도 또한 신인동격교에서 나온 종교라고 주장한 것이다. 신도는 불교와 비견할 수 있는 윤리적 종교이며, 천황을 "데우스호모(Deus-Homo)" 즉 신인(神人)으로 보는 것이 종교학 이론에 비춰 봐도 정당하다는 것이다. 흥미로운 점은 천황을 신인으로 보는 시각을, 황자 야마토타케루노미코토를 구세주로 자리매김함으로써 보강한다는 점이다. 야마토타케루노미코토는 『고사기(古事記)』와 『일본서기(日本書紀)』 등에서 등장하는데, 12대 게이코(景行) 천황의 황자로 서방 정벌과 동방 정벌에서 활약해 특별히 용맹하다고 전해 내려오는 신화 전설 속의 영웅이다. 삼종의 신기(神器) 중 신검(神劍)인 구사나기노쓰루기(草薙劍)의 주인이라고도 전해진다. 가토는 천황을 신인으로, 신화 전설 속의 황자를 구세주로 제시함으로써, 신도를 종교로 정의하면서 불교뿐 아니라 기독교를 모델로 의식하고 있음을 보여 준다. 신도는 기독교와 종교 유형이 다를 뿐, 신과 구세주 관념에서 유사한 구조를 가진다는 것이다.

가토의 신인동격교에 의거한 신인론은, 1912년 메이지 천황 사거와 이를 따른 육군대장 노기 마레스케(乃木希典, 1849-1912)의 할복자살에 자극을 받아 또 다른 국면을 맞이했다. 그해에 가토는 곧장 메이지

71 加藤玄智, 『我建國思想の本義』, 164-166쪽.

천황의 '성덕'을 기리며 신도 연구를 목적으로 한 메이지성덕기념학회를 창립했으며, 『신인(神人) 노기 장군』[72]을 간행했다. 이전에는 천황교나 충효교를 종교로 이해하는 한편 이를 국체론적 국민도덕과 연계했으나, 1912년 두 사건을 계기로 이들 요소를 신도의 이름 아래 포괄하는 방향으로 나아갔다.

가토는 노기의 순사(殉死)에서 천황과는 또 다른 차원의 '신과 인간의 교섭'을 도출해 냈다. 그러한 종교성의 발현을 가토는 다음과 같이 말한다.

> 인간은 지금 노기 장군에게서 신적이며 순수하게 몰아적인 행동을 눈앞에서 목격하게 되었다. 만신(滿身)이 지성(至誠)이며 전신(全身)이 적성(赤誠)이라는 지성의 신을 사실로써 보여 준 것이므로 노기 장군에게서 신인(神人) 즉 '데우스호모(Deus-Homo)'를 느낄 수 있는바, 이는 곧 예수의 인격에서 신격의 출현을 보고, 교주 석가의 인격에서 신격을 보며, 석가의 인성 중에서 신성을 그 제자들이 감득한 것과 동일한 것이다.[73]

노기의 순사는 가토에게 신도를 재해석할 자극을 주었다. 메이지 천황을 좇아 순사한 노기는 기독교의 순교자와 같은 존재인 동시에, "지성(至誠)의 신(神)"을 몸소 보여 주었다는 점에서 "신인(神人), 즉 데우스호모(Deus-Homo)"로 보아야 한다고 가토는 말한다. 가토는 앞서 신도의 '신인'으로서 천황을 위치시킨 한편, 여기에서는 노기를 '신인'으로 부른다. 주목할 점은 노기가 '신인'이 되는 방식이다. "예수의 인격에서

72 加藤玄智(1912), 『神人乃木將軍』; 『加藤玄智集』 第3卷, 44쪽.

73 加藤玄智, 『神人乃木将軍』, 56-57쪽.

신격의 출현"을 본 제자들처럼, "석가의 인성 중에서 신성을 그 제자들이 감득한 것"처럼, 노기가 천황의 신성에 감득되어 자기 자신이 '신인'이 되었다는 것이다. 이는 가토가 중요하게 여겼던 '자기도 (아미타불을) 믿고 다른 사람도 믿도록 가르친다[自信敎人信]'는 정토진종의 가르침을 신도의 신 관념을 이해하는 데 대입한 것으로 볼 수 있다. 노기는 '자기도 천황을 믿고 다른 사람도 가르쳐 믿게 한다'는 것을 죽음으로 보여줌으로써 '신인'으로 자리매김될 수 있었던 것이다. 가토는 노기에게서 발견한 '지성'을 불교의 자비, 기독교의 박애와 견줄 수 있는 요소라고 하면서, '지성'이야말로 "일본인이 오랫동안 종교상의 근본의로 이해해 온 것"[74]이라고 주장한다. 그의 논리에 따르면 '지성'을 통해 비로소 인간은 신이 될 수 있으며, 신도에서 천황과 노기 장군, 더 나아가 기타 신들을 연결할 수 있기 때문이다.

1922년 『신도의 종교학적 신연구』에서는 신도가 진화의 높은 단계인 문명교 시기에 이르면, 신인동격교의 성격은 "만유신관(범신론)이나 유심론의 형태를 띠고 윤리적·지적으로 발전한 고상한 종교성"을 띠게 된다고 주장하기에 이른다. 거기에서 신도적 윤리성은 '마코토(誠)', '마고코로(眞心)', '쇼지키(正直)' 등의 개념으로 표상되며, "윤리적·정신적 해탈"의 경지에 도달한 것으로 제시되었다.

가토는 신도 연구의 일환으로 1919년 무렵부터 생사(生祠) 연구를 시작했다. 생사란 생존 중인 인물을 신으로 기리는 것을 의미한다. 그는 근세 초기부터 당시까지 행해진 생사 신앙의 실태를 문헌 연구와 사례 연구를 통해 추적했다. 가토의 착안점은 각각의 생사에서 신앙이 그가 정의하는 의미에서 '종교적'인가 아닌가, 또 '문명교'적인가 아닌

74 加藤玄智, 『神人乃木將軍』, 168쪽.

가 하는 점이었다. 이 연구는 10여 년의 시간을 거쳐 1931년『우리 나라 생사 연구: 생사의 사실과 심리 분석』[75]으로 간행되었다. 가토는 일본인의 종교의식에서 신인동격성을 사후의 사람을 기리는 사령숭배나 조상숭배뿐 아니라, 생전의 사람을 기리는 생사 사례를 조사함으로써 도출하고자 했다. 그의 신도발달론에 의하면, 자연교 시기의 천연숭배는 문명교 시기에 이르러 유덕한 인격이 생사(生祠)되는 '인즉신(人卽神)'의 인격숭배가 된다. 사례 조사에서는 노기 장군의 생사도 발견되었는데, 이는 노기 신앙과 신도의 관계를 결정적으로 확립하는 계기가 됐다. 생사 연구 중에는 메이지 천황의 생사 사례도 있다. 이전 시기까지 황조황종에 대한 숭배는 있어도 천황을 신으로 여기는 이해는 확정적이지 않았으나, 이 연구를 통해 신도의 신으로서 살아 있는 천황을 숭배하는 근거가 마련되었다.

4. 신도에 대한 정의

1) 신도의 체계

가토가 신도 연구에 본격적으로 매진한 것은 1920년 도쿄제국대학 문학부에 신도 강좌가 설치되어 조교수로 취임하면서부터다. 신도 강좌는 이노우에의 제안에 따른 것이었으며, 당초 이노우에 자신이 담당할 것을 의뢰받았으나 제자인 가토와 다나카 요시토(田中義能, 1872–

75 加藤玄智,『本邦生祠の研究: 生祠の史實と其心理分析』(明治聖德記念學會, 1931).

1946), 미야지 나오카즈(宮地直一, 1886-1949) 세 사람에게 맡겼다.[76] 이로써 1921년 이후 가토는 육군사관학교 교수를 주임으로 하면서 도쿄제국대학 문학부 신도 강좌 조교수를 겸임하게 되었다. 신도 강좌 교원 가운데 다나카 요시토는 교파신도 연구를 중심으로 수행했다. 도쿄제국대학 사학과를 졸업한 미야지 나오카즈는 내무성 신사국 소속 관료로 근무하면서 신사·신도 행정에서 활약했는데, 이와 병행하여 대학에서 신도사를 강의했다. 그리고 가토의 신도 연구는 신도를 종교로 자리매김하는 작업으로 전개되었다.

정부 정책의 신사비종교론과 더불어 학계에서도 신도 연구가 진행됨에 따라 신도가 종교인가 아닌가라는 물음이 수면 위로 올랐다. 이 문제는 가토가 설립해 관여해 온 메이지성덕기념학회에서 집중적으로 논의되었으며,[77] 도쿄제국대학 가토의 강의에서도 다뤄졌다. 가토는 신도종교론 입장에서, 메이지 신궁과 노기 신사의 신인동격적 성격을 지적하며 지적·윤리적 시대에 걸맞는 종교의 좋은 예라고 설파했다. 생사 연구를 통해 신황숭배와 위인숭배를 연결하면서 이 둘을 종합하여 하나의 신도 체계를 구상하고자 한 것이다.

이상과 같은 문제를 고민하고 연구를 진행하는 과정에서 가토는 신도 개념을 세분화하기 시작했다. 1922년 『신도의 종교학적 신연구』에서는 우선 신도를 이노우에 데쓰지로에 따라, '국체신도', '신사신도', '종파신도'와 같이 세 가지로 분류했다.[78] 이와 동시에 가토는 '국체신

76 遠藤潤, 「文学部神道講座の歴史的変遷」, 『東京大学史紀要』 13(1995), 1-16쪽 및 각주 3; 井上哲次郎, 『井上哲次郎自伝』(冨山房, 1973).

77 메이지성덕기념학회 홈페이지에 가토의 논문 및 강연이 게재되어 있다. http://meijiseitoku.org/intro.htm. (최종 검색일: 2023. 8. 20.)

78 加藤玄智, 『神道の宗教学的新研究』, 245쪽 및 272쪽.

도'라는 말을 이노우에가 명명했다고 밝힌다. 기존에 종교 행정의 분류 용어로 사용하던 '신사신도'와 '종파신도'에, 이노우에의 고안에 따른 '국체신도'를 중요한 개념으로 더하면서 신도를 종교학 입장에서 본격적으로 논의하고자 한 것이다. 그리고 이 책 전체에 걸쳐 '신도'라는 용어를 사용할 때마다, '신도'란 곧 '국체신도'와 '신사신도'를 의미한다고 집요하게 부연 설명을 하면서, '국체신도'야말로 "실로 신도의 본질 생명이 유래하는 곳"이라고 강조한다.[79] '국체신도'는 또 다른 말로 "국민정신", "충효교", "천황교(Mikadoism)", "야마토 다마시(大和魂, 일본정신)" 등으로 불렸다.

1922년의 신도론을 보충하여 가토가 집대성한 것이 『신도의 종교발달사적 연구』(1935)와 『신도정의』(1938)이다.[80] 이들 작업에 의해 가토는 "'국가적 신도'론의 원점일 뿐 아니라, 근대 '신도'론의 하나의 원점"으로 평가된다.[81] 1938년 『신도정의』에서 가토는 하나의 종교 체계로서 신도를 〈표 1〉, 〈표 2〉와 같이 정식화했다.

1922년의 신도 구상에서는 신도를 '국체신도'와 '신사신도'를 포함하는 것으로 설명하고 '종파신도'를 별도로 취급했다. 이와 비교하면 1930년대에 이르러서는 '신도'를 크게 '국가적 신도'와 '종파적 신도'로 양분하고, '국가적 신도' 안에 '국체신도'와 '신사신도'를 포함시켰다. 신도의 주요 개념으로 '국가적 신도'를 도입하고 그 아래에 '국체신도'와 '신사신도'를 둔 점과, 신도에 '종파적 신도'를 포함시킨 점이 특징적이

79 加藤玄智, 『神道の宗教学的新研究』, 245쪽 및 272쪽.

80 加藤玄智, 『神道の宗教発達史的研究』(中文館書店, 1935); 加藤玄智, 『神道精義』; 『加藤玄智集』 第6巻(1938).

81 新田均, 「加藤玄智の国家神道観」; 新田均, 「「国家神道」研究史の整理の開始と加藤玄智との出会い」.

〈표 1〉 신도의 체계 (『신도정의』, 232쪽)

- 神道
  - (第一) 國家的神道
    - (一) 國體神道
    - (二) 神社神道
  - (第二) 宗派的神道 — 即ち十三派神道

〈표 2〉 신사의 유형 (『신도정의』, 234쪽)

- 神社
  - (第一) 主型 — (天皇奉祀の神社)
  - (第二) 從型
    - (一) 臣下其他の偉人奉祀の神社
    - (二) 天然神奉祀の神社

다. 이노우에가 국가주의적 국민도덕론에서 제시한 이들 개념을 가토는 신도 구상에 적극적으로 활용한 것이다. 한편, '국가적 신도' 개념은 앞서 언급했듯이 가토의 1926년 영어 논문에 'State Shinto'라는 용어로 제시된 바 있다. 또한 1935년 『신도의 종교발달사적 연구』에 〈표 1〉과 동일한 도식이 게재되어 '국가적 신도' 용어가 등장했다. 이를 보완한 것이 위에 제시한 구상이다.

이 가운데 가토가 가장 중요하게 생각한 것은 '국체신도'다. 그는 '국가적 신도' 중에서도 '국체신도'에 신도의 정수가 있다고 설명한다. 그에 따르면, 국체신도는 신황(神皇)을 배대(拜戴)하는 것, 즉 신황신앙을 내용으로 한다. 또한 국체신도는 '무형'이다. 그것이 붉은 도리이(鳥居, 신사 입구에 세운 기둥 문)나 시메나와(しめ縄, 금줄) 등으로 상징되어 '유형'이 된 것이 '신사신도'다. 가토는 이러한 양자의 관계를 '실재와 현상'의 관

계로 설명한다. 현상즉실재론은 일찍이 이노우에 데쓰지로가 서양철학사의 유심론과 유물론의 이분법을 비판하면서 주창한 철학 체계다. 이노우에는 세계가 인간이 감각하고 인식할 수 있으며 시시각각 변화하는 현상과, 현상의 근원이지만 감각도 인식도 못 하고 다만 관념으로 파악할 수 있는 상주불변하는 실재로 이뤄졌다고 주장했다.[82] 가토는 국체신도가 실재이며 신사신도가 현상이라 설명하고 이 둘을 묶어 '국가적 신도'로 정의함으로써, 국체신도를 신도의 본질로 삼으면서 신사신도와 불가분의 관계로 제시한 것이다. 가토의 국가신도론은 그 세계관부터 기본 개념까지 이노우에의 영향 아래 있었으며, 이를 종교학 연구와 신도 연구를 통해 전개한 것이었음을 확인할 수 있다.

또 하나 흥미로운 점은 이 정의에 따른 신사의 유형 분류다(〈표 2〉). 모든 신사는 신황신앙을 구상화한 것이지만, '신사의 전형'은 천황봉사의 신사(主型, 이세신궁 등)이며 그다음이 신하 및 위인을 봉사하는 신사(從型 1), 마지막으로 기타 천연신을 봉사하는 신사가 위치한다(從型 2). 이러한 신사 서열은 메이지 이래 사격제도에 의한 상식과 다른 면이 있다고 지적되는데, 가토의 유형 분류에 따르면『고사기』,『일본서기』에 나오는 유서 깊은 신들이라도 천조황조가 아닌 신, 예를 들어 천연신의 전형이라는 아메노미나카누시노카미(天之御中主神)는 신하 및 위인보다 하등 차원의 제신(祭神)이 된다.[83] 이는 그의 신도 연구에서 자연교 시기의 원시 신도에서부터 문명교 시기의 인격적, 윤리적·지적 종교로 발달한다는 신도발달론에 따른 결과다.

더욱이 주목할 점은 각 신도의 관할기관에 관한 것이다. 가토에

82 井上哲次郎(1897),「現象即実在論の要領」,『哲学雑誌』13-123;『井上哲次郎集』第9巻;「현상즉실재론의 요령」,『철학과 국가』, 214-257쪽 참조.

83 前川理子,「加藤玄智の神道論: 宗教学の理想と天皇教のあいだで(1)」, 95쪽.

따르면, 신사신도는 내무성 신사국이, 종파적 신도는 문부성 종무국이 관할하는 반면, 국체신도는 관할기관이 특정되지 않는다. 국체신도는 “교육기관에 의해 홍포”되어야 할 것으로 제시되어 있다. 즉, 국체신도는 교육기관에서 교육칙어를 중심으로 일본 전국 교육자가 이를 선전해야 하며, 널리 일본 국민 전체가 신자로서 받들어야 한다는 것이다. 경전으로는 우선 “국가적 신도의 근본 성전이라 칭해도 결코 지장 없는” 교육칙어가 꼽히며, 군인칙유, 제국헌법, 쇼토쿠 태자의 17조 헌법, 『고사기』, 『일본서기』, 기타 천황에 의한 축사 또한 “국가적 신도의 성전”에 부합한다고 가토는 말한다. 신화 시대를 포함한 역대 천황의 말과 의사가 바로 국가신도의 경전을 이루며, 이를 전국 교육기관과 교육자가 일본 국민 전체를 대상으로 널리 가르쳐 신자로 양성하라는 것이다. 이렇게 신도에 관해 이른바 종교의 기본 요건을 설명함으로써 가토의 종교로서 신도의 체계화는 일단락되었다.

2) 국민적 종교로서 신도

한편, 가토는 기독교와 불교로 대표되는 ‘세계적 종교’와 이스라엘이나 그리스·로마 등의 ‘국민적 종교’라는 종교 구분 사이에서 신도의 자리매김을 고민하고 있었다. 가토에 따르면, 일본의 신도는 국민적 종교에 가까워 일본 신민이라면 모두 종교로서 신도를 숭경해야 하고 타 종교 신봉자도 예외가 아니다. 즉, 헌법 28조에 ‘신교의 자유’가 있다고 해도 그것은 무조건적인 자유가 아니며, 일본 신민은 모두 신도를 국민적 종교로서 받아들인다는 전제하에 타 종교 신봉자가 이른바 종교의 자유를 향수할 수 있다는 것이다.[84] 하지만 가토는 신도가 반드시 ‘국민적 종교’에 수렴되는 것만은 아니라고 생각했다. 그는 신도가 ‘세계적 종교'에 뒤떨어지는 것이 아니라, 오히려 그들을 포섭하면서 보다 높은 윤리성을 가질 수 있다고 주장했다.

앞서 살펴본 것처럼 가토가 국체와 천황에 관해 종교학적 재해석을 전개함에 따라, 이와 같은 신도의 자리매김에 관한 고민이 깊어졌다.

> 일장일단이 있는데, 망국의 국민인 유대인이 일찍이 야훼가 일종의 도덕적 표상(寫象)을 가지기에 이윽고 기독교라는 윤리적이며 세계적인 일대 종교를 산출하여 세계 인류의 문화에 공헌한 것은 장점이다. 이와 비교하면 우리 종교가 오랫동안 국민적 종교의 범위를 벗어나지 못했지만 일본은 이윽고 만세일계의 황실을 모시고 세계 비할 바 없는 국체를 온양하게 되었으니 이는 실로 우리 장점이며 세계 만국에 자랑할 만하다.[85]

이제 가토는 신도를 당당히 기독교와 견주어 본다. 다만 기독교가 '세계적 종교'인 것과 달리, 신도는 '국민적 종교'의 범위를 오랫동안 벗어나지 못했다는 차이가 있다. 그럼에도 신도는 만세일계의 황실을 중심으로 세계 비할 바 없는 국체를 빚었으니 자랑스러운 일본의 종교라는 것이다.

이 시점에서 가토는 신도를 '국민적 종교'로 정의할 것인가, 아니면 '세계적 종교'를 지향하는 것으로 정의할 것인가 고민이 깊었다. 그에 따르면, '국민적 종교'란 각국의 국가사상 및 국민정신과 일치하고 그러한 종교의 신은 "국민의 수호신", "일국의 진수(鎭守) 신"이며, 일본에서 신도는 그러한 종교다. 하지만 동시에 '국민적 종교'는 "세계 인류

---

84 加藤玄智, 『神道の宗教学的新研究』, 373쪽.

85 加藤玄智, 『我が国体と神道』, 48쪽.

등 넓은 이상을 가지기 전 지식 발달 단계에 나타난 종교"라고 이해되었다.[86] 또한 이와 관련해 일본의 신도는 국운이 융성함에 따라 '국민적 종교'에서 벗어나 "세계적인 성질"을 가져야 한다는 여론을 가토는 의식하고 있었다. 하지만 그런 말을 학자들의 탁상공론이라고 치부하면서, "원래 국민적 종교인 신도가 어디까지 세계의 종교가 될 수 있는가? 또 애초에 그렇게 될 수 있는가? 그렇게 된다면 이후 이해관계는 어떨지 의문"이라고 토로한다.

그가 주저하는 데는 이유가 있었다. 이스라엘의 예를 보건대 국민적 종교가 세계적 기독교로 바뀐 경우도 있기는 하다. 하지만 이는 강대국 사이에 민족적 압박을 받고 결국 나라가 망해 국민이 실망과 낙담의 나락으로 떨어진 경험의 결과로 분출한 종교심이 기독교라는 세계적 종교를 산출한 것이다. "하지만 오늘날의 일본은 완전히 국가 사정이 다르며 멸망하기는커녕 국운이 융성하고 국가가 팽창하는 이른바 가장 자신감 넘치는 시대"를 맞이하고 있는바, 이런 상황에서는 이스라엘의 종교와 같은 세계적 종교가 나오지 않는다는 것이다.[87]

하지만 한편으로 가토는 신도가 세계적 종교가 될 가능성을 완전히 떨쳐 버리지 못했다.

> 지금 일본은 영토 확장, 세계적 제국의 확립과 발맞춰 세계 종교가 또 일본에서 나와야 한다고 해도 이는 상당히 이스라엘의 종교와 다르리라는 것이 분명하다. 또한 다른 예를 들자면 현대의 세계 종교, 인도의 불교와도 상당히 다른 모습의 종교여야 한다고 생각하는데, 과연 가능할지 어떨

86 加藤玄智, 「補說」, 『我が国体と神道』, 75쪽.
87 加藤玄智, 「補說」, 140-144쪽.

지 대단히 의문이다.[88]

식민지 확장에 의해 세계적 제국으로 발돋움한 일본에서 세계적 종교의 출현에 대한 요구를 가토는 고려한다. 하지만 신도를 세계적 종교로 추구하는 것은 끝까지 망설인다. 그 이유는 이스라엘의 역사와 현재 일본의 국가 상황이 다르다는 점에만 있지 않다. 또 다른 이유로 가토는 로마제국의 황제숭배가 기독교와 갈등을 겪다가 제국이 멸망한 역사를 거론한다. 신도를 세계적 종교로 만들려고 하다가 오히려 천황 숭배를 위태롭게 만들어 일본 제국의 멸망을 초래할 위험이 있다는 것이다. 가토는 이러한 자신의 논의를 "지나치게 소심"한 생각에 기인한다고 첨언하면서도 거듭 주의를 당부한다.[89]

한편, 오늘날 일본의 "국운 발전, 국가 팽창"을 볼 때 또 "사해형제, 만국이웃"을 말하는 상황에서, "국민도덕, 국민사상"을 "편협주의"와 분리해 "세계주의"와 조화를 이뤄 나가야 한다고 가토는 주장한다.[90] '사해형제, 만국이웃'이란 물론 제국주의를 포장한 말이며, 조선, 대만 등에 대한 식민 지배 관계를 의식한 말이다. 따라서 국민도덕·국민사상과 세계주의의 조화란 제국 일본의 신민으로서 국민도덕·국민사상의 식민지적 확장에 다름 아니다. 즉, 가토는 일본의 국체 보전을 위해 신도를 '국민적 종교'로 한정해 정의하는 한편, '국민도덕·국민사상'의 세계적 확장을 기대한 것이다.

88 加藤玄智, 「補説」, 145-146쪽.

89 加藤玄智, 「補説」, 149쪽.

90 加藤玄智, 「補説」, 149-150쪽.

5. 국체신도의 의미

1) 신황신앙

국가신도의 중핵은 '국체신도'이며, 이는 곧 '신황신앙(神皇信仰)'이라고 가토는 거듭 강조한다.[91] '신황'은 그의 국가신도론과 정교일치적 국체론 구축에서 핵심 개념이므로 사상의 전개에 따라 그 의미를 확인할 필요가 있다. 가토는 초기 국가신도론에서 종교적 신으로 '천황'을 자리매김했는데, 1930년대 이후 '신황'이란 용어를 전면에 내세우기 시작했다. 1932년 『일본인의 국체신념』에서 신황숭배에 관한 주장을 본격적으로 전개했다. 제1장은 '신황이 내보이신 신국 일본'이라는 제목 아래 다음과 같이 시작한다.

> 우리 국체의 진제(眞諦)인 건국 정신의 본의가 어디에 중점이 있는가는 한마디로 말할 수 있다. 신황 통치의 신국 일본이 바로 그것이다. 환언하자면, 일본의 천황은 단순한 인간이 아니라 신으로 계시는 천황이고, 그분이 예로부터 지금까지 일계 연면하여 통치하신 일본이며, 그렇게 특수한 위치에 있는 나라가 우리 일본이다.[92]

여기에서 가토는 천황과 구별하여 의식적으로 '신황'이라는 용어를 사용한다. 그리고 이 신황의 용어에는 천황을 종교적 신(神)인 동시에 정치적 황(皇)이라는 정교일치적 존재로 정의하려는 의도가 잘 드러

---

91 加藤玄智, 『東西思想比較研究』(京文社, 1924), 290쪽; 前川理子, 「加藤玄智の神道論: 宗教学の理想と天皇教のあいだで」(1), 94쪽 이하 참고.

92 加藤玄智(1932), 『日本人の国体信念』; 『加藤玄智集』 第5巻, 1쪽.

나 있다. 이에 따라 신화와 전설의 상징성을 담아 회자되던 '신국' 일본이라는 표현도 이제 '황국' 일본과 같은 의미로 말하기 시작한다. 그러므로 일본에서 "황도 즉 신도, 신도 즉 황도"가 된다고 가토는 설명한다. 왜냐하면 이는 동일한 천황을 인간으로 우러러보면 '황도'이고 신으로 우러러보면 '신도'가 되기 때문이며, 또한 "신황봉대라는 우리 건국의 근본정신"에 비춰도 그렇기 때문이라고 한다.[93] 가토의 목적은, 신황봉대를 단지 관습적 신앙이 아니라 국가적 신도라는 종교 체계 내에서 설명하는 데 있다. 이윽고 가토는 '신황교'라는 개념을 제시하기에 이른다.

> 국가적 신도 (…) 본질은 우리 건국의 정신, 국체 그 자체에 연원한다. 그러므로 그 무형의 본질, 형이상적 방면은 국체신도라고 할 것이며, 그 형이하의 구체적 표상은 신사의 건물에 표현되므로 이 방면은 신사신도라고 칭해도 무방하다. 이 신황교 국체신도가 구체적으로 표현된 신사의 좋은 전형으로 오래된 것은 이세황대신궁이며 새로운 것은 메이지신궁이다.[94]

국가적 신도를 국체신도와 신사신도로 구분하고 형이상학적 무형과 형이하학적 유형으로 설명하는 구도는 앞서 살펴본 내용과 같다. 다른 점은 국체신도를 '신황교'로 부른다. 이노우에의 '천황교' 명명을 공유하던 가토가 이제 국체신도, 즉 신황신앙이라는 자신의 이해를 발전시켜 '신황교'라고 말하기 시작한 것이다.

93 加藤玄智,『日本人の国体信念』, 32-33쪽.

94 加藤玄智,『日本人の国体信念』, 33쪽.

신황이라는 존재 방식은 한편으로 가토가 틸레의 신인동격교에 의거해 신도에서 신과 인간의 교섭 관계를 종교학적으로 구상한 끝에 도달한 결론이기도 하다. 하지만 그와 동시에 가토의 신황 개념은 더 이상 종교학으로 설명하기 어려운 절대 신앙의 차원으로 넘어간다. "국가적 신도의 신수·중핵이 천황에게 아키쓰카미(明津神)를 보고 이를 모시는 아키쓰카미 신앙·아라히토가미(現人神) 신앙, 즉 신황신앙"으로 귀결되었다고 가토는 정의한다. 그렇게 해서 "국가의 원수인 천황이 곧 신황이라는 신앙"이 확립된다.[95]

이로부터 가토는 국가적 신도가 신황배대의 종교이지만 헌법 28조에 규정하는 신교의 자유와 어긋나지 않는다고 주장할 수 있었던 것이다. 그런데 흥미롭게도 가토는 이런 주장을 하면서 정부의 신사비종교론에 대해 이중적인 이해를 보인다. 한편으로는 정부에서 국가적 신도를 종교 범주에서 제외했기 때문에 불교, 기독교 신자를 비롯해 어떤 종교의 신자라도 이세신궁이나 메이지신궁 참배가 가능하다고 기꺼이 말한다. 가토는 종교 행정의 신사비종교론을 비판하고 신사종교론을 주장했지만, 기성 종교를 포괄하고 또 넘어서는 초종교적인 것으로서 국가신도를 구상함으로써, 결과적으로 신사비종교론과 직접적인 대립을 피한 것이다. 하지만 다른 한편으로 가토는 정부의 신사비종교론은 그야말로 흠정헌법의 근본 의의를 이해하지 못한 것이라고 비판한다. 대일본제국헌법은 원래 불문율로 내려온 국체에 관한 사항, 즉 그 정화인 "우리 국민의 신황신앙"을 성문율로 표현한 것에 다름 아니기 때문이라는 것이다.[96]

95 加藤玄智, 『神道精義』, 165쪽.

96 加藤玄智, 『日本人の国体信念』, 36-38쪽.

한편, 가토는 신황신앙의 또 다른 축으로서 국가적 가족제에서 천황의 '부장애(父長愛)'를 강조한다.[97] 게다가 가토는 이러한 '족부 정치'는 '헌법 정치'가 시행되는 바탕을 이루었으며, 현재 일본은 세계 문명국 중 "헌법 정치와 족부 정치를 병행하는 국가"로서 유일하다고 칭송한다.[98] 국가적 가족제에서 부장(父長)으로서 천황상은 새로운 국체론의 요소로서 천황신위와 함께 제시된 것이다. 이로부터 가토의 신황신앙이 그의 새로운 국체론과 중첩되는 구조와 의미를 가진다는 것을 알 수 있다.

가토는 이상과 같은 신황신앙의 의미에 따라, 이번에는 국가적 신도의 양면을 다시 설명한다.

> (…) 국가적 신도는 일본의 국민적 종교라는 일종의 종교에 속한다. 이는 실로 신황배대, 신황신앙에서 신(神)의 방면에서 본 귀결이다. 황(皇)의 방면에서 고찰하면 국가적 신도는 국민도덕의 방면, 국가적 의례의 형상을 전개해 왔다. 일본에서는 '가미(上)' 한 분이 국가적 가족제의 수장이며 그 족부 또는 부장이시며 의(義)로는 군신, 정(情)으로는 부자의 관계로 일본 국가가 성립했다. 신이면서 황, 여기에 일본 국가의 특색이 있다. 신황배대는 우리 국체의 대본근기이며 여기에 우리 국체 그 자체, 곧 신도의 정수를 이룸을 알 수 있다. 나는 이를 국체신도라고 부른 것이다.[99]

---

97 그에 따르면, 일본은 원래 부모와 자식의 관계로 국가가 성립한 "이상적인 자연국가"이며 "일가족이 팽창한 것"이다. 따라서 상하의 관계 또한 자연스러운 부모와 자식의 애정이라는 "내추럴 인스팅크트(natural instinct)"로 성립해 왔다. 이렇게 일본은, '선양방벌(禪讓放伐)', 즉 덕을 잃고 악정을 행하는 임금은 내쳐도 거리낄 바 없다는 중국의 역성혁명과 완전히 다른 방식의 국가라고 가토는 강조한다. 加藤玄智, 『日本人の国体信念』, 59-60쪽.

98 加藤玄智, 『神道精義』, 201-223쪽.

가토는 기본적으로 국가적 신도를 국체신도와 신사신도로 구분해 왔으나, 이번에는 국가적 신도를 신황배대, 신황신앙을 중심으로 '신'의 방면과 '황'의 방면으로 나누어 설명하고 있다. 그에 따르면, 국가적 신도는 '신'의 방면에서 보면 '국민적 종교'이고, '황'의 방면에서 보면 '국민도덕', '국가적 의례'다. 천황은 이 두 방면을 한 몸으로 담당하기에 '가미(上)'로 불리며, 이는 동시에 '가미(神)'와 같은 의미로 이해할 수 있다는 말이다. 이러한 신황이야말로 일본 국가의 특성이므로, 신황배대는 '우리 국체의 대본근기'이며 '우리 국체 그 자체', '신도의 정수'를 이룬다고 설명하면서 이것이 곧 '국체신도'라고 명명하는 것이다. 그리고 이러한 일본은 과거 2,000년 전부터 지금까지 변함없는 "신정정치(神政政治)의 국가"로 정의된다.[100] 가토의 국가신도론에 관해서는 '신정정치 국가 일본'이라는 이해를 바탕으로 신황배대와 신황신앙을 핵심으로 하는 국체신도의 의미, 그리고 국민적 종교와 국민도덕으로서의 의미가 파악되어야 할 것이다.

이상과 같은 가토의 국가신도론은 현재까지 진행 중인 국가신도 논쟁을 이해하기 위한 결정적 힌트를 제공한다. 국가신도연구회는 가토의 국가신도론에 의거해 국가신도를 '국민적 종교', '국민도덕'으로 주장하면서도, 가토가 강조한 신황신앙, 신황배대, 국체신도를 거론하지 않기 때문이다. 가토의 논의에서 확인할 수 있듯이, '국민적 종교'와 '국민도덕'은 '신황신앙'을 통해 비로소 국가신도를 이루는 불가분의 요소다. 신황신앙 즉 국체신도라는 측면을 잘라 버린 채 국가신도를 단순하게 국민적 종교이자 국민도덕이라고 주장하는 것은 핵심을 누락시

99 加藤玄智, 『神道精義』, 229쪽.

100 加藤玄智, 『神道精義』, 193쪽.

킨 것이다. 한편, 고야스와 시마조노는 가토의 국가신도론의 핵심으로 신황신앙을 적발하면서도, 국체신도의 의미를 정밀하게 검토하지 않았다. 이에 대해 이 글은 국체신도가 바로 신황신앙이라는 것과 그것이 의미하는 바를 지금까지 살펴봤는데, 이와 동시에 국체신도는 국민적 종교로서 국가신도에 관한 신앙을 의미한다는 점 또한 중요하다. 다음에서 살펴보자.

2) 국민적 신도 신앙

가토가 국체신도 개념을 가지고 궁극적으로 말하고 싶었던 것은 '신앙'에 관해서다. 그리하여 신사의 건조물이나 종교적 장식물 등 형상화된 것을 신사신도로 부르는 한편, 이와 구분하여 보다 핵심적인 요소로서 국체신도를 무형이자 실재라고 말하며 이들을 신황신앙이라고 정의한 것이다. 한 가지 더 주목할 점은, 가토가 국체신도를 '국민적 신도 신앙'이라고도 말한다는 것이다. '국민적 신도 신앙'은 어떤 의미인가? 그 의미는 신도의 본질에 관한 설명에서 찾을 수 있다. 가토는 신도의 본질, 그 가운데에서도 국가적 신도의 본질을 설명하면서 형식 측면과 내용 측면으로 나누어 접근한다. 그에 의하면, 형식 측면에서 고찰할 때 국가적 신도는 일본의 '국민적 종교'이며, 불교, 기독교, 이슬람교와 같은 '세계적 종교'와 구별된다.[101]

그런데 이보다 중요한 것은 내용 측면에서 본 신도의 본질이다. 가토는 이를 여섯 가지로 나누어 다음과 같이 열거한다.

---

101 加藤玄智,『神道精義』, 298-301쪽.

(1) 신도의 본질은 우리 원수에게 지극한 것, 환언하자면 우리 원수를 지극의 대상으로 삼는 일본인의 국가적 종교심에 있다.

(2) 신도의 정화는 우리 충군애국심의 종교적 발현에 있다.

(3) 신도의 신수생명(神髓生命)은 우리 만국무비(萬國無比)인 충군애국의 지정(至情)이며 일계정통의 신황을 모시는 우리 국가적 종교심이다. 즉, 일본인의 신황봉사 정신이 백열(白熱) 상태를 보이고 열렬한 종교적 색채를 발휘해 온 바로 그것이다.

(4) 신도의 제일의는 국가적 신도에 있으며 우리 신황에 지극한(신황을 지극의 대상으로 삼는) 일본인의 국가적 종교심이다. 즉, 신도의 핵심을 이루는 것은 일본인의 충군애국심의 정화가 종교의 형태로 발현되는 것이다.

(5) 국가적 신도는 신황을 지극함(구극)의 대상으로 삼는 고금 일본인의 단체적 종교다.

(6) 국가적 신도는 일본인 고유의 종교의식 특색이며, 일본의 민족의식, 즉 일본정신(일본혼)에 이 특색이 있음은 (…) 일본인이라면 당연히 국가적 신도의 신자, 신황배대자, 신황신앙자임을 의미하며, 이것은 일본인이라고 말하는 것과 이음동의어다.[102]

내용 측면에서 본 신도의 본질에 관해 가토는 '일본인의 국가적 종교심', '충군애국심의 종교적 발현', '신황봉사 정신', '일본정신(일본혼)' 즉 '신황배대', '신황신앙' 등을 나열하면서 세밀하게 정의한다. 요컨대 내용 측면에서 본 신도의 본질은 국가적·종교적 주권자인 '신황'에 대한 '무조건적 신앙심'을 가리킨다. 일본인이라면 태생적으로 신황을 경

102 加藤玄智, 『神道精義』, 303쪽 이하.

배하고 신앙하는 신자가 된다는 것이다. 가토는 여기서 국가신도를 형식 측면에서 부르는 이름이 '국민적 종교'이며, 그 내용은 바로 '신황신앙'이라는 것을 명시하고 있다. 국민적 종교와 신황신앙은 국가신도가 가진 두 개의 이름인 것이다.

한편, 가토가 국체신도를 '국민적 신도 신앙'으로 제시하는 대목은 그의 영문 저술을 통해 확인할 수 있다.

> 신사의 붉은 도리이(신사의 개방식 정문), 시메나와(자른 종이로 장식된 신줄) 등 신사의 특징은 '국민적 신도 신앙(National Shinto faith)'이 구체적으로 상징화된 것이다. 종종 '신사신도(Shrine Shinto)'라고 불린다. 이들 두 형태의 신도, 즉 '국민적 신도 신앙'과 '신사신도'는 일본의 국가체제에서 가장 중요한 요소다. 그러므로 일본학자들은 이 둘을 '국가적 신도(Nationalistic Shinto)'라고 부른다.[103]

먼저, '국가적 신도'를 'Nationalistic Shinto'로 번역하는 부분을 보자. 가토는 자신이 말하는 '국가적 신도'를 'State Shinto'로 번역하는 것은 외국인이 오해한 것이라고 지적한 바 있다. 그 이유는 '국가적 신도'를 'State Shinto'라고 하면 서양의 'State Religion(국교)'에 가깝기 때문이라는 것이다.[104] 앞서 살펴봤듯이 가토의 국가적 신도의 핵심이 국

103 Genchi Kato(1941), "The Religious Mentality of the Japanese People", 『加藤玄智集』 第9巻, 14쪽.

104 신도는 두 부류로 나눌 수 있다. 하나는 '교파신도(the Sectarian or Denominational Shinto)'인데 13개 파로 이뤄져 있다. 이와 구분되는 또 하나는 일본인에게 일반적인 '국민적 신앙 신도(the Shinto of the national faith)'다. 종종 '국가 신도 종교(State Shinto Religion)'라고 불리는데 이는 부적절하다. 왜냐하면 서양에서 일반적인 용법으로 '국가(state)'와 '종교(religion)'는 신도의 경우에 사용하면 상

체신도, 궁극적으로 신황신앙이므로 그의 지적대로 'State Shinto'보다 'Nationalistic Shinto(국수주의 신도, 국가주의 신도)'가 보다 부합하는 것으로 보인다.

여기에서는 무엇보다 '국체신도'를 'National Shinto faith(국민적 신도 신앙)'로 번역한 부분에 주목하자. 가토는 국체신도가 바로 신황신앙이라고 거듭 강조했다. '국체신도'를 영어로 번역할 때 그에 대응하는 의미로 제시한 '국민적 신도 신앙'이라는 용어에서는, 가토의 국체신도 개념이 '신황신앙'인 동시에 '국민적 신도 신앙'의 의미를 가지고 있다는 것을 알 수 있다. 그렇다면 국민적 신도 신앙과 신황신앙은 어떻게 다른가? 가토의 국가신도에 관한 이해 방식에 따라, 국체신도의 본질도 형식과 내용으로 구분해 보는 것이 유효하리라 생각된다. 즉, 국민적 신도 신앙과 신황신앙은 국체신도의 본질에 관해 각각 형식과 내용을 가리키는 두 이름으로 이해할 수 있을 것이다.

일찍이 가토는 틸레의 종교발달론을 원용하면서, 신도가 '자연종교'에서 발달하여 '문명종교'가 되면 '윤리적 종교'의 성질을 가진다는 신도발달론을 주장했다. 이윽고 최종 단계에 도달한 국민적 신도 신앙의 모습을 가토는 다음과 같이 서술한다.

> 일본인의 국민적 신도 신앙은 신사나 신사신도의 형태로 구체적으로 표현되며 학교에서 어린 세대에게 국민윤리의 이름으로 교육된다. 즉, 국민적 신앙으로서 신도는 현재 국민도덕이라는 독특한 형태로 발전하여 종교라는 성화와 함께 빛나고 있다. 바로 여기에 미카도, 즉 통치자에 대한

당한 오해를 초래하기 때문이다. Genchi Kato(1933), "Four outstanding features of shinto", 『加藤玄智集』 第9巻, 179쪽.

> 유일무이한 일본인의 애국심인 충성심이 종교적 열정의 헌신성과 혼합되어 존재하는 것이다.[105]

종교 발달의 최종 단계에 도달한 '국민적 신도 신앙'은, 학교에서 가르치는 '국민윤리', '국민도덕'이란 이름을 가지며 독특한 형태로 진화해 종교적 신성함을 발산하고 있다고 가토는 설명한다. 이런 것이 가토의 '국체신도'가 '신황신앙'이란 의미와 아울러 가지는 '국민적 신도 신앙'의 의미다.

국체신도에 신황신앙과 국민적 신도 신앙이란 의미를 부여하면서 이를 중심에 두고 국가신도를 정의하는 가토의 작업이 '정화된 국체'의 보전과 수호에 목적을 두고 있음은 새삼 말할 필요도 없을 것이다.

> 국가적 신도는 일본의 국가체제와 밀접하게 얽혀 있어 그 본질을 이루며, 우리 제국의 정화된 국체다. 이는 일본인의 국민정신이 만든 것이며, 마치 산호 폴립이 아름다운 산호를 품고 있는 것과 같다. 이 독특한 국체가 없으면 일본정신도 없을 것이고 진정한 일본 국가도 없을 것이며 일본 국민은 멸망하여 소멸할 것이다. 다른 말로 하면, 우리 일본인은 예외 없이 국가적 신도의 태생적 신자이며 신황(Divine Emperor)을 하나의 국민적 가족의 수장으로 경배해야 한다. '일본인'과 이 '국민적 신도 신앙을 품은 자'는 거의 같은 표현인데, '삼각형'과 '기하학적 도형의 세 내각의 합이 두 직각'이 같은 표현인 것과 마찬가지다.[106]

105 Genchi Kato, "Four outstanding features of shint", 8쪽; 『加藤玄智集』 第9巻, 179쪽.

106 Genchi Kato, "The Religious Mentality of the Japanese People", 15–16쪽; 『加藤玄智集』 第9巻.

일본인의 국민정신, 즉 신황숭배에 의해 국가신도가 성립해 '정화된 국체'를 이룬다는 것을, 가토는 산호 폴립이라는 군체의 결정(結晶)에 의해서만 아름다운 산호가 존재할 수 있다는 비유를 통해 설명한다. 일본인인 이상 국가신도와 국체로부터 떨어져 생존할 수 없으므로 "국가적 신도의 태생적인 신자"로서 "신황"을 경배해야 한다는 것이다. 또한 가토는 일본인이 국체신도, 즉 국민적 신도 신앙을 품고 신황을 경배해야 비로소 국가적 가족제가 실현되는 정치적 국체만이 아니라 국민정신으로 신황신위를 모시는 신성한 국체를 지킬 수 있다고 단언한다.

6. 국가신도론과 국체론의 공모: 국체신앙의 확립

여기에서 우리는 가토가 종교학 연구를 통해 종교로서 국가신도 탐색과 국체론 쇄신을 추진한 출발점을 되돌아볼 필요가 있다. 가토는 장래의 종교를 대망하면서 당대의 인격적 존재를 구세주로 요청했는데, 그 구세주는 곧 천황이었다. 또한 국체론에 관해 천황의 덕치주의만으로는 20세기의 진보한 사상계에 부족하다고 지적하면서, 만세일계 천황을 신위로 모시는 천황신위와, 국가적 가족제의 가부장으로서 천황을 요청했다. 그로부터 구축된 것이 신황 개념이다. 그의 이른바 새로운 국체론과 신황론에 비춰 보면, 전시기 일본에서 천황은 종교의 신(神)이자 제국의 황(皇)으로 군림했으며, 이러한 신황을 전 국민이 신앙해야 한다는 국가신도가 국민적 종교로 주장되었다.

국가신도론과 국체론의 공모 관계에 관해 시마조노 스스무는 각각 고유의 영역을 가지면서도 중첩되는 부분이 있으며, 그로 인해 국가신도의 경전으로서의 교육칙어에 "가르침의 주체인 천황과 가르침을 받드는 신민 사이에 황조황종 이래의 깊고도 성스러운 관계 맺기"를 환기시킬 수 있었다고 지적한 바 있다.[107] 국가신도론과 국체론의 공모 관계를 분명하게 확인할 수 있는 것이 바로 가토의 국체신도, 즉 신황 신앙, 다시 말해, 국민적 신도 신앙 개념이다. 가토는 국체신도가 가부장으로서 천황과 가족으로서 신민 사이의 충효에 의해, 그리고 신황과 신앙자인 신민 사이의 신앙심에 의해 성립한다고 설명하고, 이것이 무형이자 실재라고 했다. 거기에서 국체는 국가신도와 결합하여 실재가 되고 무형이 됨으로써 만고불역의 정화로 설명되었다. 즉, 가토의 국체신도는 종래 국체론에서 천황과 신민 사이에 있다고 상정되어 왔던 역사적·정치적 관계에 더하여, 종교학적·신도학적 관점을 동원해 신황을 정점으로 삼는 수많은 신과 이를 배대하고 신앙하는 신민들과의 '성스러운 관계 맺음'을 설정함으로써 창출된 것이다.

이에 신황은 국민적 종교와 국민도덕을 한 몸으로 다스리는 '신정정치'의 주권자로 자리매김되었다. 국민은 천황에 대한 충효(忠孝)와 신에 대한 지성(至誠)으로써 절대신앙과 절대복종이라는 이중의 복속관계에 놓였다. 이러한 관계의 정의는 종교학이라는 '과학적 연구'에 의해, 또 기독교와 신도에 대한 '비교종교학적 연구'에 의해 도출된 '합리적인' 이론으로 제시되었다. 이에 의하면, 신황을 위해 목숨을 바치는 일은 부조리한 죽음이 아니다. 마치 깊은 바닷속에서 군집 형태를 이루는 무수한 폴립 형태의 산호충이 생명이 끝나도, 아니 끝나고 나서야 비로소 그 잔해가 아름다운 산호를 만드는 것처럼, 일개 국민의 죽음은 국체의 정화로 영속되는 것이라고 교육되었다. 신위로써 영생하는 국

107 島薗進, 『国家神道と日本人』, 63-64쪽.

체와, 국체에 부속되어 있지만 국체를 빛내기 위해 유한한 생명을 바치는 수많은 개체의 '성스러운 관계 맺음' 그 자체를 가토는 국체신도라고 말하는 것이다.

국체를 위한 헌신이 오로지 물리적 강압에 의한 것만이 아니었음은 종종 지적되어 왔다. 국가신도가 대중 속에 파고들어 천황숭경으로 고양된 군중에 의해 '밑으로부터 신도'가 형성된 측면이 있다는 것이다.[108] 그리하여 국체를 위한 희생은 '국민적 종교', '집단적 종교'라는 국가신도의 성격에 의해 신앙심의 열렬한 고양 속에서 기꺼이 자발적인 것으로 여겨졌다. 그런 '신도의 분위기'를 가토는 찬탄했는데, 이를 위해 '신자도(臣子道)'라는 생소한 개념까지 만들어 냈다. '신자도'란 한마디로 신황을 위해 목숨 바칠 각오를 하라는 말이며, 이런 정신 덕분에 "일본 군대의 강함"이 있고 "일본혼의 활약"이 있다고 칭양한다.[109] 가토가 말하는 '신자도'는 다음과 같은 내용을 담고 있다.

> 일본인의 이 정신은 평시와 전시를 불문하고 귀천상하가 마음을 하나로 하여 몰아봉공, 일의전심으로 신황봉대의 충성, 이것이 바로 일본의 신자도를 살아서 다스리시는 신황을 숭배하는 종교성이며, 일본 민족의 근본 신념이며 신앙이다. 이것이 바로 메이지 천황이 지으신 시에 나오는 일본혼이며 국가적 신도이며 황도다. 주관적으로 이 정신은 이른바 일본혼이 환발하는 곳이며 객관적으로는 우리 국체의 정화가 되어 드러났다. 문호 라프카디오 헌은 이를 Religion of Loyalty 즉 충의의 종교 또는 충성교라고 불렀는데, 일본이 충효일본(忠孝一本)의 나라인 이상 이를 충효교라고

108 島薗進, 『神聖天皇のゆくえ=From the Divine to the Symbolic Emperor: 近代日本社会の基軸』, 156쪽 이하; 島薗進, 『明治大帝の誕生: 帝都の国家神道化』.

109 加藤玄智, 『神道精義』, 67쪽.

칭하며 신황교라고 명명해야 할 것이다. 이것이 즉 일본의 국민적 종교이며 고유교(固有教)다. 결코 불교와 기독교 같은 외래 수입의 세계적(보편적) 종교가 아니다.[110]

일본인은 모두 항시 마음을 하나로 모아서 몰아봉공의 정신으로 신황봉대의 충성을 다해야 한다. 이것이 '신자도'이며, '신앙'·'일본혼'·'국가적 신도'·'황도'다. 이 정신을 명명하는 데는 라프카디오 헌의 '충의의 종교', '충성교'로는 부족하며, '충'과 '효'를 하나로 묶은 '충효교' 또는 이보다 적합한 것으로 '신'과 '황'을 하나로 묶은 '신황교'라고 주장한다. 이와 같은 신황교가 바로 불교와 기독교 같은 '세계적(보편적) 종교'와 구별되는 일본에 고유한 '국민적 종교'의 의미인 것이다.

가토가 신도에 관한 종교학적 연구를 개시해 국가신도론을 완성해 가는 동안, 가토의 논의에 영향을 받아 국체를 분명하게 종교적 신앙의 대상으로 설정하는 논의가 서서히, 그러나 강력하게 추진되었다. 1910년대부터 대일본국체회는 국체를 주제로 한 강연과 출판을 진행했는데, 그 안에서 '국체신도'를 논했다. 1930년대에는 일본정신문화연구를 표방하며 창설된 오쿠라정신문화연구소(大倉精神文化研究所)가 신도 연구를 진행했다. 이 연구소의 활동에는 이노우에 데쓰지로와 가토 겐치를 비롯해 미야지 나오카즈, 다나카 요시토, 이마이즈미 사다스케(今泉定介) 등 당대 대표적인 신도 연구자들이 관여하고 있어 특히 주목된다. 이 연구소는 1936년에 문부성 소관이 되었으며, 1937년 문부성에 의해 『국체의 본의』가 출간되기에 이르렀다. 국민적 종교로서 국가신도 정의, 그리고 국체신도와 신황신앙에 관한 가토의 논의가 국체신

110 加藤玄智, 『神道精義』, 74–75쪽.

앙의 확립이라는 형태로 모습을 드러내고 있었던 것이다.

가토의 국가신도론이 자신이 전개한 새로운 국체론과의 공모 관계에 의해 구축되었으며, 그 가운데 핵심 요소들이 제시되었다는 점은 앞으로 국가신도 논쟁의 전개에도 시사하는 바가 있으리라 생각된다. 근대 일본에서 '국가신도'가 공식 용어가 되지 못한 것과 달리, '국체'는 국가 정책에서나 학계의 논의에서 '명징'의 대상으로 지당한 전제였다. 현재의 국가신도 논쟁에서도 긍정론과 부정론을 막론하고 양측 입장 모두에서, 각각 의미하는 바는 다르지만 국체론을 자명한 전제로 두고 있다. 국가신도에 관해 선명하게 문제화되지 못했던 쟁점 가운데 가토의 국체론을 입구로 삼아 국가신도론에 접속함으로써 논의가 수면 위로 부상하기를 기대해 본다.

제5장

가케이 가쓰히코의 신도는 어떻게 생명주의와 만나는가?

김태진

1. 도쿄대 법학부 괴짜 교수 가케이 가쓰히코

마루야마: 처음에 어떤 선생의 강의를 들었나요?

난바라: 가케이 가쓰히코 선생입니다. 국법학이었어요. (···) 가케이 선생의 강의는 다른 선생들과 달랐는데, '불교철리(佛敎哲理)'였어요. 첫머리부터 보편아(普遍我)의 철리, 사물의 근본 관계를 다루는 강의로 시작했어요. 프록코트 위에 가운을 걸치고 윤기 없는 얼굴로 강단을 천천히 걸어다니며 강의합니다. 몇 줄 필기시키고 나서 강의를 했어요. 선생의 목소리는 원래 칼칼했어요. 그래서 강의가 더 웅변처럼 들렸지요. 짐짓 차분하게 말하는데, 그래서 더 대단해 보였어요. 모두 조금 충격도 받고 감탄하면서 들었어요. 본래 법학부는 실증적·법해석학적인 강의가 많은데, 그것이 거의 유일한 철학적인 강의였어요. 학계의 반향도 컸고 학생들한테도 인기가 있었어요. 또 선생은 제1고에서 공과 소속이었어요. 그래서 제도(製圖)에 일가견이 있어, 대립 관계라든지 융합 관계라든지 열심히 그림으로 그려 가면서 설명했지요. (···) 내가 졸업하고 몇 년 지나서 선생은 신도로 기울었어요. 그래서 선생의 학문은 종교와 일체를 이루어, 교실에서도 참배를 할 때처럼 정중하게 박수를 치고 절을 해서, 우리가 볼 때는 심한 도그마티즘이 되고 만 것입니다.[1]

* 김태진, 「근대천황제를 둘러싼 정치와 종교: 가케이 가쓰히코 신도론의 지성사적 의미」, 『일본비평』 28(2023)에 실린 글을 수정하여 수록했다.

1 南原繁 著, 丸山眞男·福田歡一 編集, 『聞き書南原繁回顧錄』(東京大学出版会, 1989), 13-14쪽.

도쿄제국대학 법학부의 괴짜 교수이자 독특한 방식으로 신도를 논리화했다고 평가되는 가케이 가쓰히코(筧克彦, 1872-1961)에 대한 제자 난바라 시게루(南原繁)의 회상이다.[2] 가케이는 이 책에서 다루는 인물들처럼 도쿄대 철학과 출신은 아니다. 1897년 도쿄제국대학 법학부를 졸업한 그는 이후 독일에서 6년간 유학하면서 행정법을 전공했고, 귀국 후에는 도쿄제국대학 법학부 교수가 되어 독일법 이론을 중심으로 학생들을 가르친 법학자였다.

난바라가 회상하듯이, 당시 도쿄제국대학 법학부에는 실증적·법해석학적 강의가 많았고, 가케이의 강의가 유일한 철학적 강의였다.[3] 강의 내용은 뒤에서 본격적으로 다루겠지만 불교나 신도를 포함한, 지금 관점에서 보면 법학과 거리가 먼, 오히려 철학이나 종교학에서 다루어야 할 내용까지 포함되었다.[4] 그가 생각하는 종교란 법학에서 다뤄야 할 국가의 문제, 인간 삶의 문제와 떨어질 수 없었던 것이다. 그가 신도와 법학을 조합해 독자적인 '고신도론(古神道論)', '간나가라의 길(神

2 전후 최초의 도쿄대학 총장이자 전후 민주주의에도 큰 영향을 미친 난바라 시게루는 1910년 7월 도쿄제국대학 정치학과에 입학하여 가케이에게 1학년 때 '국법학', 2-3학년 때 '행정법', 4학년 때 '법리학' 강의를 들었다. 가케이의 수업 '국법학', '행정법'은 『불교철리』 텍스트를, '법리학'은 『서양철리』를 바탕으로 진행되었는데, 난바라는 그가 헤겔의 법철학을 대승불교적으로 종합했다고 회고한다. 南原繁, 『聞き書南原繁回顧錄』, 17쪽.

3 南原繁, 『聞き書南原繁回顧錄』, 17쪽. 전후 민주주의를 대표하는 학자 중 한 사람인 난바라는 평생 가케이를 존경했는데, 그가 철학하는 법을 배우고, 서양 정치철학사에 흥미를 갖게 된 것이 가케이 때문이라고 밝힌 바 있다. 특히 가케이의 보편적 이상론은 난바라의 플라톤 이해에 핵심을 이룬다고 지적된다. 西田彰一, 「南原繁と筧克彦」, 南原繁研究会 編, 『南原繁と憲法改定問題(その二)』(横濱大氣堂, 2019), 165쪽.

4 그런 점에서 당시에도 가케이의 행정법 강의는 아마테라스 오미카미(天照大神)에서 시작되어 좀처럼 인간 세상으로 내려올 줄 모른다는 소문이 있었다고 한다. 南原繁, 『聞き書南原繁回顧錄』, 17쪽.

ながらの道)' 이론을 만들어 나간 점이 이를 말해 주는데, 이러한 문제의식은 다른 장들에서 다룬 이노우에 데쓰지로와 많은 부분 겹쳐진다.

여기서 '간나가라의 길'이 어떤 것인지 구체적으로 설명하기는 쉽지 않다. 번역하자면 '신 그대로의 길'이라는 말로, 신대(神代)로부터 전해져 온 신의 마음 그대로 인위가 더해지지 않은 길이라는 뜻이다. 『만엽집』에 나오는 "갈밭의 싱싱한 벼이삭의 나라는 오직 신의 뜻 그대로이며 입에 담아 말할 수 없는 나라(葦原の瑞穂の国は神ながら言挙げせぬ国)"라는 구절과 같이, 일본은 '신의 뜻 그대로의 나라'이며, '입에 담아 말할 수 없는 나라'라는 것이 '간나가라의 길'이다. 그렇기에 이는 애초부터 말로는 설명할 수 없었다. 그의 '간나가라의 길'은 신도를 통해 전쟁 중인 일본을 우익 울트라 내셔널리즘의 광기로 몰아넣은 것으로 평가되기도 한다. '간나가라의 길'은 데이메이(貞明) 황후에게 강의한 후 1925년 속기록을 출판할 정도로 일본 내에서 호응을 얻었다. 또한 그는 조선, 대만 등에서도 여러 차례 강연했을 뿐 아니라, 만주국 건설 후에는 푸이 황제에게 강의할 정도로 식민지에서도 큰 영향력을 가졌다. 하지만 그의 이론이 이해하기 쉬운 것은 아니었다. 그 이론은 생활 방식만이 아니라 국가론, 천황론, 헌법론, 일본역사론, 사회론과 인생관 등이 전부 고신도에 기초하여 하나로 연결되어 있었다. 그 가르침은 알기 쉬운 부분도 있지만, 『고사기』, 『일본서기』의 일본 신화와 역사 및 법 이론이 혼연일체되어 지금 읽으면 전혀 영문을 알 수 없는 문장이 나열된 부분도 가득하다.[5] 이후 1930년대에 들어 국체론의 범람 속에서 그의 저작들은 큰 힘을 잃었는데, 강의 방식에서도 보였던 그의 독

5 다치바나 다카시 지음, 이규원 옮김, 『천황과 도쿄대 1』(청어람미디어, 2008), 108–113쪽.

특한 성격과 사상 구조의 난해함 역시 이유로 작용했을 것이다.[6]

그러나 '간나가라의 길'의 독해가 어려운 이유는 현재 문법으로 가케이를 이해하고자 하는 태도에서 비롯된 면도 있다. 당시 그가 접한 개념 틀, 문법 체계로서 읽어 낼 필요가 있는 이유다. 그렇다면 이러한 난해함을 이해하기 위해 당시 그가 받아들였던 신학과 법학 용법들을 징검다리로 삼을 필요가 있다. 그렇지 않을 경우, 사후적으로 재단된 논리 속에서 신도의 학문적 체계의 비엄밀성에 대해 비판하거나 과도한 국가주의화로 나간 한계를 지적하는 것으로 그칠 우려가 있다. 물론 이는 지금 관점에서 보면 합리적 비판일 수 있어도, 당시 사람들, 특히 가케이에게 적합한 비판이 되기는 어려울 것이다. 이러한 현재적 비판이 아무리 유효하다 해도, 가케이를 비롯한 당시 일본의 신들린 상태를 설명하기에는 부족하기 때문이다.[7]

그런 점에서 이번 장에서는 가케이와 관련된 기존 연구[8]들을 바탕

---

6 이에 대해서는 당시에도 마찬가지였는데, 가케이의 강연은 청중이었던 도쿄제국대학 학생들에게 종종 웃음거리가 되기도 했으며, 이러한 기괴한 학풍은 전쟁 당시 반지성주의의 대표격으로 오늘날까지 조소 대상이 되고 있다. 石川健治, 「権力とグラフィクス」, 長谷部恭男·中島徹 編, 『憲法理論を求めて: 奥平憲法学の継承と展開』(日本評論社, 2009), 252–253쪽.

7 이러한 오해들은 일본의 신도를 이해하는 통설에서도 발견된다. 일본의 신도론을 굉장히 국가주의적이거나 나아가 전체주의적인 이데올로기로서만 읽는 경향은 각각의 구체적인 신도론이 갖는 차이들(그것이 아무리 사소할지라도)을 무화시킬 우려가 있다. 또 하나의 오해는 신도를 굉장히 일본적인 것으로만 읽어 내는 방식이다. 그러나 신도의 논리가 구축되는 과정은 일본에서 종교학을 구축했던 이노우에 데쓰지로나 가케이에게서 보이듯이 서양에서 배워 온 지적 자원을 가지고 이를 신도에 적용시키고자 했던 점을 기억할 필요가 있다.

8 가케이와 관련한 기존 연구에 대해서는 김태진, 「근대천황제를 둘러싼 정치와 종교: 가케이 가쓰히코 신도론의 지성사적 의미」, 『일본비평』 28(2023)에서 좀 더 자세히 다루었으니 이를 참고하기 바란다. 여기에서 대표적인 연구만 간략히 언급하자면 러일전쟁 후의 정치 상황 속에서 읽어낸 다케다 도시카즈(竹田稔和)의 연구,

으로 생명이라는 키워드 속에서 천황과 신도를 위치 짓고자 하는 가케이의 신도식 생명주의를 살펴보고자 한다. 즉, 가케이의 신도는 왜 생명이라는 문제의식과 만나게 되었는가, 그리고 그 정치적 의미는 무엇이었는가에 주목하고자 한다.[9] 좀 더 구체적으로는 가케이의 '신도–천황–생명'으로 연결되는 논리 구조가 만들어지는 과정을 1910년대 그의 초기 저작들을 중심으로 살펴보고자 한다. 초기 저작들은 그가 유학 과정에서 배운 바를 어떻게 활용하면서 그의 사상을 만들어 갔는지 잘 보여 주기 때문이다.

이 글의 목적은 크게 세 가지로 정리할 수 있다. 첫째, 신도론이 부상하게 된 다이쇼 초기의 지성사적 맥락을 복원하는 것이다. 둘째, 이에 영향을 주었던 당대 서양의 지적 연원을 함께 비교하는 것이다. 셋째, 정치와 종교의 관계를 통해 신도의 정치적 의미를 밝히는 것이다. 그리고 이는 그의 사상에서 핵심적인 세 가지 개념이라 할 수 있는 "'신

당대 서양의 딜타이나 슐라이어마허 등 생철학 등의 상관관계를 논한 이시카와 겐지(石川健治)나 스즈키 사다미(鈴木貞美)의 연구, 신도적 입장에서 기존의 가케이에 대한 비판적 입장을 재고하려는 나카마치 고이치(中道豪一)의 연구, 불교에서 신도, 간나가라의 길로 이르는 과정, 딜타이의 논리 수용과 당대 천황기관설 논쟁의 맥락에서 가케이의 논지, 후기 체조론의 발명과 식민지의 활동 등 가케이와 관련된 거의 모든 분야를 다룬 니시다 쇼이치(西田彰一)의 연구 등이 있다. 각각의 연구에 대해서는 이 책 말미의 참고문헌을 참고하기 바란다.

9 스즈키 사다미 역시 가케이의 논의를 동 시기의 생명주의와 관련하여 분석하고 있다. 하지만 그의 작업이 다이쇼 시기 생명주의의 자장 속에서 일본 사상사의 계보를 다시 쓰고 있다는 점에서 엄청난 의의를 가지고 있음에도 불구하고, 가케이의 논의에 대해 구체적인 분석까지는 들어가지 않을뿐더러 생명의 표현이라는 정치적 의미에 대해 적극적인 해석까지는 이르지 못하고 있다. 鈴木貞美,『生命観の探究–重層する危機のなかで』(作品社, 2007); 스즈키 사다미 지음, 정재정·김병진 옮김,『일본의 문화내셔널리즘』(소화, 2008); 鈴木貞美,『大正生命主義と現代』(河出書房新社, 1995); 前川理子,「近代の生命主義自然主義への応答と宗教」, 池上良正 ほか 編,『岩波講座·宗教生命』第7巻(岩波書店, 2004) 등 참고.

도'·'생명'·'표현'이 그에게 어떤 의미를 가지고 있었는가?"라는 질문에 대한 답이라 할 수 있다.

2. 이노우에 데쓰지로와의 비교 속에서: 불교에서 신도로 전회

난바라의 회고에서 보이듯이, 가케이가 귀국 초기 불교에 주목한 바는 널리 알려져 있다. 그렇다면 왜 법학자인 가케이는 불교에 주목하게 되었을까? 1897년 도쿄제국대학 법과대학을 수석으로 졸업하고 곧바로 대학원에 들어간 그는 문부성으로부터 행정법 연구를 위해 3년간 독일 출장을 명받는다. 1898년 독일에 도착한 그는 오토 폰 기르케(Otto von Gierke), 아돌프 폰 하르나크(Adolf von Harnack), 빌헬름 딜타이(Wilhelm Dilthey) 등에게서 가르침을 받는다. 애초에 그의 유학 동기는 교육제도와 관련된 것이었으나, 유학 과정에서 그를 사로잡은 것은 종교에 대한 논의, 좀 더 넓게는 제도를 뒷받침하는 정신이라는 문제였다. 이 때문에 그는 3년 계획이었던 유학 과정을 마치고도 사비로 3년간 더 그곳에 남아 이 문제에 천착한다.[10] 그는 제도보다 유럽의 근대정신, 특히 그것이 기반하고 있는 그리스도교에 흥미를 갖게 되었고, 성서를 숙독하거나 매주 일요일 교회 예배에 참석하면서 예수 그리스

10 "유럽 근대의 국가행정이나 교육제도를 정말로 배우기 위해서는 그 근본에 있는 근대정신을 파악하지 않으면 안 되고, 그것을 파악하기 위해서는 어떻게 해서든 그 땅의 문학이나 미술, 더 나아가 그리스도교를 철저히 알지 않으면 안 된다는 것, 또 학문의 근저를 이루는 철학을 배우지 않으면 안 된다는 것을 알게 되었습니다." 筧泰彦,「父筧克彦のことども」,『学士会会報』690(1966), 39–40쪽.

도가 만약 일본에서 태어났다면 무엇을 했을지 생각하는 자세로 신앙을 배웠다고 기록한다.[11]

그런 그가 일본에 돌아와서 처음 주목한 것은 불교였다. 가케이는 불교가 자신이 유학 과정에서 배운 학문과 가깝다고 확신했다.[12] 『불교철리』(1911)라는 책의 정식 제목인 '법리학 제1권 불교철리'가 말해 주듯이, 이 책은 불교의 논리로서 법의 원리를 설명하고자 했다.[13] 그는 입헌주의를 중관학파 나가르주나의 진공(眞空)에 의거해서 설명하거나, 다수결주의를 유식학의 제8식인 아뢰야식을 빌려 설명하고, 계층원리를 화엄종의 십현연기(十玄緣起)로 설명한다.[14] 그에게 법학이란 단순히 인위적 형식에만 그치는 것이 아니라 큰 이상, 큰 신앙에 관련된 것이었다.[15]

그러나 이런 그의 관심이 1912년에 들어서면서 신도 쪽으로 옮겨

11 西田彰一, 『躍動する「国体」: 筧克彦の思想と活動』(ミネルヴァ書房, 2020), 8쪽.

12 西田彰一, 『躍動する「国体」: 筧克彦の思想と活動』, 59쪽. 불교에 주목한 계기는 가케이의 아버지 친구이자 대장성 관료였던 미야타 나오지로(宮田直次郎)의 영향 때문으로, 미야타는 승려의 제자로 선불교에 밝은 인물이었다.

13 가케이는 이 책이 독일 유학 중에 아돌프 폰 하르나크의 신학, 딜타이·프리드리히 파울젠(Friedrich Paulsen)·헤르만 놀(Herman Nohl)의 철학 사상으로부터 영향을 받은 바가 크고, 기르케의 범신론적 인격론에 감명받아서 저술했다고 밝힌다. 책의 집필 목적에 대해 "본서는 불교의 역사 자료 연구를 목적으로 하는 것이 아니라, 법학 연구자로서 종래 널리 인식되지 못했던 불교의 원리를 확충하고 이를 새롭게 해석해 법률생활, 정치활동에 근거를 부여하고, 법리 연구에 도움을 주고자 함"에 있다고 밝힌다. 筧克彦, 『佛教哲理』(有斐閣, 1911), 3–5쪽.

14 頼松瑞生, 「近代日本法思想に与えたる仏教の影響: 筧克彦の「仏教哲理」を中心に」, 『法制史研究』 44(1994), 137–147쪽. 요리마츠 다마오는 가케이가 불교를 끌어온 이유에 대해 불교가 특색이 없어서 공평하다는 점, 범신론의 입장에서 일본 정신과 공통된다는 점을 들고, 이후 보다 직접적인 신도 일변도가 된 것에서도 알 수 있듯이 가케이가 불교를 이용해 국가주의, 황도주의를 전개해 간 것이라고 본다.

15 筧克彦, 『西洋哲理(上)』(有斐閣, 1913), 1–2쪽.

간다. 불교는 본래 '자성(自性)이 없는' 종교로서, 가르침을 확립하는 불변의 핵을 갖고 있지 않다고 보았기 때문이다. 또한 불교가 과도하게 고상심원하고 세속적인 생활을 경시해 대중이 이해하기 어려운 점도 문제였다. 그가 보기에 이는 불교가 신앙과 실행이 괴리된 종교라는 점에서 비롯되었다. 그는 종교의 핵심을 이론과 실행이라는 두 차원에서 접근하는데,[16] 고신도는 신대 이후의 '보편적 신앙과 함께 보편적 실행'을 유지하고 있다고 파악한 반면, 불교는 그렇지 못하다고 보았다. 그가 보기에 일본의 신도는 신앙과 실행이 일치한다는 점에서 정치, 법률, 학문, 도덕, 경제, 미술의 근저에 있는 유일 부동한 기층이었다. 모든 사물의 '나타남'의 근저에 신앙과 실행이 일치하는 고신도가 존재하는 것이 일본의 특징이었다.[17] 또한 그는 불교에는 고신도의 특징인 '창조, 화육, 생성'이라는 관점이 부족하다고 보았다. 생명 영위의 위대함을 이야기하는 '아미타불'을 받들고 '미륵보살의 무량수(無量壽)'를 영원한 생명의 위광(威光)으로 평가하는 정토진종을 높게 평가하면서도, 불교는 현재를 보다 낫게 개조하고자 하는 의식이 부족하다는 것 역시 그가 신도에 접근하게 된 이유였다.[18]

여기에서 근대 일본에서 종교학의 성립에 기여한 이노우에 데쓰

16 이소마에 준이치가 밝히듯이 religion의 역어로서 교법(教法)과 같이 개념화된 신념 체계인 belief와 종지(宗旨)와 같은 비언어적 관습 행위인 practice 두 체계가 존재하다가 메이지 10년대에 들어 belief의 우위 형태로 종교(宗教)라는 역어로 통일된다. 가케이의 문제의식 역시 고신도, 간나가라의 길이라는 belief와 신체 기법이나 풍속 습관에 대한 자각이라는 practice를 정비하고자 했던 것이다. 西田彰一, 『躍動する「国体」: 筧克彦の思想と活動』, 19쪽.

17 西田彰一, 『躍動する「国体」: 筧克彦の思想と活動』, 65-66쪽.

18 물론 그렇다고 그가 불교적 사유를 포기한 것이라고는 볼 수 없다. 그의 신도에 대한 이해는 불교적 사유를 통해 이뤄진 것이었고, 불교와 신도는 그의 사상에서 두 중심축으로 기능한다.

지로의 종교에 대한 인식과 비교해 보는 것도 좋을 것이다.[19] 이노우에 역시 초기에 불교의 가능성을 철학 차원에서 높게 평가한 바 있다. 일본에서는 서양에서와 같이 기독교를 그대로 행할 수 없는데, 그 이유는 이미 불교처럼 이론이 풍부한 종교가 있고, 신도처럼 인심에 밀착한 가르침도 있으며, 유교처럼 상류인의 마음을 사로잡은 가르침이 있기 때문이다.[20] 그는 불교의 결점이 사회의 진보를 해치고 사람과 경쟁함을 좋아하지 않는 점에 있다고 지적하면서도, 학술로서는 기독교보다 앞서는 바가 있기에 플라톤, 칸트, 쇼펜하우어의 설을 소화해 불교를 개량해야 한다고 주장한다.[21] 그러나 이노우에가 이후 종교를 구상하면서 덕교의 중심으로 국민도덕을 강조하는 방향으로 나아간 것은 주지의 사실이다.[22] 이때 이노우에는 종교보다 도덕을 강조하면서 신도 쪽으로 논의 중심이 쏠린다. 자연교, 문명교, 이상교의 구별에서 그에게 중요한 것은 결국 '윤리=이상교'였으며, 그는 기존의 도덕을 대체해 새로운 도덕을 제시할 수 있으리라 믿었던 신도에서 이를 찾아내고자 한다.[23]

이와 유사한 궤적을 밟듯이, 가케이 역시 불교에서 고신도로 관심

---

19 이노우에의 종교관과 관련해서는 이 책 제1장 「이노우에 데쓰지로의 종교학 강의는 무엇을 다뤘는가?」 참조.

20 井上哲次郎(1892), 「宗教と教育との関係につき井上哲次郎氏の談話」, 『井上哲次郎集』 第9巻(2003), 112쪽.

21 井上哲次郎(1890), 「井上哲次郎氏の宗教論」, 『井上哲次郎集』 第9巻(2003), 23-26쪽.

22 井上哲次郎(1906), 「日本における德教の位置」, 『井上哲次郎集』 第9巻(2003), 275-293쪽.

23 井上哲次郎(1902), 「倫理と宗教の関係」, 『井上哲次郎集』 第1巻(2003), 112-114쪽. 이노우에의 윤리와 종교에 관한 내용은 이 책 제6장 「하타노 세이이치의 기독교는 천황을 어떻게 수용했는가?」 참조.

이 옮겨 간다. 그는 고신도가 불순하거나 미신 같은 점이 절대 없다고는 말할 수 없지만, 무릇 일본인이면 이를 구제하는 것으로부터 시작해야 한다고 주장한다. 왜냐하면 다른 신앙의 구제보다 가장 가까운 자신의 고신도를 구제하는 것이 우선일 수밖에 없었기 때문이다.[24]

> 고신도는 '가미노미치(かみのみち)' '가무나가라노미치(かむながらのみち)'로, 한 개인이 제창하거나 행했던 도가 아니다. 물론 각 개인을 떠나서 존재하는 도는 아니다. 각 개인이 그 진면목인 심증(心證)을 통해 견득(見得)한 것이고, 진실한 내부에 존재하는 믿음[覺信]이다. 또 자유로이 행하는 도이지만, 따로 타로교(太郎教)라든가 지로교(次郎教)도 아니다. 또 황도(皇道)이기도 하고 민도(民道)이기도 하다는 식으로 말하는 것은 협소함에 빠질 수 있으므로, 이들을 함께 포용하는 일본도(日本道)다. 일본 민족에게만 우연히 특수한 도는 아니다. 일본 민족이 일찍이 실현했고, 적어도 일본 민족에 의해 영구히 표현될 진정한 인도(人道)다. 진정한 세계도(世界道)이기 때문에 일본도라는 것은 어폐가 있다. 단지 인도, 세계도에 그치는 것이 아니라, 사람이나 세계나 신(神)의 대생명에 귀일하는 경우 존재하는 유신도(惟神道) 즉 수신도(隨神道)다. 인성(人性), 인도, 세도(世道)와 같은 것보다 훨씬 더 심원한, 변하지 않는 살아 있는 도[活道]다.[25]

그에게 고신도는 한 개인이 제창한 도가 아니라 각 개인의 체험을 통해 얻은 진실한 믿음이다. 황도나 민도와 같은 협소한 개념이 아니라 일본도 그 자체다. 일본 민족에게만 특수한 도는 아니지만, 적어도

24 筧克彦, 『國家の研究』(清水書店, 1913), 118-119쪽.

25 筧克彦, 『國家の研究』, 105쪽.

일본 민족의 초기부터 실현되고 표현된 진정한 가르침이다. 나아가 일본도에서 그치는 것을 넘은 진정한 세계도(世界道)다. 결국 그는 고신도가 인도나 세계도에 그치는 것도 아닌, 모든 생명에 적용되는 '신의 길'임을 강조하는 것으로 마무리한다. "고신도는 전부터 신교(神敎)라 칭해지지 않고 신도(神道)"로 불려 왔는데, 이때 "교(敎)란 스스로 신에 귀일하는 것에만 만족하지 않고, 동시에 타인으로 하여금 신에 돌아가게 하는 지침이고, 자구제타(自求濟他)의 방편"이라고 그는 설명한다. 그런 점에서 "도란 교와 떨어질 수 없는 것"이지만, 그 자신이 한 마음으로 "실제로 신에 귀일하는 실행(實行)"을 하는 것이 중요하다. 즉, "각자에 내재하는 가장 깊은 실재, 불멸의 대생명을 실현하는 것"이다. 그런 점에서 고신도란 교를 경멸하는 것은 아니지만, "그 본질은 적어도 일본 민족이 인류 및 우주의 표현자로서 가장 깊은 실재, 대생명을 실현하는 것"으로서 도(道)라는 것이었다.[26]

이처럼 그는 교(敎)와 도(道)의 차이를 구별하며, 그 도를 나타내는 형식이나 실행 방법, 법률, 정치, 도덕 등과의 관계는 점점 진보하고 발달해 가지만, 그것이 살아 있는 생명, 대정신이라는 점에서는 변함이 없다고 설명한다. 그는 고신도라는 명칭에 대해 설명하면서 신도에 '고(古)'라는 형용사를 붙인 것은 임시 명칭이라고 한다. "근세에 유신도를 표방하는 여러 신도가 제창되었고, 그 후에도 이러저러한 신기한 신도가 제창되어, 고금에 이르러 일관된 본래의 살아 있는 정신을 망각해 일체 생활의 근저인 대생명을 잊어버리는 통폐(通弊)가 있기 때문에, 이러한 유행에 대해 반성케 하기 위하여 르네상스의 의미를 강조하여 편의상 '고'라는 글자를 덧붙여 놓은 것"일 뿐이다. 그에게 신도란 역사

26 筧克彦,『國家の研究』, 106–107쪽.

속에 현현되어 왔던, 모든 생명에 내재하는 신의 가르침 그 자체였다.

1910년대는 신도론이 우후죽순처럼 쏟아지는 상황이었다. 이노우에 역시 이러한 상황에 대해 「신도와 세계종교」(1915)라는 글에서 신도에 대한 세간의 오해를 바로잡을 필요가 있다고 말한다. 즉, 신도라 하면 이미 과거의 일이어서 오늘날에는 그 정신이 살아 있지 않고 이름만 있는 것처럼 생각하는 사람이 있고, 또 사람에 따라서는 신도가 신관(神官)을 연상시켜 미묘한 것으로 생각한다는 것이다. 이노우에는 신도를 일본을 본위로 해서 발전해 온 정신활동이며 '야마토 다마시(大和魂)'이라는 정신 그 자체를 가리키는 것이라고 정의한다. 그는 신도를 국체신도, 신사신도, 종파신도의 세 가지로 구별하면서 여기에 하나를 더해야 한다고 주장하는데, '실행(實行)신도'가 바로 그것이었다. 이는 '실제로 행해 가는 바의 신도'를 의미했다.[27] 앞서 보았듯이, 이노우에와 마찬가지로 가케이는 실행을 강조한다. 그들에게 신도는 하나의 종교로서보다 서양에서 기독교가 체현하고 있던 일종의 생활윤리 내지 정신에 가까웠다.[28]

또 하나 이 둘이 공유하는 관점은 신도에서 신을 바라보는 관점이다. 이노우에는 신과 사람 사이에 엄밀한 구별을 하지 않는 것이 신도 본래의 정신이라고 말한다.

---

27 井上哲次郎(1915), 「神道と世界宗教」, 『井上哲次郎集』 第9巻(2003), 341-344쪽; 「신도와 세계종교」, 『철학과 국가: 제국대 교수의 근대일본 만들기』(빈서재, 2024), 405-409쪽 참조. 이후 그는 신도의 성격을 인도교(人道教), 정신교(精神教), 자력교(自力教), 포용교(包容教), 순화교(淳化教), 실현교(實現教), 평화교(平和教), 통일교(統一教) 등 여덟 가지로 정리한다.

28 가케이는 『古神道大義: 皇國之根柢萬邦之精華』 續篇(淸水書店, 1913)에서 하루의 실수, 일 년의 실수 등 구체적으로 실행과 관련해서 정비해 놓고 있다.

> 사람은 누구라도 신이 될 가능성(possibility)이 있습니다. 누구라도 신이 될 수 있는 것은 아닙니다. 국가의 일원으로서 어느 정도 발전을 거듭해야 신이 될 수 있지만, 신이 될 가능성은 있습니다. 즉, 사람 중에서 비상히 뛰어난 자는 신이 됩니다. 신으로 모셔집니다. 이는 현재 눈앞에서 벌어지고 있다고 해도 좋을 것입니다. 메이지 천황을 메이지 신궁에서 제사 지내는 것입니다. 관보(官報)를 통해 표상된 것은 매우 최근의 일입니다. 메이지 천황은 메이지 45년까지 대학에 행차하셔서 우리가 배알(拜謁)하는 영광을 얻은 바 있습니다. 그 메이지 천황을 신으로 모시게 되었습니다. 이런 곳에 신도가 현존하고 있습니다. 신도의 명맥이 이어지고 있습니다. 신도는 옛날에는 있었지만 지금은 없어진 것이 아닙니다. 살아서 현존한다는 것은 메이지 천황을 메이지 신궁에서 제사 지내는 것에서도 알 수 있습니다. 또한 노기(乃木) 대장도 아시는 대로 이곳저곳에 노기 신사로 모실 계획에 있습니다. 이시바라시(石林)의 노기 신사는 이미 허가되었다고 합니다. 이것도 새로운 사실입니다. 누구라도 인간은 신이 될 가능성을 갖고 있습니다.[29]

이노우에는 "신이라는 것은 아래에 대해서는 가미(上)", 즉 "뛰어난 사람"이라는 의미로 신대(神代)와 인대(人代)의 구별이 명확하지 않다고 지적한다. 고대에는 인간에 한정하지 않고 자연물 등 무엇이든 뛰어난 힘을 가진 존재를 모두 '가미'라고 불렀지만, 후세에는 우월한 인간을 '가미'로 기린다. 그런데 이노우에에게 신으로 기려지는 사람들은 모두 국가를 위하여 헌신한 충신의사였다. 이들은 모두 천양무궁(天壤無窮)의 신칙(神勅)의 의미를 받드는 것으로, 환언하면 이 사람들은 신들의 국가

29 井上哲次郎, 「神道と世界宗教」, 344쪽; 「신도와 세계종교」, 『철학과 국가』, 410쪽.

경영의 뒤를 이어 그 목적을 달성하려 노력했다.[30]

그런 점에서 이노우에에게 신이란 기독교의 신과 거리가 상당히 멀었다. '국운의 발전을 비보한 영웅호걸 위인열사'로 유신 전후 국가를 위해 목숨을 희생하며 활동한 사람들은 이미 신으로 기려지고 있었다. 즉, 국가를 위해 어떤 방법으로 활동하는 것이 가장 적절한지는 각 시대에 따라 다르지만, 진정으로 국가를 위해 힘쓰고 국운의 발전에 공헌하려 노력하는 것이 신도의 본질이라고 그는 파악했다.

가케이 역시 신이란 결코 절대적인 존재가 아니며, 사람 역시 '살아 있는 신'이 될 수 있다고 생각했다. '현인신(現人神)으로 모시는 천황의 총람(總攬)하에 서는' 것으로 천황을 받드는 일본인이라면 누구라도 신이 될 수 있다고 보았다. 하지만 그 방법에는 조건이 있는데, 스스로를 잊고 사(私)를 버리는 일종의 몰아 상태에 이르는 것이다. 즉, 가케이가 말하는 신 역시 결코 절대적 존재가 아니라, 그 사람이 홀로 '독립인'이라는 점을 잊어버릴 정도로 사회에 공헌해, 사회적 인격으로서 충분한 역할을 담당할 때 가능하다.[31]

이렇게 보면 가케이의 논리는 국가에 절대적으로 헌신하는 윤리를 강조하는 방식으로 신도를 정의한 이노우에와 크게 다르지 않을 수 있다. 철학화된 불교와 달리 신도는 일상적인 윤리를 제공할 수 있었기에, 그리고 이는 사를 버리고 일종의 몰아 상태에 이른다는 점에서 이노우에와 가케이는 모두 신도를 필요로 했다.

하지만 가케이식의 이론화는 이노우에와 다른 지점들이 보인다. 그것은 그가 신도를 설명하면서 개념화한 용어들이 보여 주는 차이였

---

30 井上哲次郎, 「神道と世界宗教」, 344-345쪽; 「신도와 세계종교」, 『철학과 국가』. 410-421쪽 참조.

31 西田彰一, 『躍動する「国体」: 筧克彦の思想と活動』, 66-67쪽.

다. 이노우에가 앞선 글 「신도와 세계종교」에서 가케이의 고신도론을 비판한 이유 역시 여기에 있었다.

> 역사적으로 말하면, 신도에서도 고금의 다름이 있음은 말할 것도 없지만, 신도 그 자체로 말하자면 결코 고신도와 같이 구별해야 하는 것은 아닙니다. 가케이 박사는 고신도라는 것을 말하지만, 고신도라는 것에는 감복이 되지 않습니다. 고신도라면 그것은 고신도로, 역시 오늘날에는 필요 없지 않나 하는 느낌을 줍니다. 반드시 이름을 붙여야 한다면, 저는 고신도에 대해 신신도(新神道)라 부르고 싶습니다. (…) 고신도라고 하면서 가케이 박사 등은 굉장히 어려운 이론을 끼워 맞추고 있습니다만, 고신도는 그렇게 이론을 날조한 것이 아닙니다. 극히 단순합니다. 옛날 사람들은 마음이 단순했습니다. 가케이 박사는 오늘날의 학자이기 때문에 이론을 욱여넣는 것이 가능합니다. 보편아라든가, 표현인이라든가 하는 이론을 가득 욱여넣고 있습니다만, 옛날 사람들은 보편아도, 표현인도 알지 못했습니다.[32]

이노우에는 가케이와 같이 이론을 가져다 붙이는 것이 아니라, 단순한 점에 신도의 맛이 있다고 말한다. 그러나 가케이에게 이론화란 이노우에의 비판대로 그저 "지식인이 제멋대로 끼워 맞춘" 설명이 아

32 井上哲次郎, 「神道と世界宗教」, 346쪽; 「신도와 세계종교」, 『철학과 국가』, 413쪽. 이후에도 이노우에는 "순신도(純神道)는 역사적 사실이다. 그러나 순신도는 종교로서는 매우 유치한 것이다. 발전의 전망이 없지는 않지만 종래의 순신도는 매우 간단하고 소박한 것이다. 법학 박사 가케이 가쓰히코가 고신도를 '완전한 종교'라고 칭한 것도 또한 극단적인 것이라 말할 수 있다. 신도는 원래 불완전한 종교이지만, 예로부터 존재했다."라고 평가한다. 井上哲次郎, 『我が国体と国民道徳』(広文堂書店, 1926); 「우리 국체와 국민 도덕 세계종교」, 『철학과 국가』.

니었다. 적어도 그가 유학 시절 배운 학문을 불교나 신도에 정합적으로 적용하기 위한 노력이었다.

3. 다이쇼 생명주의의 자장 속에서: 신도와 생명의 만남

앞선 인용문들에서도 볼 수 있듯이, 가케이가 신도를 이야기하면서 특징적으로 내세운 것이 '생명'이라는 키워드였다.

> 천황도 우리도 서로 화혼(和魂)을 주의(主義)로 해서 존재하고 있기 때문에 그 결과로서, 그 사이에 본래의 일심동체, 즉 대생명이 나타나고 있습니다. 대생명이라는 것은 천황만의 생명이 아니며, 신민만의 생명도 아닌 것은 물론이고, 이는 쌍방에 통해 있는 보편적 대생명입니다. 천황의 신성한 은혜하에 우리가 서 있는 것을 전제로 하지 않는다면 결코 볼 수 없는 생명입니다. 다만 그러한 생명이 천황을 떠나 막연히 존재하는 것이 아닙니다. 대생명은 천황과, 그 아래 사사로움[私]을 버린 억조의 신민을 전제하지 않는다면 없는 것입니다. 대생명이란 천황만의 생명도 아니며, 신민 한 사람 한 사람 혹은 집합의 생명도 아니지만, 이들을 버리고 대생명만을 볼 수 있는 것도 아닙니다.[33]

그에게 대생명은 추상화된 관념에 그치는 것이 아니었다. 대생명은 천황과 신민을 포함한 보편적인 생명으로 정의된다. 그리고 이 대

33 筧克彦,『國家の研究』, 55-56쪽.

생명이야말로 모든 것의 유일한 근거로, 이는 과거에도 미래에도 변치 않는 것이라고 보았다. 서양에서도 생명이 중요한 것으로 여겨져 왔지만, "일본은 예로부터 일관되게 생명, 특히 대생명을 근저로 믿고 모든 일을 행해 왔다는 점"에서 다르다고 그는 설명한다. 이러한 대생명은 그 내부의 직각(直覺)에 물어보면 바로 느낄 수 있는 것으로, 그는 이를 자연과학에서처럼 증명할 수 있는 문제로 보고 논의를 전개한다.

그의 설명에 따르면, 생물학이나 생리학의 관점에서 우리는 양친 부모로부터 태어나고, 그 부모에게도 부모가 있고, 이렇게 거슬러 올라가면 우리 부모의 수는 엄청나다. 그렇다면 우리 부모와 우리 근본의 생명이 다르다는 것은 말이 안 된다. 우리는 무수한 부모가 가진 생명의 연장이고, 또 한 사람 내에 무수한 부모의 생명을 통괄, 포용하고 있기 때문이다. 따라서 우리 한 사람 안에 존재하는 생명이란 실은 자신만의 작은 생명이 아니라 무수한 부모의 전체를 망라하는 큰 생명이 이 작은 신체 안에 잠들어 있다고 그는 보았다.[34]

이는 마치 하나의 소나무 씨앗을 심으면 소나무가 나오고, 그것이 군이 되고, 그 안에서 수를 셀 수 없는 열매가 생기고, 또 그 열매를 심으면 큰 나무가 나오고, 거기에서 무수한 열매가 나오는 것과 같다. 이처럼 하나의 소나무 씨앗에는 몇천 그루의 소나무가 생겨나는 힘, 생명이 들어 있다. 따라서 소나무 열매의 생명은 작은 소나무 열매에 한정된 것이 아니라, 대단히 큰 생명이 그 안에서 나타나는 것이다. 따라서 실제 소나무 열매 하나 안에 수천만 그루의 소나무가 들어 있는 것과 같이, 우리 각각의 몸에도 큰 생명을 저장하고 있다는 논리다. 이러한 설명을 통해 그는 '일체대생명'이란 각각에 한정된 소생명이 아닌, 일체

34 筧克彦,『國家の硏究』, 59–60쪽.

의 소생명을 통괄하는 큰 생명, 본래의 일심동체임을 증명한다.[35]

즉, 가케이에게 "서로의 근저(根底)인 대생명은 따로따로가 아니라, 동일한 보편적 생명"이다. 서로가 동일한 생명을 갖고 있기 때문에 말을 해도 통하고, 맛있다든지 맛없다든지 하는 평도 가능한 것이다. 서로가 공동으로 여러 사업을 행하고, 상호 연구하는 것이 가능한 까닭도 원래 모두가 동일한 생명을 갖고 있기 때문이다. 이는 천황과 신민에 대해서도 마찬가지다. "상하 각각이 그 사사로움을 버리고 임함으로써, 천황도 대생명에 귀일해 대생명의 중심점이 되고, 신민도 천황에 의해 통괄되는 대생명에 귀일해 이를 표현하게 되어, 상하가 갈마들어 사사로움을 버림으로써 유일 보편인 대생명이 실현되는 것"이라는 그의 논리는 생명이라는 논리 속에서 도출될 수밖에 없었다.[36]

하지만 이러한 '대생명'이란 개념이 가케이만의 독특한 사고방식은 아니었다.[37] 당시 세계의 근원으로서 '생명'이라는 것을 상정한 생명원리주의는 거의 같은 시기에 니시다 기타로(西田幾多郎)가 그 철학의 출발을 연 『선의 연구』(1911)에서도 나타난다. 니시다가 "종교적 요구는 자기에 대한 요구, 자기의 생명에 대한 요구다. 우리 각자가 상대적

---

35 筧克彦, 『國家の研究』, 61–62쪽. 그는 또 다른 예시로 폭포라는 대생명과 포말이라는 소생명의 관계를 설명한다. 筧克彦, 『國家の研究』, 67–68쪽.

36 筧克彦, 『國家の研究』, 61–62쪽.

37 이는 앞서 비교한 이노우에와도 유사하다. 이노우에는 슐라이어마허의 양심(Gewissen) 개념을 빌려와 신을 설명하면서 브라만교, 불교, 그리스도교, 유교로부터 '인천합일(人天合一)'이라는 공통점을 추출한다. 이때 하늘[天]은 초월적 외부가 아니라 사람(人) 윤리의 근본원리로서 개인의 마음 안에 있는 것이다. 그는 또한 불교의 용어인 '대아(大我)'를 빌려 와 자신이 만든 '소아(小我)'라는 조어를 통해 인천합일이란 개념을 설명하는데, 이때 하늘이 대아라면 사람이 소아라는 구조를 갖는다. 그가 생명이라는 개념을 적극적으로 사용하고 있지는 않지만 가케이의 대생명과 소생명의 구도와 유사하다. 井上哲次郎(1899), 「宗教の將來に關する意見」, 『井上哲次郎集』 第3卷(2003), 231–234쪽.

으로 유한함을 지각함과 더불어 절대무한의 힘에 합일함으로써 영원의 참생명[眞生命]을 얻으려는 요구"라고 설명할 때, 그에게 진정한 종교란 "자기의 변환, 생명의 혁신을 구하는 것"이었다.[38] 니시다는 개개인이 인류를 위해 산다는 것, 즉 '인류와의 일체화' 욕구야말로 '선'이며 개개인의 마음에 본래 존재하는 깊은 욕구로서, 여기에 종교로 향하는 마음이 있다고 말한다. 따라서 사람은 저마다 마음속 가장 깊은 곳에 흐르는 '영원의 참생명'과의 일체화를 바란다. 다시 말해, 니시다에게 종교는 절대무한의 힘에 합일하는 것, 생명의 혁신을 구하는 것이다. 자신의 의식을 지우고 마음 가장 깊은 곳으로 내려가는 것, 선의 깨달음이라는 경지를 생명이라는 개념을 빌려 설명한 것이다.[39] 니시다는 신과 우주의 관계는 예술가와 그 작품의 관계가 아니라 본체와 현상의 관계로서, 우주는 신이 만든 것이 아니라 신의 표현이라고 설명한다. 이처럼 당시는 만유신론적 사상 혹은 범신론적 사상의 영향이 넘쳐 나던 시기였고, 생철학을 경유해 전체와 개체의 관계를 사유하려는 태도는 이 시기에 공통되게 나타나는 담론이었다.[40]

---

38 西田幾多郎(1911),『善の硏究』;『西田幾多郎全集』第1卷(岩波書店, 1965), 169쪽.

39 이 '참생명'은 후에『자각에서의 직관과 반성』(1914–1918)을 통해 '무한한 대생명'이라고도 불린다. 물론 니시다의 생명주의와 가케이의 그것은 차이가 있다. 니시다 기타로에게 국가란 생명의 자유로운 발현을 방해하는 것, 추악한 권력투쟁이라는 현실을 만들어 내는 것일 뿐이었다. 니시다의 생명에 대한 논의는 스즈키 사다미,『일본의 문화내셔널리즘』, 183쪽; 鈴木貞美,『「近代の超克」: その戰前·戰中·戰後』(作品社, 2015), 303–304쪽; 鈴木貞美,『歷史と生命: 西田幾多郎の苦闘』(作品社, 2020), 144–152쪽; 檜垣立哉,『西田幾多郎の生命哲学』(講談社, 2005), 73–79쪽 및 216–230쪽 등 참조.

40 "신이란 이 우주의 근본을 말하는 것이다. 위에서 서술했듯이 나는 신을 우주 바깥에서 초월한 조물주라고 보지는 않는바, 신이란 즉시 이 실재의 근저라고 생각한다. 신과 우주의 관계는 예술가와 작품의 관계 같은 것이 아니라 본체와 현상의 관계다. 우주는 신의 소작물이 아니라 신의 표현이다. 바깥으로는 해·달·별의 운

이처럼 다이쇼 시기 생명주의 흐름은 모든 것을 생명이라는 키워드 속에서 녹여 내는 용광로와 같은 장이었다. 즉, 베르그송, 니체, 오이켄 등 다양한 생명사상의 흐름이 하나로 엮여 다이쇼 사상 지형에 큰 흐름을 만들어 내고 있었다.[41] 물론 이때 세계의 근원으로서 '우주대생명'을 생각하고, 그것과 일체화해서 살아가는 것이 인간 마음의 본능이며, 이것의 가장 높은 단계로 종교를 생각하는 것은 지금의 종교 관념에서는 이상하게 보일 수도 있다. 신과 일체화하는 경험을 강조하는 것은 보통 일종의 신비주의로 여겨지기 때문이다.

하지만 당시 서양에서 일었던 종교 논의 역시 이와 크게 다르지 않았다. 예를 들어 가케이가 유학 시절 영향을 받았던 피히테가 신으로부터 받은 '생명'에 순종하면서 행복한 삶을 살아가는 것이 인간으로서 행복의 길이라고 설명한다거나, 슐라이어마허가 한순간 절대자와의 합일이 종교의 근본이라고 설명하며 이러한 신의 관점에서 생명을 이해해야 한다고 설명하는 방식이 그렇다. 이처럼 유럽에서도 기독교에서의 '신', 유물론에서의 '물질'이 아니라 그것들과 동등한 것으로서 만물의 근원으로 '생명'을 상정하는 다양한 사조가 일어나고 있었다.[42]

> 종교는 신과 사람의 대립을 인정하지만, 신과 사람의 귀일(歸一)을 그 정수로 하고 있다. 불교의 열반에도 여러 단계가 있지만, 차별이 있는 자아를 탈각하거나 이를 확장해 이체(理體)라든가 진여라든가 부처로 돌아가

행에서 안으로는 사람 마음의 낌새에 이르기까지 모조리 신의 표현 아닌 것이 없다. 우리는 그것들의 근저에서 하나하나 신의 영적인 빛을 받을 수 있는 것이다." 西田幾多郎, 『善の研究』, 178쪽.

41 宮山昌治, 「大正期におけるベルクソン哲学の受容」, 『人文』 4(2005), 83-84쪽.

42 스즈키 사다미, 『일본의 문화내셔널리즘』, 186-187쪽.

는 것을 말한다. 신플라톤파의 이상도 신인(神人)의 귀일에 있고, 기독교에서도 각파에 따라 언표하는 형식에 차이가 있지만 신에 절대적으로 귀일하고, 신의 자식이 되는 것을 주안점으로 삼는 사랑은 귀의의 가장 중요한 방법이다. 신학자 슐라이어마허가 "신이라는 절대에 귀의하는 감정을 종교"라고 한 것도 그러한 이유다.[43]

위 인용문에서 말하듯이, 가케이가 절대자로 귀의하는 감정이야말로 종교의 본질이며 이를 보장하는 것으로서 정신 공동체를 강조한 것 역시 슐라이어마허의 영향이었다. 슐라이어마허는 그가 『고신도대의』(1913)에서 서양의 종교를 이야기할 때 자주 전거로 가져온 인물이었다. 가케이는 "다수인 우리 생활 존재를 신에 귀일시키면서 신을 통해 이루어지는 보편적인 생활 존재가 되도록 하는 것이 종교 효능의 전부다."[44]라거나 "우주는 끊임없이 작동하는 것으로서, 어떠한 순간에도 우리에게 현현(顯現)하지 않는 바가 없다. (…) 이들을 통일적인 전부의 각 부분으로서, 유일 무한의 현현으로서 우리의 생활에 포함시켜, 이를 귀일하게 하여 이 전부를 편파 없이 우리 정신에 활약시키는 것이야말로 종교다."[45]와 같은 슐라이어마허의 말을 인용해서 종교를 설명하곤 했다.

슐라이어마허는 종교의 본질을 사유나 행위가 아닌 '직관'과 '감정'으로 파악하고, 종교를 '무한'에 대한 '감각'으로 정의한다. "종교는 우주의 영원하고 이상적인 내용과 본질에 대한, 그리고 무한자와 시간적 존재 가운데 있는 영원자에 대한 경건한 직관이며 느낌"이라고 정의

43 筧克彦, 『古神道大義: 皇國之根柢萬邦之精華』, 39-40쪽.

44 筧克彦, 『古神道大義: 皇國之根柢萬邦之精華』, 40쪽.

45 筧克彦, 『古神道大義: 皇國之根柢萬邦之精華』, 42-43쪽.

한 그는 종교를 "인간 속에서 무한자를 보며 그 각인된 흔적과 그 연출을 보는" 것으로 설명한다.[46] 당시 서양 역시 생철학의 흐름 속에서 대생명(All-Leben, Gesammtleben)이라는 개념을 통해 종교의 핵심을 설명하고, 가케이가 대생명을 통해 자아를 넘어 보편아(普遍我), 절대아(絶對我)를 추구하는 과정으로 파악하는 종교 개념은 이러한 생철학의 자장 속에 있었다.[47]

4. 천황기관설 논쟁과의 관계 속에서: '표현'으로서의 천황

생명이라는 개념이 가케이의 사상을 이야기하는 데 핵심적이라는

46 슐라이어마허 지음, 최신한 옮김, 『종교론: 종교를 멸시하는 교양인을 위한 강연』(한들, 1997), 45쪽과 56쪽. 슐라이어마허의 종교관에 대해서는 김승철, 「슐라이어마허의 종교관: '종교의 본질'에 관하여」, 『종교와 문화』 8(2002) 참조. 가케이가 직접 슐라이어마허에게 배운 것은 아니지만 슐라이어마허의 종교론, 철학에 영향을 많이 받은 딜타이를 경유해 그를 받아들인다. 당시 생철학과 관련해서는 염승섭, 「생철학의 지평: 딜타이와 베르그송 – 칸트, 헤겔, 슐라이어마허, 하이데거, 싸르트르와 연관지워」, 『독일학연구』 29(2013) 등 참조.

47 슐라이어마허 사상은 당시 일본 지식인들에게 지대한 영향을 끼친다. 당시 슐라이어마허의 영향에 대해서는 이노우에 엔료가 『종교철학』(1898)에서 마지막을 딜타이와 슐라이어마허, 셸링의 종교철학을 소개하는 것으로 마무리하는 데서도 확인할 수 있다. 엔료는 딜타이의 종교철학을 신비적 종교론으로 평가하며 이를 슐라이어마허의 영향으로 기술한다. 또한 슐라이어마허의 종교철학을 스피노자, 라이프니츠, 칸트, 피히테, 셸링의 철학을 종합화한 것으로 파악한다. 그리고 피히테, 슐라이어마허의 종교적 특징을 칸트의 영향하에서 구축된 윤리적 범신교의 일종으로 보고, 이 둘을 주관과 객관의 결합, 신인합일적 요소를 통해 법률과 종교의 상보적 관계를 구상한 인물들로 평가한다. 井上円了, 『宗教哲学』(哲学館, 1898), 300-336쪽.

점은 맞지만, 여기서 좀 더 주목해야 할 것은 그가 이를 설명하는 방식일지도 모른다. 이때 '표현(Manifestation, Darstellung)'이란 개념이 가케이의 논리 속에서 '생명'이란 말과 더불어 핵심적인 지위를 가지고 있음에 주목할 필요가 있다. 이는 딜타이가 정신과학을 설명할 때 중요하게 제시했던 것으로, 가케이에게도 종교와 법학을 일관하는 중요한 개념이었다.[48] 앞서 제시한 인용문들의 많은 부분에서 가케이의 '생명의 표현'이라는 개념과 마주하게 된다.[49]

그는 신도론을 설명하면서도 표현이란 개념을 중요하게 사용한다. 그는 신도의 신을 두 종류로 나누어 설명하는데, 아메노미나카누시노카미(天之御中主神)와 야오요로즈노카미(八百萬神)가 그것이다.

> 첫 번째 신은 유일의 아메노미나카누시노카미다. 이 신은 세계의 중앙이면서 그 근저의 신이고, 실로 모든 것에 편만(遍滿)해 있는 신이므로 우주 모든 것의 참된 대생명, 일물(一物)로서 [세상의 어떤 것도] 그 현현이 아닌 것이 없다. 때와 장소를 달리하는 모든 사물 각각에 그대로 내재하면서 또한 같은 때, 같은 장소에서 유일한 불생불멸의 생명이다. 조화도 생성도, 피조화도 피생성도 모두 이 신 밖에 있는 것은 아니지만, 특히 조화와 생성이라는 영역을 초월한 절대의 대생명이다. 우주의 대생명이지만, 과거와 현재에 실현되어 있는 우주에만 제한적으로 공통된 생명인 것이 아니다. 그러므로 이른바 우주와 그 존재 범위를 같이하거나 그 안에 매몰

48 난바라 역시 가케이의 국법학 강의에서 〈사물의 근본관계〉라는 주제로 선생의 독자적인 '표현'의 철학에 깊은 감명을 받았음을 말한다. 南原繁, 「筧克彦先生」, 『南原繁著作集』 第9卷(岩波書店, 1973), 356-357쪽.

49 앞서 본 니시다 철학에서도 표현 개념은 중요한 지위를 갖는다. 이에 대해서는 森哲郎, 「西田幾多郎における「表現」思想: 『善の研究』の成立と転回」, 『日本哲学史研究』 15; 中村雄二郎, 『西田哲学の脱構築』(岩波書店, 1987) 참조.

되고 마는 신이 아니라, 점점 더 우주의 모든 사물을 현현하게 하는 참된 생명이다. 모든 사물은 아메노미나카누시노카미로 귀일하며, 그것의 표현자이자 발현자이므로, 모두 이 신에게 귀일한다는 점에서는 불생불멸의 방면을 갖는다.[50]

이 신 아메노미나카누시노카미는 존재 전체다. 자신은 변화하지 않으면서 모든 변화하는 것에 편만해 있다. 변화하는 것들은 다만 절대의 대생명인 이 신의 드러남일 뿐이다. 여기에서 이 신이 대생명으로 존재하는 신이면서 반드시 그 표현자와 떨어져서 존재하지 않는다는 설명이 중요하다. 이렇게 표현되어 세계 속에 나타나는 것이 두 번째 종류의 신인 야오요로즈노카미다. 이 무수한 신은 유일한 신인 아메노미나카누시노카미의 표현자로서 그 성질, 작용에서는 유한하지만 아메노미나카누시노카미를 포장(包藏)하고 있기 때문에, 유한의 분담으로써 이에 의해 무한을 현현한다. 가케이는 이때 야오요로즈노카미, 즉 팔백만의 신 중에서도 총람신(總攬神)인 미무스비노카미(皇産靈神)가 중요하다고 설명한다.

아메노미나카누시노카미의 표현자로서, 세계의 창조, 화육, 생성자로서 세계와 대립하는 신을 다카미무스비노카미, 카미무스비노카미라고 한다. 이 신은 두 기둥이면서 동시에 한 기둥인 미무스비노카미에 다름 아니다. 큰 사랑[大愛], 큰 지혜[大智], 큰 의사[大意思]를 통괄하는 우주 근본의 조화와 생성을 관장하며, 향상(向上)하는 대생명에 의해 모든 것을 총람하는 기틀을 이루고 있다. 이 총람하는 대권의 계승이 — 적어도 속권에서

50 筧克彦, 『國家の硏究』, 120쪽.

는—우선 도요아시하라(豊葦原)에서 실현되어, 미무스비노카미와 일체를 이룬 것이 현인신인 천황이기 때문에, 천황은 단지 강제력을 휘두르는 분이 아니라, 큰 사랑, 큰 지혜, 큰 의사를 통괄하면서 대창설, 대생성 작용을 표현하시고 인간 향상의 대생명을 실현하시는 분임은 의심할 여지가 없다.[51]

천황은 팔백만의 신 중 대생명의 총람자로서 자리매김되고, 신도는 단순히 여러 종교 중 하나가 아니라 진정한 종교의 위치에 올라선다. 천황은 단지 강제력을 휘두르는 것이 아니라 큰 사랑, 큰 지혜, 큰 의사를 통괄하는 대생명의 표현자, 실현자로서 정의된다.[52] 이는 언뜻 보면 기존 신도론의 반복 같지만, 이때 표현이라는 말은 그가 유학 당시 독일에서 배웠던 범신론에 많은 영향을 받은 것이었다.[53]

그가 유학 시절 배운 딜타이는 정신적인 것을 강조하며, 이를 표현이라는 개념을 통해 설명한다.[54] 슐라이어마허 또한 절대적인 것의 합

51 筧克彦,『國家の研究』, 122-123쪽.

52 가케이는 그리스도교와 관련해서 메시아가 언제나 현실세계에서 일심동체의 중심이 되는 신앙을 통괄하는 총람자로서 존재하지 않고, 현세와 사후 세계의 관계가 안정되지 않아 피안의 세계에 집착하는 폐단을 낳으며, 현세와의 관계에 대한 설명이 부족하다고 비판한다.

53 니시다 쇼이치는 이를 딜타이에게서 빌려 온 개념으로 파악하지만(西田彰一,『躍動する「国体」: 筧克彦の思想と活動』, 66쪽), 야베 데이지의 회고에 의하면 가케이 본인은 "서양에는 (…) 표현이란 사상이 없고, 표현이라는 의미에 엄격히 해당하는 말이 없다."라고 밝힌 바 있다. 矢部貞治,「代表の社會的基礎」, 杉村章三郎 編,『筧教授還暦祝賀論文集』(有斐閣, 1934), 26쪽. 이는『불교철리』(1911)에서 표현 관계를 불교적인 용어로 설명한 것과 관련될지 모른다. 그는 화엄종의 사법계(四法界)의 설명을 통해 표현 관계를 설명하는데, '법신(法身)-보신(報身)-응신(應身)'의 삼신설의 구조가 동원된다. 頼松瑞生,「近代日本法思想に与えたる仏教の影響: 筧克彦の「仏教哲理」を中心に」, 147-151쪽.

54 "(정신과학의 세계에) 주어진 것은 항상 생의 표출(Lebensäußerung)이다. 이것은

일로서 종교를 설명하며, 예수를 절대자의 가장 뛰어난 '표현체'로 상정한다. 이를 좀 더 살펴보기 위해서는 슐라이어마허가 당대 스피노자의 '범신론' 논쟁을 통해 자신의 새로운 종교관을 만들어 낸 점을 통해 살펴볼 필요가 있다. 당시 독일 낭만주의적 사유 속에서 스피노자에 대한 특별한 이해 방식은 슐라이어마허, 딜타이 그리고 가케이의 사유를 밝히는 데도 중요하기 때문이다.[55] 스피노자에게는 신이란 즉 자연(Deus sive Natura)이다. 그러나 이때 신이 곧 자연인 것이지, 자연이 곧 신은 아니다. 신이야말로 유일하게 존재하는 실체이고, 이것이 다양한 방식으로 변양함으로써 여러 개체가 나타나는데, 이를 스피노자는 양태라고 부른다. 신 즉 자연이라는 실체가 다양한 성질이나 형태를 '표현'하여 양태로서 드러나는데, "실존하는 모든 것은 신의 본성, 즉 신의 본질을 일정한 양태로 표현한다".[56] 이때 스피노자가 말하는 표현이란 문제가 가케이의 표현과 거의 동일한 구조를 갖고 있음을 눈치챌 수 있다.

물론 슐라이어마허나 딜타이의 생각, 또는 이에 영향을 받은 가케이의 생각이 스피노자의 사상과 얼마나 정확히 닮았는가는 중요한 문제가 아닐지도 모른다. 왜냐하면 프레더릭 바이저(Frederick C. Beiser)도 지적하듯이 초기 독일 낭만주의자들이 스피노자를 그대로 가지고 온

감성계에 나타난 정신적인 것의 표현이다. 그래서 (즉 감성계에 나타났기에) 우리는 정신적인 것을 인식할 수 있다. 생의 표출로 나는 '무언가를 뜻하거나, 의미하려 (의도한) 표현'뿐 아니라 '그런 의도 없이도 정신적인 것의 표현으로서 우리에게 정신적인 것의 이해를 가능하게 하는 모든 표현'을 뜻한다." 빌헬름 딜타이 지음, 김창래 옮김, 『정신과학에서 역사적 세계의 건립』(아카넷, 2009), 483쪽.

55 슐라이어마허와 스피노자의 관계에 대해서는 김승철, 「슐라이어마허의 스피노자 이해」, 『종교연구』 68(2012) 등 참조.

56 스피노자의 표현의 문제에 대해서는 질 들뢰즈 지음, 이진경 옮김, 『스피노자와 표현의 문제』(인간사랑, 2003) 참조.

것은 아니기 때문이다. 초기 독일 낭만주의자들은 유일한 우주가 존재하며 정신적인 것과 물리적인 것은 그 우주의 다른 속성들에 불과하다는 일원론과, 신적인 것과 자연을 동일시한 범신론이라는 스피노자 체계의 두 가지 측면에 끌렸다. 그러나 스피노자주의의 매력에도 불구하고, 핵심적인 결함은 아직 낡은 데카르트 물리학의 도그마에 의해 제약받는다는 기계론적 설명에 있었다. 따라서 낭만주의자들은 새로운 유기체적 설명 패러다임을 가지고 와서 스피노자주의를 재해석했고, 그 결과 스피노자의 실체는 생명력으로 대체된다. 또한 이러한 유기체적 해석은 자연 안에 피라미드 혹은 위계의 관념 속에서 존재의 거대한 연쇄를 구성한다. 낭만주의자들은 이렇게 하여 라이프니츠의 활력을 스피노자의 유일한 무한 실체와 융합시켜 일종의 '생기론적 범신론(vitalistic pantheism)' 혹은 '범신론적 생기론(pantheistic vitalism)'을 만들어 냈다.[57] 가케이가 자신의 논의를 '표현범신론(表現汎神論)'이라는 말로 정의한 것은 이러한 생기론적 범신론의 세계관을 가지고 있던 독일 신낭만주의의 지적 자장과 관련된 것이었다.[58]

57 그런 점에서 엄격하게 말하자면 독일 낭만주의자들은 스피노자주의자라고 하기 어렵다. 이들은 스피노자를 배신하는 형태로 스피노자를 재해석했다고 프레더릭 바이저는 설명한다. 프레더릭 바이저 지음, 김주휘 옮김, 『낭만주의의 명령, 세계를 낭만화하라: 초기 독일낭만주의 연구』(그린비, 2011), 254-272쪽. 물론 독일 낭만주의를 단순히 반이성주의, 공동체주의, 보수주의로서, 계몽의 이성주의, 개인주의, 자유주의와 대립시키는 사유로 볼 수 없다. 초기 독일 낭만주의 정치사상에 대해서는 프레더릭 바이저 지음, 심철민 옮김, 『계몽, 혁명, 낭만주의: 근대 독일 정치사상의 기원』(도서출판b, 2020); 이사야 벌린 지음, 석기용 옮김, 『낭만주의의 뿌리』(필로소픽, 2021) 참조.

58 또한 가케이의 표현 개념이 이노우에 데쓰지로가 말하는 '현상즉실재'론과 어떠한 관계가 있는지 역시 밝혀져야 할 부분이다. 이에 대해서는 다음의 연구 주제로 삼고자 한다. 현상즉실재론에 대해서는 이 책 제2장 「이노우에 엔료는 불교를 어떻게 개량했는가?」 참조.

그런데 여기서 이 '표현'이란 개념이 법적·정치적 의미의 '대표(representation)' 개념과도 관련 있다는 점에 주의할 필요가 있다. 정치적 차원에서 representation란 누군가를 대신해 논의하는 차원(대의 민주주의, representative democracy)이나 무언가를 상징한다는 의미만이 아니라 말 그대로 보이지 않는 정치적 의사를 어떻게 재현(再-現, re-present)하는가에 있다. 이는 비가시적인 주권을 어떻게 다시 나타나게 할 것인가, 일본적 맥락에서는 천황을 주권과 관련하여 어떻게 설명할 것인가라는 문제와 관련된 것이었다.[59]

가케이의 표현 개념을 정치적으로 읽어 낸 작업은 일찍이 도쿄제국대학 법학과 후배 교수였던 정치학자 야베 데이지(矢部貞治)의 논의에서 확인할 수 있다. 야베는 가케이의 환갑기념논문집에 실린 「대표의 사회적 기초(代表の社會的基礎)」(1934)에서 representation이 가진 개념의 난해함을 설명하며, 표현·대표·대리를 구별한다.[60] '표현'이 완전공동체에서의 일체성, 연대성, 동질성을 강조하는 논리라면, '대리'는 목적사회(=게젤샤프트)의 분화와 이원성을 강조하는 논리다. 그리고 '대표'는

59 그런 점에서 정치적 개념으로서의 대표는 종교적 기원과 떨어져 있지 않다. 이에 대해서는 Hanna Fenichel Pitkin, *The Concept of Representation* (University of California Press, 1972); F. R. Ankersmit, *Political Representation*, (Stanford University Press, 2002) 등 참조. 일본에서의 대표 개념의 수용과 관련해서는 김범수 외, 『근대 일본과 번역의 정치: 대의정체 개념의 수용과 변용』(서울대학교출판문화원, 2023) 참조.

60 그는 라이프홀츠의 설명을 가지고 와서 대표 개념을 다음과 같이 설명한다. "가장 통속적, 일반적으로는 다수를 이루는 무리를 대신해 행동하거나, 그 의사, 이익, 입장 등을 표명하는 경우에 그 대표하는 것과 대표되는 것의 종류, 성질, 그 관계 등을 묻지 않고 대체로 '대표(Repräsentation)'라고 하는데, 기타 잡다한 경우에도 사용된다. 학술상으로도 '대리(Vertretung)', '기관(Organ)'과의 관계가 특히 불명확하고, 나아가 '추상(Abstraktion)', '반성(Reflexion)', '표징(Symbol)' 등 개념과의 관계도 문제가 된다." 矢部貞治, 「代表の社會的基礎」, 9쪽.

이러한 두 논리를 절충, 결합한 것으로 해석한다.

> 완전공동체에서 공동체 생활의 의사 내지 행동하는 관계는 '표현'의 원리다. 이러한 사회에서 단체의 일체성은 본래적으로 존재해, 그 구성원은 어떤 분화적이고 독립적인 의식을 갖는 것이 아니라, 정신적이고 육체적인 모든 존재는 오직 그 일체적인 전체 생명 중에 몰입해 부분은 전부를 위해서만 존재하는데, 가케이 박사가 말하는 '본래의 일심동체'로서 유일한 근원에 '귀일'한다는 것이 이것이다. (…) 이러한 사회에서는 최고의 표현자—가케이 박사의 이른바 자주 내지 총람 표현—역시 초월적 전제자(專制者)가 아니라 다른 성원과 같이 근원적 보편아에 의해 그 안에서 그리고 그것과 함께로서만 존립한다. 이에 대비하여 목적사회의 의사 관계는 본질적으로 개인적이고 사적인 '대리'의 관계에 의해 성립한다. 여기서 근본적으로 존재하는 것은 오직 분화적이고, 고립적인 사적인 개인 또는 개개의 단체다. 사회적 유대는 이러한 사인 내지 사적 단체 다수의 일정 목적이나 이익의 평균과 공통을 고려하고 계산하여 정해지는 것이다.[61]

즉, 야베가 파악한 표현은 대리와 대칭을 이루는데, 이는 공동체의 일체성과 동질성을 강조하는 것이었다. 야베는 당시 유럽에서의 논쟁을 소개하면서, 개인과 공동체의 관계 속에서 개인적 분화와 자각을 통해 구성된 사회로 볼 것인지, 개인은 오직 그 공동체 정신의 운반자로서만 생활, 행동하는 것으로 볼 것인지의 문제로 이를 설명한다. 이는 representation이라는 정치적·법적 개념에 내재하는 이중성에 근거

61 矢部貞治,「代表の社會的基礎」, 18-19쪽.

한 것으로, 당시 유럽에서도 군주와 인민의 관계를 설명하는 데 있어 representation 개념은 논쟁적인 것이었다.

야베는 대리와 대비되는 표현이라는 개념 속에서 가케이의 논리를 국가를 일체화시켜 파악하는 것으로 본다. 하지만 이때 야베가 가케이의 천황론이 초월적 전제자로서 군림한다는 생각은 아니라고 주의를 달고 있음에 주목할 필요가 있다. 국가 구성원은 모두 공동체의 표현자이고, 천황 역시 '자주표현인', '총람표현인'으로서 근원적 보편아(=국가)의 표현 중 하나였다.[62] 그런 점에서 가케이에게 천황이 국가 그 자체를 의미하는 것은 아니었다. 실제로 가케이는 천황이 표현 통치행위의 주체이지 국가 통치권의 주체는 아니라는 점을 분명히 한다.

> (천황은) 즉 한 몸[一己]을 버린 신, 그중에서도 최고인 신의 표현으로서 존재하시는 분이다. 바꿔 말하면 표현인으로서, 한 몸의 사사로움을 주장하는 분이 아니시다. 즉, 국가통치권의 총람표현인(總攬表現人)이시고, 국가의 자주표현인(自主表現人)이시다. 국권의 주체는 일심동체인 국가다. 자주보편인인 황국이 있고, 국권을 총람해 표현하는 분이 천황이시다. 그렇다면 천황은 표현 통치행위의 주체라 할 수 있지만, 국가 통치권의 주체는 아니시다. 천황은 그 표현행위에 관해서는 즉 국가이지만, 국가가 즉 천황이라 말할 수는 없다. 천황이 그 대권을 행사하는 경우에 이것이 국가의 행동을 표현하는 것이다.[63]

---

62 그에게 절대아가 우주 내지 신이라면, 보편아는 자아를 통괄하는 아로서, 절대아와 자아의 중간에 위치한다. 즉, 보편아는 절대아를 이상으로 해서 각각의 자아가 현실에서 가능한 공동체를 형성할 때 사용하는 사회적 자아다. 西田彰一, 「一九〇〇年代における筧克彦の思想」, 『日本研究: 國際日本文化研究センター紀要』 53(2016), 259-261쪽.

63 筧克彦, 『國家の研究』, 16쪽.

가케이는 천황을 '표현'이라는 개념으로 설명하며, 국권의 주체는 국가임을 분명히 한다. 그런 점에서 가케이가 표현으로 천황을 설명하는 논리는 당대의 천황기관설(天皇機関説) 논쟁과도 깊은 연관이 있었다.[64] 흔히 1차 천황기관설 논쟁이라 불리는 국체 논쟁은 미노베 다쓰키치(美濃部達吉)와 우에스기 신키치(上杉愼吉)가 각각 상대의 저서를 비판하면서 시작되었다. 미노베는 『헌법강화』(1912)에서 천황을 국가의 최고 기관으로 위치시켜, 국민에게도 주권이 있다고 주장하는 천황기관설을 본격적으로 전개한다. 이는 우에스기가 『국민교육 제국헌법 강의』(1911)에서 천황이 나라의 절대적 주권자이며 국민이 주권자라는 생각은 옳지 않다는 천황주권설을 제창해 미노베를 비판한 것에 대한 반박이었다.[65]

우에스기는 그의 스승이었던 호즈미 야쓰카(穂積八束)의 논의를 이어받아 천황 절대적 주권설의 입장에서 대일본제국은 만세일계의 천황이 통치하는 순수한 군주국체임을 강조한다. 천황이 없으면 국가도 없고, 신민도 없고, 영토 역시 없다는 것이 그의 논리였다. 주권은 천황 한 사람에게 있을 뿐, 일본 신민은 천황에 복종하는 것이 국체의 핵심

64 石川健治, 「権力とグラフィクス」, 267쪽.

65 이 논쟁은 많은 헌법학자가 미노베를 지지하고, 우에스기를 비판하는 것으로 사실상 미노베의 승리로 끝난다. 그 후 미노베의 학설은 '천황기관설 사건'(1935)으로 미노베가 우파들에게 배격되기까지 헌법학의 권위로서 지위를 확립하게 된다. 하지만 메이지 헌법이 만들어지는 과정에서부터 줄곧 천황을 기관(대표)으로 볼 것인지, 주권 그 자체로 볼 것인지에 대해서는 논쟁의 씨앗을 품고 있었다. 천황기관설과 가케이의 관련성에 대해서는 西田彰一, 「天皇機関説と筧克彦」, 島薗進·末木文美士·大谷栄一·西村明 編, 『近代日本宗教史』 第4巻(春秋社, 2021); 石川健治, 「権力とグラフィクス」 등 참조. 이 외에도 이 시기 천황기관설 논쟁과 관련해서는 山崎雅弘, 『「天皇機関説」事件』(集英社, 2017); Chungjae Lee and Stacey Liou, "Inverted founding: Emperor organ theory, constitutionalism, and *koku-min*," *European Journal of Political Theory* 21, Issue 2(2019) 참조.

이었다. 그는 "일본국이라는 대생명은 천황"이라고 규정한다.

이에 비해 미노베는 당시 독일의 국가법인설을 받아들여 국가를 법인으로, 천황을 그 법인의 기관으로 파악한다. 미노베에게 천황이란 일종의 머리와 같은 것이었다. 실제로 미노베는 우에스기의 논의를 비판하며 기관이라는 말은 국가나 기타 단체를 유기체, 특히 인체에 비유한 데서 생긴 말로, 군주가 국가의 기관이라고 하는 것은 흡사 인간의 두뇌가 인간의 기관이라는 것과 마찬가지 의미라고 반박한다.[66] 우에스기가 기관을 '단체를 위하여 일하는 사람'이란 뜻으로 해석한다면 천황을 인민 전체라는 단체를 위해 일하는 사용인에 불과하다고 주장하자 이에 대해 미노베가 재반박한 것이었다. 즉, 미노베는 군주를 두뇌로, 인민을 세포로 하여, 이들을 하나의 신체를 구성하는 요소로서 파악한다. 인민이 국가가 아니듯이 군주의 일신 역시 국가가 아닌 것이다. 이러한 논리를 바탕으로 그는 통치권은 군주가 전횡하는 것이 아니라 국민의 동의를 얻어서 행하는 것이며, 입헌군주의 정치는 군주주의의 골격 속에 민중정치의 정신을 품은 것이라고까지 주장한다.[67]

---

66 "나는 결코 인민이 곧 국가가 된다고 하는 것이 아니며, 또한 우에스기 박사와 같이 군주의 일신이 즉 국가라고 하는 것도 아니다. 이 같은 사상은 강력히 배척하는 바다. 내가 국가를 단체라고 하는 것은, 비유로서 말하자면 국가는 흡사 일개인과 같아, 군주는 흡사 그 두뇌와 같은 지위에 있고, 유사백관(有司百官)은 흡사 그 팔다리, 눈, 귀와 같고, 인민은 흡사 인체를 조직하는 세포와 같은 것이 된다. 인민이 국가를 조직하는 분자라고는 해도, 국가 그 자체가 아닌 것은 흡사 세포가 인간이 아닌 것과 같다." 美濃部達吉, 「上杉博士の「国体に関する異説」を読む」, 星島二郎 編, 『上杉博士対美濃部博士最近憲法論』(実業之日本社, 1913), 50쪽.

67 그것은 니시다가 주장하듯이, 이미 천황이 represent한다고 할 때 이 말을 '대표(代表)'가 아니라 '표창(表彰)'으로 번역해야 한다고 주장한 이토의 입헌주의적 주장과 맞닿아 있다. 西田彰一, 『躍動する「国体」: 筧克彦の思想と活動』, 45쪽. 당시 represent의 번역에 대해서는 瀧井一博, 「象徴として天皇: 明治憲法下での議論」, 鈴木貞美·劉建輝 編, 『東アジアにおける知的交流: キイ·コンセプトの再検討』(国

그렇다면 가케이는 천황기관설과 천황주권설 중 어느 입장에 서 있었을까?[68] 이 시기 천황을 일종의 기관에 비유하는 사유는 천황=주권으로 생각하는 이들에 대한 안티테제적 측면을 갖고 있었다. 그러나 가케이의 논의는 천황기관설을 인정하면서도 이를 통해 미노베가 주장했던 대의정치의 필연성을 국가법인설에서 구하는 논의에는 동의하지 않는다. 가케이는 그렇게 말할 때의 대표란 개인이 주체가 되기 때문에, 개인이 국가보다 우선되어 국가와 개인 사이에 대립 관계가 생길 수밖에 없다고 보았다.

> 만인은 본래 무차별하다는 것을 전제로 인정하는 '표현'이라는 것과 유사하지만, 다른 것이 있다. 그것은 '대표'라는 것인데, ['표현'과] 다소 유사하지만 큰 성질의 차이가 있다. 오늘날에는 그 어떤 것에도 대표, 대표라 하는데, 이는 'represent', 'représenter/repräsentieren' 등 서양어의 번역어로, 본래 차별을 통해 독립하는 방면을 주로 한 후 존재한다. 각각 개별의 존재가 있어 인격자의 한쪽이 다른 쪽을 대신해 행동하는 경우, 대리하는 자(代る者)가 대리되는 자(代らるる者)를 나타내고 있음을 말한다. (…) 의원이 국민을 대표한다든지, 대신(大臣)이 국가를 대표한다고 통속적으로 말하는데, 이 경우 국민과 의원이 다른 것임에도 불구하고 의원은 국민의 얼굴로서 국민이라 칭해 행동한다는 의미다. 대신과 국가란 원래 다른 것이지만, 대신은 국가가 되어 행동한다는 뜻이다. 표현의 관념이란 그런

際日本文化研究センター, 2013) 참조. 메이지 시기 representation의 번역어에 대해서는 김태진, 「대의제를 둘러싼 번역과 정치: representation의 번역어로서 대의/대표/상징」, 『정치사상연구』 27-2(2021) 참조.

68 이에 대해서는 우에스기의 국체헌법학의 아류로 평가하는 입장과 미노베와 가깝다는 두 가지 평가가 공존한다. 西田彰一, 『躍動する「国体」: 筧克彦の思想と活動』, 77쪽.

> 것이 아니다. 대신이나 의원이 국가의 표현인이라는 것은, 본래 대신이나 의원은 그 권한에 있어 국가 그 자신이므로, 대신이나 의원이 없다면 국가는 그 범위에서 결여되어 버린다.[69]

그는 대표와 표현의 차이를 설명하면서 천황이나 대신들이 정치적 의사를 표현하는 것이 국가 그 자체도 아니지만, 그렇다고 '대리하는 자'와 '대리되는 자'로 독립적으로 구별되는 것도 아니라고 설명한다. 그런 점에서 가케이의 논의는 천황기관설과도, 천황주권설과도 차이를 보인다. 천황은 미노베의 주장처럼 하나의 기관도 아니지만, 우에스기의 주장처럼 생명 그 자체도 아니었다. 표현이라는 문제에 한정해 보자면 천황도 국민도 동일한 대생명의 표현 양태였다. 이것이 1935년 본격적으로 천황기관설 논쟁이 벌어졌을 때, 가케이가 미노베를 역적이라고는 볼 수 없다고 내심 옹호하면서도, 천황기관설에서는 한발 떨어진 모습을 보인 이유였다. 그런 점에서 표현 개념은 천황기관설에서 천황을 머리와 같은 기관으로도, 천황주권설에서 천황을 생명 그 자체로 보는 것과도 다른, 종교와 생명을 매개로 새로운 천황과 국민의 관계를 모색한 것이었다.[70]

물론 가케이의 논리 안에서 주체에 따라 표현할 수 있는 역량의

69 筧克彦,『古神道大義: 皇國之根柢萬邦之精華』, 356-357쪽.

70 西田彰一,『躍動する「国体」: 筧克彦の思想と活動』, 76-88쪽. 우에스기는 가케이의 보편아 이론에 대해, 가케이의 고신도론이 범신론에 빠져 있으며 이것이야말로 근본적 결점이라고 비판한다. 그 이론은 천황에 대한 절대적 신앙이 아니라 천황이 보편아의 표현인에 지나지 않는 신앙이라는 것이다. 前川理子,『近代日本の宗教論と國家: 宗教學の思想と國民教育の交錯』(東京大學出版會, 2015), 321-322쪽. 메이지 헌법과 국가유기체설에 대해서는 嘉戸一将,「身体としての国家: 明治憲法体制と国家有機体説」,『相愛大学人文科学研究所研究年報』4(2010) 참조.

차이는 존재한다. 가케이는 국가의 구성원인 표현인을 '자치표현인(自治表現人)'과 '치타표현인(治他表現人)'으로 구별하여 설명하는데, 최고 기관인 천황이 자주표현인, 총람기관인, 표현보편인이라면 그 외 기관은 치타표현인, 피총람표현인으로 설명한다. 표현이라는 관점에서는 모두 보편아인 국가를 나타내지만, 그 성질의 차이는 분명히 존재하는 것이었다.[71] 그리고 이는 가케이가 유학 당시 배운 기르케(Gierke)의 기관 개념을 받아들이면서 이를 범신론에서의 표현이라는 개념을 통해 결합시키고자 했던 것이었다.[72]

그렇다면 가케이는 왜 이러한 논리를 전개한 것일까? 당시 다이쇼 데모크라시 등 민중운동이 고양되는 혼란스러운 상황 속에서 새로운 지배질서의 정당화가 요청되던 시기였다. 그런 점에서 그가 천황을 표현이라는 자리에 놓는 것은 새로운 지배 체제의 정당성을 부여하려는 성격을 띤다. 그는 기존의 신도론들이 이야기하듯 천황을 모든 것의 근원적인 존재로 위치시킬 수도 없었고, 그렇다고 천황과 인민의 관계, 공동체적 관계들이 해체되는 상황 속에서 손을 놓고 가만히 있을 수도 없었다. 따라서 이 시기 가케이가 신도론을 새로이 논리화하고자 한 이유는 단순히 천황을 주권자로서 상정하고, 복종하는 신민들을 만

71 石川健治, 「権力とグラフィクス」, 294쪽.

72 기르케의 기관(Organschaft) 개념에 의하면 각각이 대표하는 것은 그 권한 내에서만이다. 예를 들면, 입법부, 사법부, 행정부가 각각의 권한 범위 내에서 각각이 전체를 대표하면서도 단체 인격은 분열을 피할 수 있다. 기르케는 이 기관 개념의 도입에 의해 권력분립론을 채용하면서도 분열을 피하는 유기적 단체 인격을 만들어, 전체와 구성 부분이 유기적으로 결합한 '진정한 국가 개념'을 체계화한다. 遠藤泰弘, 『オットー·フォン·ギールケの政治思想: 第二帝政期ドイツ政治思想史研究序説』(国際書院, 2007), 89-91쪽. 이후 그는 국가법인설을 유기체적 국가법인설과 원자론적 국가법인설로 구별하여 후자를 비판한다. 筧克彦, 『大日本帝國憲法の根本義』(岩波書店, 1936), 107쪽.

들어 내기 위해서가 아니었다. 오히려 당시 국체론의 유행 속에서 이를 대생명의 표현이라는 방식으로 '합리화(rationalization)'시키기 위해서였다.[73]

물론 가케이의 논리가 이후 난바라 시게루가 비판하듯이 '새로운 낭만주의'적 사고에 박혀 민족적 특성을 강조하는 담론으로 기능해 온 점은 분명하다. 난바라는 『국가와 종교』(1942)에서 당시 독일의 파시즘을 비판하며 종교적 실재가 철학적 인식의 문제가 되며, 철학적 인식이 세계 실재의 질서 문제로 사유됨으로써, 종교적 실재의 문제가 아니라 오히려 역사적=사회적 실재가 중요하며, 종교적 신비를 대신한 국가관, 종교적으로 보편화된 국가실재론이 대두했다고 지적한다. 근대 독일에서 유행했던 '생철학(Lebensphilosopie)' 및 '현상학'이 그것이며, 이 기초에는 생명의 신비적 요소 혹은 사회적인 바이탈리즘(vitalism)의 계기가 있었다는 것이다. 독일을 중심으로 일어난 이러한 낭만주의적 요소는 '신낭만주의'가 되어 낭만주의의 근본이념이었던 동적인 힘으로서의 생명을 현실적인 민족적 생으로 '종'의 핵심으로까지 위치시킨다. 낡은

73 일반적으로 신도의 '비합리적' 논리 체계가 국가주의 내지는 천황을 중심으로 하는 광신도적 열광에 빠지게 했다고 평가된다. 하지만 이런 단순한 이해로써는 신도의 논리 체계가 만들어질 당시 서양에서 종교에 대한 인식이 어떠했으며, 이를 받아들이면서 나름의 논리 체계를 구축했던 신도의 특징은 무엇이었는가라는 지점에까지 눈을 돌리지 못하게 한다. 하지만 막스 베버가 탈주술화(Disenchantment)의 과정으로서 근대를 설명할 때 일종의 합리성(Rationality)이 등장하는 과정을 이해할 필요가 있다. 베버의 논의를 비서구세계에서 합리성이 제대로 발전되지 않은 과정으로 파악하는 경향들이 있지만, 오히려 비서구세계에서 종교가 만들어지는 과정 역시 비합리적이라기보다 '나름대로'의 합리화 과정으로 파악할 필요가 있다. 이때 베버식 합리화 과정은 어떤 단일한 문화권 내의 특별한 혹은 잘못된 이해에 바탕한 전유나 오해라기보다, 교섭 과정에서 일어나는 변용의 차원으로 파악될 수 있을 것이다. 이에 대해서는 호미 바바 지음, 나병철 옮김, 『문화의 위치』(소명출판, 2012), 90-110쪽 참조.

낭만주의가 비정치적이고 심미적인 '정숙주의'였음에 비해 새로운 낭만주의는 적극적이고 정치적인 '행동주의'가 되어, 국가실재의 생명-실체적 국가의 개념이 절대적인 신적 실재를 대신하게 되었다는 것이다.[74] 이는 당대 독일에 대한 난바라의 비판이었지만, 동 시기 일본에 대한 비판이기도 했을 것이다.[75]

5. '우주대생명'으로서 신도의 논리: 신도-생명-표현의 철학

가케이의 난해한 논리를 파악하기 위해서는 당대의 지성사적 맥락의 복원이 필요하다. 그런 점에서 이 글은 그가 '신도'에 주목한 이유를 이노우에 데쓰지로의 종교 개념과 비교하면서, 니시다 기타로를 비롯한 다이쇼 '생명'주의라는 지적 자장을 염두에 두면서, 이때 생명의 '표현'이라는 말이 갖는 정치적 의미를 천황과 주권의 관계를 설명하는 국체 논쟁의 맥락에서 함께 보고자 했다. 그리고 이들 논리의 기저가 되는 서양의 지적 영향을 함께 살펴봄으로써 가케이의 난해한 사상에 접근하고자 했다.

---

74 난바라 시게루 지음, 윤인로 옮김, 『국가와 종교』(소명출판, 2020), 101-102쪽과 186-189쪽. 난바라 시게루의 국가와 종교의 관계에 대해서는 박은영, 「『국가와 종교』를 통해 본 난바라 시게루(南原繁)의 평화론」, 『일본문화연구』 78(2021) 참조.

75 물론 가케이와 난바라의 관계를 전전의 광신도와 전후의 민주주의자로 나누어 대칭적으로 볼 수는 없다. 둘이 정치와 종교의 관계에 대해서는 이견을 보이지만, 문제의식에서는 공통되며 어떤 점에서는 난바라가 가케이의 논리를 이어받고 있다. 난바라에게서 '일본적 민주주의', '새로운 전체'의 의미를 가케이의 공통성과 관련해 분석한 논의로는 下畠知志, 「筧克彦と南原繁: 「日本的民主主義」の位相」, 『日本史学集録』 42(2021), 30-34쪽 참조.

다시 한 번 가케이에 대한 회고로 돌아가 보자. 가케이의 아들 가케이 야스히코(筧泰彦)가 쓴 「아버지 가케이 가쓰히코」에 따르면 가케이의 서재는 말 그대로 기이한 풍경을 보여 준다.

> 도코노마(床の間)에는 연꽃을 배로 삼아 파도 위에 떠 있는 관음(觀音)이 놓여 있고, 오쿠니누시노미코토(大國主命)상도 있었다고 합니다. 책상 정면의 벽에는 미켈란젤로의 모세상, 티치아노의 그리스도, 그리스도의 4대 제자의 그림이 액자에 담겨 걸려 있고, 다른 벽에는 라파엘로가 그린 시스티나의 마돈나, 칸트, 헤겔, 괴테, 실러, 그리고 딜타이 등이, 책장 위에는 소크라테스, 플라톤, 아리스토텔레스의 흉상, 그리고 연구에 이용하는 진짜 두개골이 있고, 책장 옆에는 라파엘로의 아테네 학교, 칼뱅의 동상 사진 등이 걸려 있으며, 서재 입구 정면 책장에는 마르틴 루터의 초상, 그 밑에 바르트부르크성과 바르트부르크성 안 루터의 서재를 찍은 착색 사진이 액자에 담겨 걸려 있었습니다.[76]

자신이 경애하는 성인과 철학자의 조각상 및 그림을 서재에 빼곡히 늘어놓고 있었던 가케이의 모습은 '간나가라의 길'을 외치며 천황을 대생명의 표현자로 강조하던 그의 모습과 비교할 때 무언가 이상해 보일지 모른다. 그러나 단순히 이상하다고 말하는 데서 그칠 것이 아니라 그 이상함의 정체를 알기 위해서라도 역사적 판단은 차치하고, 좀 더 꼼꼼히 그의 논리가 만들어지는 과정을 살펴볼 필요가 있다.

'간나가라의 길'에 관한 내용을 읽으면 가케이가 괴벽스러운 국수주의자로 보일지도 모르지만, 그의 서재가 보여 주듯이 그는 서구 문

76 筧泰彦, 「父筧克彦のことども」, 40쪽.

명에 대해서도 해박한 지식을 가지고 있었다. 서재에 장식된 위인상은 그냥 잡탕식으로 모아 놓은 것이 아니라 자신이 학문을 통하여 진심으로 존경하게 된 문화적 위인들의 상이었다.[77]

그런 점에서 가케이의 신도사상이 흔히 일본의 우월성을 강조하는 것으로만 읽혀 왔지만, 그의 사상에 대한 해석은 앞서 살펴보았듯이 여러 복합적인 영향성과 시대적 배경 속에서 살펴볼 필요가 있다. 왜냐하면 그의 신도 논리가 서양의 기독교와 근본적으로 대립하는 것처럼 보이지만, 당시의 독일 낭만주의자들에게서 보이는 생기론적 범신론의 이해 속에서 기독교를 해석하려는 시도와 그리 멀지 않기 때문이다. 가케이는 생기론적 범신론을 전제로 하여 절대자를 대생명으로서, 만물을 이 대생명의 표현으로서 바라보며 신도 역시 이 관점에서 이해하고자 했다.

물론 마루야마 마사오(丸山眞男)가 일본 사상의 특징으로 일종의 정신적 '잡거성' 혹은 '습합'적 정신성을 제시했던 것처럼, 가케이 역시 새로운 것, 본래 이질적인 것들을 과거와 충분한 대결 없이 무자각적으로 섭취한 면이 있다. 마루야마가 지적한 "유럽의 철학이나 사상이 흔히 역사적 구조를 해체당하거나 사상사적 전제로부터 분리되어 부품으로서 쉴 새 없이 받아들여지는 결과, 고도의 추상을 거친 이론이 뜻밖에도 우리의 옛 습속에 뿌리내린 생활감정에 어필하기도 하고, 유럽에서는 강인한 전통에 대한 필사의 저항 표현에 지나지 않는 것이 여기서는 오히려 '상식'적인 발상과 합치되기도 하고, 혹은 최신 수입품이 이

77 다치바나 다카시, 『천황과 도쿄대 1』, 117쪽. 실제로 가케이는 공자, 노자, 석가, 예수를 포함하는 세계 위인들을 망라해 하나의 신사에 합사할 것을 주장했다. 이로써 신도를 세계종교로서 위치시킬 수 있다는 것이었다. 그의 서재는 그가 바랐던 이러한 신사의 축소판이었을 것이다. 石川健治, 「権力とグラフィクス」, 271쪽.

미 가지고 있는 사상적 비축물에 근사하게 들어맞는 그런 사태"가 가케이의 사상적 구축 과정에서도 동일하게 일어난다.[78]

신도는 고정화된 이념이 아니라, 역사적 상황에 맞추어 당대의 사상과 접속하면서, 특히 이데올로그들의 필요에 따라 변화해 가는 일종의 담론 체계라 할 수 있다. 헤이안 시기 불교의 본지수적설(本地垂迹說)을 빌려 신도식 논리를 만들어 간 것처럼, 가케이의 신국사상은 스피노자–슐라이어마허–딜타이 등의 사상적 영향하에서 우주대생명의 표현으로서 신도 이론을 만들어 냈다. 그런 점에서 이 시기를 묘사하는 기존 연구들처럼 모든 신도의 기획을 중세적 과거의 복원을 열망한 본질적으로 반동적인 운동으로만 파악하는 것은 과도한 일반화의 오류일 수 있다.[79] 물론 가케이의 신도식 사유가 이후 국가주의와 결합한 것은 부정할 수 없지만,[80] 이 시기 신도의 정치적 기획은 여러 갈래로 구별

---

78 마루야마 마사오 지음, 김석근 옮김, 『일본의 사상』(한길사, 2012), 61–66쪽. 그런 점에서 박규태는 일본 종교의 특성으로서 '심리주의'적 경향을 지적한다. 이에 대해서는 박규태, 「아네사키 마사하루와 종교학: 근대일본 지식인에게 있어 종교와 국가」, 『동아시아문화연구』 54(2013); 박규태, 「일본 종교학의 전개와 특징」, 『종교연구』 48(2007) 참조.

79 신도와 관련된 모든 정치적 기획을 전체주의라거나 지금의 국가주의로 비판하려는 경향이 그것이다. 우리는 전전의 모든 논의를 계몽주의의 안티테제로서, 즉 기계론적 합리성을 거부하고 국가나 천황만을 강조한 내용으로 읽고, 국가를 개인보다 우선에 놓는 일종의 보수적인 정치철학으로 읽는 데 익숙하다. 물론 그러한 경향성 자체를 부정할 수는 없지만, 이러한 일반화는 국가에 대비해 개인의 자유를 옹호하고자 하는, 혹은 '국가 대 개인'이라는 만들어진 이항구도 속에 모든 논의를 끼워 맞추려는 시도라는 점에서 재고의 여지가 있다. 지금 관점에서 국가주의냐 자유주의냐라는 양자택일의 기준으로 평가하려는 시도는 시대착오적일 뿐만 아니라 국가와 개인 사이의 관계를 과도하게 추상화시킨 몰이해에 기반한 면이 있기 때문이다.

80 그것은 가케이식의 신도론이 일종의 생활윤리로서 작동하는 한편, 개체적인 것을 뛰어넘어 보다 더 큰, 원초적인 생명과 결합하고자 하는 욕망 속에서 작동한다. 스피노자식 범신론이 절대적 중심을 제거하는 방식으로 전개되었다면, 가케이의 범

해서 볼 필요가 있으며, 그렇지 않다면 가케이의 정치적 기획의 특수성 역시 파악하지 못할 우려가 있다.

그가 신도를 생명주의 속에서, 그리고 천황을 생명의 표현이라는 논리로서 이론화시키고자 한 작업은 서양에서 배워 온 이론적 개념들로 법학과 종교학을, 정치와 종교를 융합하고자 한 시도이자 천황을 단순히 기관도 아닌, 그렇다고 천황이 주권 그 자체도 아닌 것으로 구축하기 위한 정치적 주장이었다. 그런 점에서 그의 사상의 기괴함이나 난해함은 근대성과 반근대성, 급진주의와 보수주의, 서양적인 것과 일본적인 것 사이에서 어떤 돌파구를 찾으려 했던, 지금은 이해하기 힘들지만, 나름 고민한 결과일지도 모른다.

신론에서 중심은 그가 해체할 수 없었던 하나의 명제였다.

제6장

하타노 세이이치의 기독교는 천황을 어떻게 수용했는가?

이경미

1. 하타노의 종교철학과 정치성

이처럼 타자로서의 객체가 자아 속으로 완전히 포섭되는 일은 자아에게는 오히려 확실한 자멸이다. 실재는 주체 간의 공동에 의해 성립하고 공동은 항상 타자를 필요로 하는 이상 자아의 독무대는 모든 실재의, 따라서 자아 그 자체의 몰락까지 의미한다.[1]

객체의 성립, 즉 문화적 주체의 성립에는 한편으로 자기성과 현실성과 형상(形相), 다른 한편으로 타자성과 가능성과 질료(質料), 이 양자가 불가결한 본질적 계기로서 늘 함께 갖춰져 있다. 한쪽만의 철저함은 결국 일체의 괴멸을 의미한다. 타자성에 철저하면 실재적 타자성으로 다시 돌아가 문화는 자연적 생과 그 자멸의 무덤에 매장될 것이다. 반대로 자기성에 철저하면 자기실현을 다해 완전히 표현화된 주체는 그 동작이 향하는 타자와 함께 동작이 나타나는 중심까지 잃고 실질이 없는 꿈이나 환상처럼 사라질 것이다. 타자를 잃는 것은 주체에게도 마찬가지로 죽음을 의미한다.[2]

위 인용문은 같은 말의 다른 표현이다. 굳이 차이를 밝힌다면 두 번째 인용문은 하타노 세이이치(波多野精一, 1877–1950)의 종교철학을 특

* 이경미, 「하타노 세이이치의 '생'의 종교철학: '자멸하는 주체'에서 '상징의 비유'로서의 천황까지」, 『개념과 소통』 31(2023)에 실린 글을 수정하여 수록했다.

1 波多野精一(1935), 「宗教哲学」, 『波多野精一全集』 第4巻(岩波書店, 1969), 170쪽. 하타노의 전집은 이와나미(岩波) 서점에서 두 차례 간행되었다. 첫 번째는 생전에 하타노의 감수하에 총 5권(1949)으로, 두 번째는 하타노의 사후 제자들에 의해 총 6권(1968–1969)으로 간행되었다. 전자에는 하타노가 스스로 선별한 글만 수록되었다면 후자에는 초기에 발표된 논문(제5권)이나 서한(제6권)도 수록되었다. 이 글에서는 주로 두 번째 전집을 참조했으며 이하 인용할 때 『全集』으로 표기한다.

2 波多野精一(1943), 「時と永遠」, 『全集』 第4巻, 303쪽.

징짓는 생(生)의 3단 구조—자연, 문화, 종교[3]—를 배경에 깔고 문화적 생에서 자멸할 수밖에 없는 주체의 역학을 논한 것이다. 그런 점에서 보다 철학적인 표현—형상과 질료 같은—이 풍부하지만 필자가 여기서 강조하고 싶은 것은 두 인용문에 공통된 하타노의 문제의식이다. 즉, '자멸하는 주체'에 대한 문제의식이 그가 종교철학을 구축하는 핵심이었음을 알 수 있다. 이는 칸트(Immanuel Kant)의 강한 영향하에서 시작된 하타노의 학문이 결국 칸트철학을 벗어나 'idealism'[4] 비판으로 나아간 점과도 관련된다. '관념(idea)'의 세계인 '문화'에서 벗어나 '종교적 생'의 단계로 진입하는 것이 하타노의 학문이 최종적으로 지향한 바였기 때문이다. 그리고 이때의 도약은 신(실재)과의 만남을 의미하는 '종교적 체험'을 통해 이루어졌다. 그런 의미에서 하타노의 종교철학은 그의 '기독교' 사상과도 밀접하게 연계된 학문이었다고 할 수 있다.

이 글은 하타노가 '자멸하는 주체'에 대한 문제의식을 정교화하면

3 하타노는 생의 3단 구조를 "자연·문화·도덕(사랑)"(『종교철학』)으로 표현하기도 하고 "자연·문화·종교(도덕)"(『종교철학서론』)로 표현하기도 했다. 본론에서 자세히 논하겠지만, 이는 '도덕'과 '종교'의 관계에 대해 고민한 흔적을 의미한다. 결과적으로 하타노의 초점은 '종교'에 맞춰졌는데, 이 때문에 이 글에서는 생의 3단 구조를 '자연, 문화, 종교'로 표기하기로 한다. 波多野精一(1940), 「宗教哲学序論」, 『全集』 第3巻, 317쪽; 波多野精一, 「宗教哲学」, 182쪽.

4 'idealism'을 이 글에서는 문맥에 따라 '이상주의' 또는 '관념주의'로 풀어 쓸 것임을 밝혀 둔다. 또한 독자들의 이해를 돕기 위해 필요하다고 판단될 경우 'idea, idealism' 등의 원어를 병기할 것이다. 그 이유는 하타노의 쓰임새에 있는데, 참고로 하타노가 『종교철학』에서 밝힌 idealism에 관한 견해는 다음과 같다. "관념론 또는 이상주의로 불리지만 둘 다 이데아리즘의 풍부한 함축을 표현하기 어렵다는 것은 누구나 다 안다. 여기서는 플라톤의 이데아 사상을 비교적 전형적으로 표현한 입장을 가리키기 위해, 특히 이데아리즘(즉, 이데아주의)이라는 원어를 사용"했다. 波多野精一, 「宗教哲学」, 82쪽. 즉, 그는 최종적으로 '이데아리즘'이라는 원어를 가타카나로 표기하는 방식을 택했는데 그렇지만 이후에도 '관념주의', '이상주의' 등의 말과 혼용했다.

서 구축한 사상 체계, 다시 말해 '생의 종교철학'이라 부를 수 있는 그의 독특한 학문 체계를 사상사적 관점에서 살펴보는 것을 목적으로 한다. 이때 필자의 관심은 다음 세 가지로 요약된다. 첫째로, 하타노의 학문이 형성되는 과정에 내재된 자체적 맥락을 밝힌다. 하타노가 비판의 대상 혹은 잣대로 삼은 학설은 무엇이었는지, 그에 따라 전개된 논리의 궤적에 어떠한 연속과 단절이 있었는지, 지식의 형성이라는 관점에서 사상의 내재적 맥락을 밝히고자 한다.

두 번째로, 하타노의 학문이 서양의 철학 논의를 배경으로 전개된 근대 일본의 종교 담론과 어떠한 접점을 지니는지 밝힐 것이다. 특히 기독교를 자신의 사상 내부에 깊숙이 받아들여 '학문'으로서 정립시키려고 했던 하타노와 달리, 어디까지나 외부에서 들어온 '타자'로서 배척 혹은 극복하려고 했던 이노우에 데쓰지로(井上哲次郎)를 대비할 것이다. 이를 통해 양자의 대척점이 '관념주의로부터의 이탈'이라는 하타노의 문제의식, 다시 말해 '자멸하는 주체'에 대한 문제의식과도 연관되어 있었음을 밝힐 것이다.

마지막으로, 하타노의 학문이 갖는 '정치성'을 고찰할 것이다. 하타노의 학문은 메이지 초기(1890년대)부터 쇼와 초기(패전 전후)에 이르는 긴 세월에 걸쳐 형성되었다. 그동안 현실정치에 관여하는 것을 꺼리는 입장을 취했지만, 사후에 공개된 서한을 통해 패전 전후 시세에 관한 언급을 남기고 있었음을 확인할 수 있다. 따라서 이 글에서는 그때의 발언을 하타노의 학문에 비추어 분석함으로써 그 정치적 함의를 밝힐 것이다. 특히 제자 마쓰무라 가쓰미(松村克己)와 주고받은 서한에서 '천황을 신으로 섬기는 사상(천황신설)'에 동의하고 있었던 점에 주목하여, 하타노의 학문 안에서 천황을 신격성이 담긴 '상징의 비유'로서 받아들이는 논리가 어떻게 가능했는지 해명할 것이다.

이상의 관심은 기존 연구에 대한 다음과 같은 비판 의식을 통해 도출되었다. 하타노에 관해서는 그동안 제자들을 중심으로 생애뿐만 아니라 학문이 갖는 특색—종교, 철학, 기독교, 그리스 사상 등—까지 전반적인 정리가 이루어졌다.[5] 이와 달리 학술사적 관점에서 하타노의 학문을 크게는 근대 일본의 철학사 안에, 작게는 교토학파의 맥락 속에 위치시키는 연구도 있어 왔다.[6] 이 글 또한 이들 연구를 토대로 하지만 학문의 특색이나 학술사적 위치보다는 학문의 '형성' 과정을 더 중시하며, 텍스트 내재적 전개와 함께 콘텍스트와의 연관도 살필 것이다.

한편 그동안 하타노의 사상이 갖는 정치성을 다룬 연구는 극히 드물었다. 일부 연구에서 패전 전후의 현실인식을 살핀 경우는 있었지만,

---

5 최초의 연구서를 낸 하마다 요스케(濱田與助)의 경우 하타노와 사제 관계는 아니었지만 도시샤(同志社)대학에서 철학을 가르쳤던 인물로, 하타노의 종교철학을 강의 주제로 잡을 정도로 그를 높이 평가했으며, 이 때문에 전전부터 하타노와 친분을 맺었다. 「香川鐵藏宛」 1946年 5月 19日, 「濱田與助宛」 1944年 2月 22日–1947年 4月 12日, 「小原國芳宛」 1946年 9月 25日, 『全集』 第6巻(1969), 373쪽, 402–406쪽, 475쪽. 이것이 인연이 되어 전후 하타노가 재적한 다마가와학원대학(玉川學園大學) 출판부에서 『하타노 종교철학』을 출간한 것이다. 濱田與助, 『波多野宗教哲学』(玉川大学出版部, 1949). 이후 연구가 본격화된 것은 하타노 사후인 1952년 교토대학의 『철학연구』에 추도 특집이 실렸을 때부터다. 이어 1954년에는 제자들을 중심으로 『종교와 철학의 근본에 있는 것』이 간행되었다. 片山正直ほか, 『哲學研究』 第35巻 第8冊, 第406号 波多野精一博士追悼號, 1952; 石原謙ほか, 『宗教と哲学の根本にあるもの: 波多野精一博士の学業について』(岩波書店, 1954).

6 이시다 요시카즈(石田慶和)는 18세기 말부터 발달한 서구의 종교철학을 배경으로 일본의 종교철학이 성립하는 과정을 살피면서 하타노를 니시다 기타로(西田幾多郎)에 버금가는 인물로 자리매김했다. 일본에서 실존철학의 성립을 살핀 유아사 야스오(湯浅泰雄)의 연구 또한 학술사적 관점에서 하타노를 다룬 경우라고 할 수 있다. 최근에 나온 후지타 마사카쓰(藤田正勝)의 『일본철학사』(2018) 역시 그러한 관점에서 하타노를 위치 짓고 있다. 湯浅泰雄, 『近代日本の哲学と実存思想』(創文社, 1970); 石田慶和, 『日本の宗教哲学』(創文社, 1993); 藤田正勝, 『日本哲学史』(昭和堂, 2018).

서한에만 의거한 나머지 사상과의 연관성을 밝히지는 못했다.[7] 이 글에서는 이러한 문제점을 염두에 두고 하타노의 '천황신설'이 그의 사상체계 안에서 어떤 위상을 지니고 있는지 해명할 것이다.

이하 2절에서는 한국의 학계에서는 아직 생소한 하타노를 소개하는 목적으로 그의 생애를 학문적 궤적과 함께 개관하겠다. 이어 3절에서는 본격적으로 하타노의 학문 속으로 들어가 그것이 형성된 과정을 역사적으로 살필 것이다. 이를 토대로 4절에서는 하타노의 정치성 문제를 비판적인 시각에서 고찰하겠다. 마지막 5절에서는 이상의 분석을 통해 하타노의 학문이 보여 준 가능성(빛)과 한계(그림자)를 정리하고 앞으로의 과제에 대한 소견을 피력하겠다.

2. 하타노의 생애와 학문

1) 철학사에서 종교철학으로

하타노 세이이치는 1877년 일본 나가노현 마쓰모토(松本) 지역에서 하급 무사 집안의 차남으로 태어났다. 만 5세가 되던 해 가족과 함께 도쿄로 이사 갔는데, 가정 형편은 어려웠지만 자녀 교육에 헌신적인 부모 덕분에 명문으로 알려진 제일고등중학교(현 도쿄대학 교양학부, 이하 일고로 통칭)에 진학했다. 1896년에 도쿄제국대학 문과대학 철학과에 입학했다. 고등학교 때부터 독일어를 배우기 시작한 하타노는 대학에 들

7 村松晋, 「波多野精一と敗戦」, 『聖学院大学論叢』 19−1(2006), 61−72쪽; 村松晋, 「波多野精一の時代認識」, 『聖学院大学論叢』 19−2(2007), 139−146쪽.

어갈 무렵에는 이미 원전을 읽을 정도의 실력이었으며 철학과 출신들이 만든 『철학잡지』에 바로 비평이 실릴 정도로 인정받는 학생이었다.

도쿄제국대학의 철학 관련 강의는 이미 가이세이(開成)학교 시절부터 영국 출신 선교사 에드워드 사일(Edward W. Syle)에 의해 진행되고 있었다. 이것이 도쿄대학으로 통합된 1877년부터 어니스트 페놀로사(Ernest F. Fenollosa)에 의해 본격적인 근대철학, 특히 허버트 스펜서(Herbert Spencer)의 진화론과 근대 독일철학이 도입되었다.[8] 페놀로사의 제자로 1890년 철학과에서 최초로 일본인 교수가 된 사람이 이노우에 데쓰지로였다. 이노우에를 근대 일본의 1세대 철학도라고 한다면, 하타노는 3세대 정도에 해당한다. 그 사이에 오니시 하지메(大西祝), 아네사키 마사하루(姉崎正治) 등이 있으며, 하타노의 입학 동기로는 가토 겐치(加藤玄智)가 있었다.

1899년 대학원에 진학한 하타노는 이듬해부터 도쿄전문학교(현 와세다대학, 이하 와세다로 통칭)에서 강의를 시작했다. 이때 맡은 과목이 '철학·철학사'였으며, 이를 배경으로 강의록 『철학개론』(1900)과 처녀작 『서양철학사요』(1901)가 출간되었다. 하타노의 강의는 사실상 오니시의 빈자리를 이은 것이었는데,[9] 그러한 사정은 하타노의 인식을 통해서도 잘 드러난다. 하타노는 『서양철학사요』 서문에서 오니시를 언급했

8 도쿄제국대학 철학과의 역사에 대해서는 藤田正勝, 『日本哲学史』, 80-134쪽; 笠松和也, 「戦前の東大哲学科と『哲学雑誌』」, 東京大学人文社会系研究科文学部哲学研究室 홈페이지(https://www.l.u-tokyo.ac.jp/philosophy/report/seika.html, 최종 검색일: 2023. 6. 20).

9 원래 '철학사'는 하타노의 선배 오니시가 맡고 있던 강의였다. 하지만 오니시는 1897년에 개설된 교토제국대학 문과대학 학장으로 내정되자 독일로 파견되었는데, 현지에서 악성 폐렴에 걸려 귀국 후 1900년에 사망했다. 平山洋, 『大西祝とその時代』(日本図書センター, 1989), 227-253쪽.

을 뿐만 아니라 『철학개론』 서문에서도 "오니시 박사의 철학사 강의의 숙독을 게을리해서는 안 된다."라고 당부했다.[10] 이때 하타노가 언급한 철학사 강의란 와세다대학에서 오니시의 유고작으로 펴낸 『서양철학사』(1900)를 가리킨 것으로 보인다. 이 책은 일본에서 "처음으로 그리스부터 현대에 이르기까지 서양철학의 역사를 상술한 것으로, 메이지 시기 서양철학사 수용의 하나의 도달점을 보여 주는" 연구로 평가된다.[11] 이로 볼 때 하타노의 철학·철학사 관련 연구 또한 일본이 서양 지식을 수용하는 과정에서 초창기 학도들에게 요구된 역할의 결실이었다고 할 수 있을 것이다.[12]

한편 하타노는 이즈음부터 본격적으로 박사 논문의 집필에 들어갔는데, 그가 대학원에서 지도받은 사람은 라파엘 쾨버(Raphael von Koeber)였다.[13] 이는 이노우에를 스승으로 섬긴 가토 겐치와 대비되는데, 다만 쾨버와 하타노의 전승 관계에 대해서는 제자들 사이에서도 견해가 일정하지 않다.[14] 이는 쾨버 자체의 평가와 관련된 문제일 것이다. 독일

10 波多野精一(1901), 「西洋哲學史要」, 『全集』 第1卷(1968), 63쪽; 波多野精一(1900), 「哲學概論」, 『全集』 第1卷, 4쪽.

11 藤田正勝, 『日本哲学史』, 20쪽.

12 마키노 에이지(牧野英二)는 메이지 초기 철학 연구는 "철학사 연구에서 착수하는 것이 관례"였다고 지적한다. 이는 페놀로사부터 시작하여 루트비히 부세(Ludwig Busse)로 이어진 전통이었는데, 위에서 언급한 오니시나 하타노의 업적 또한 이와 같은 맥락에서 나왔다고 이해할 수 있다. 마키노 에이지, 「일본 칸트 연구의 역사와 오늘날의 과제 1862–1945」, 백종현 엮음, 『동아시아의 칸트철학』(아카넷, 2014), 167–168쪽.

13 쾨버는 부세의 후임으로 1893년에 부임하여 1914년까지 재직한 독일계 러시아인으로, 이노우에가 그의 초빙을 주선했다.

14 石原謙 ほか, 『宗教と哲学の根本にあるもの』, 9–10쪽; 宮本武之助, 『波多野精一』(日本基督教団出版局, 1965), 9–13쪽. 하타노가 쾨버에게 감화되었다는 점은 모두가 인정하지만 종교철학에 관해서는 하타노의 독자성을 강조하는 경우도 있다.

관념론 계통에 속하면서 그리스철학에도 박식하고 예술에도 조예가 깊었던 쾨버는 그 인성 때문에 "연구자로서보다 오히려 교육 영역에서 힘을 발휘"한 인물로 평가된다.[15] 하타노 역시 스승을 추모하는 글에서 "선생님의 본질은 학문이나 철학에 그치"는 것이 아니라 "인격"에 있었다고 회상한 바 있다.[16] 그러나 적어도 쾨버 밑에서 쓴 박사 논문만큼은 평생에 걸쳐 하타노의 학문에 영향을 끼쳤음이 분명하다. 이에 대해서는 3절에서 자세히 다루겠다.

하타노는 1904년에 「스피노자 연구」로 박사 학위를 받은 후 바로 독일에서 유학했다. 1906년에 귀국하자 같은 해 개설된 교토제국대학 교수로 추거되기도 했지만 와세다에 남기로 했다. 유학 자금을 대어준 은혜도 있지만,[17] 사학이 관학보다 자율적이라는 기대감도 있었기 때문이다.[18] 그러나 1917년 오쿠마 시게노부(大隈重信)의 동상 건립 문제를 발단으로 이른바 와세다 소동이 벌어지자 학교에 대한 희망도 사라졌다.[19] 이때 친한 동료들을 잃은 하타노는 더 이상 학교에 남아 있

15 藤田正勝, 『日本哲学史』, 132쪽.

16 波多野精一(1923), 「ケーベル先生追憶」, 『全集』 第5巻(1969), 430-436쪽.

17 石原謙, 「波多野先生の横顔」, 『全集』 第6巻(月報, 1969), 2쪽.

18 「松村克己宛」, 1945年 9月 18日, 『全集』 第6巻(1969), 288쪽.

19 오쿠마 시게노부 동상 건립 문제란 오쿠마의 부인 아야코(綾子)의 동상을 와세다 학내에 건립하는 문제를 둘러싸고 일어난 내홍을 의미한다. 이에 앞서 오쿠마 시게노부의 동상이 도쿄 시바공원(芝公園)에 건립되었다. 이는 1915년 11월에 치러진 다이쇼 천황의 즉위식에 참석한 총리대신 오쿠마의 모습을 기념한 것이었는데, 이때 함께 참석한 아야코의 동상도 남은 기부금으로 건립하는 계획이 세워졌다. 1916년 12월 그 공사가 와세다 학내에서 진행 중임을 알게 된 젊은 교수들이 학교 행정에 이의를 제기해 계획이 철회되었다. 이들은 평소 은사관(恩賜館) 그룹(혹은 프로테스탄트)이라고 불렸으며 대체로 대학 개혁에 진취적인 인물들이었다. 대학 개혁은 곧 일어난 와세다 소동의 배경이기도 했기 때문에 동상 건립 문제는 와세다 소동의 발단으로 간주되기도 한다. 와세다 소동은 제2차 오쿠마 내각에 문부대신으로 발탁되어 학장 자리를 떠난 다카다 사나에(高田早苗)의 재임을 지지하는

는 것은 "정신적 자살"[20]을 의미한다고 생각해 사표를 냈다. 한편 하타노의 사임 소식을 들은 교토제국대학 쪽에서 니시다를 중심으로 초빙을 추진해, 같은 해 12월 하타노는 종교학(제1강좌) 담당 교수로 취임했다.[21]

결과적으로, 이때의 전직을 계기로 하타노의 학문에 새로운 경향이 나타났다. 이를테면 '철학사에서 종교철학으로' 연구의 모색 방향이 달라졌다. 이러한 변화에는 학교 측의 의향도 반영된 것으로 보인다. 『교토대학 문학부 50년사』에 따르면, 하타노의 부임 당시 종교학 강좌에 대해서는 "불교, 기독교, 경험적 종교학 등 특수 영역"뿐만 아니라 "종교철학에도 한층 더 투철"해야 한다는 의견이 제기되고 있었다. 즉,

---

세력과 현 학장 아마노 다메우키(天野為之)의 유임을 지지하는 세력 간에 일어난 갈등이 기존 체제와 신체제의 충돌로 불거지면서 벌어진 소동을 의미한다. 하타노는 소동에 적극적으로 관여하지는 않았지만 다카다파가 우세한 이사회에서 동상 건립에 반대했던 멤버들에 대한 해직 처분이 결의되자 다른 은사관 멤버들과 함께 동정 사직을 결정했다. 이를 통해 적어도 그가 개혁에 긍정적인 입장이었다는 점, 소동이 사학의 자율성에 대한 환멸을 유발했음을 알 수 있다. 동상 건립 문제 및 와세다 소동에 대해서는 早稲田大学大学史編纂所 編, 『早稲田大学百年史』 第2巻(早稲田大学出版部, 1982[1981]), 886-971쪽 참조.

20 「田邊元宛」, 1917年 9月 17日, 『全集』 第6巻, 15쪽.

21 사직과 임명 경위에 대해서는 「田邊元宛」, 大正 6年 9月 17日-10月 31日, 『全集』 第6巻, 14-17쪽 참조. 교토제국대학 종교학 강좌는 1907년 5월에 설치되었다. 당초 강의는 철학·철학사 제2강좌 담당 교수로 인도철학을 가르치고 있던 마쓰모토 분자부로(松本文三郎)가 겸임했고, 기독교 관련 강의는 도시샤의 미국인 선교사 시드니 걸릭(Sidney Gulick)이 강사로 가르쳤다. 1913년에 니시다가 최초의 담임 교수로 임명되었지만, 곧 철학 강좌로 옮기는 바람에 다시 마쓰모토 겸임 체제로 돌아갔다. 기독교 강의 역시 도시샤의 신학자 히노 마스미(日野真澄)가 가르쳤다. 하타노가 와세다를 그만두자마자 임명될 수 있었던 것은 물론 동료 교수들의 주선도 있었겠지만, 종교학 강좌 자체가 그동안 불안정하게 운영된 탓도 있었을 것이다. 종교학 강좌에 대해서는 小柳敦史, 「京都帝国大学文学部基督教学講座の成立」, 江島尚俊·三浦周·松野智章 編, 『近代日本の大学と宗教』(法藏館, 2014), 107-108쪽.

종교를 경험과학으로 다루는 경향과 대치되는 지점에서 “보편적 성격”의 연구가 요구되고 있었던 셈이다.[22] 3절에서 살피겠지만, 종교철학을 구축할 때 하타노의 문제의식 역시 이와 같은 구도를 지니고 있었다.

하타노의 교토제국대학 시절은 보통 종교철학의 형성 단계에 따라 3분기로 나뉜다.[23] 첫 번째 태동기는 교토제국대학에 부임한 1917년부터 강의 주제를 ‘종교의 본질’로 바꾼 1925년까지를 가리킨다. 하타노는 교토로 온 뒤 1920년에 『종교철학의 본질 및 그 근본 문제』(이하 『본질 및 근본』)를 출간했는데, 이는 뒤에 나온 종교철학 3부작의 내용을 맹아적으로 함축한 텍스트로 평가된다.[24] 1925년부터 3부작의 첫 번째인 『종교철학』이 나온 1935년까지는 특이할 만한 업적이 없지만 하타노의 사색이 본격화된 제2기로 간주된다. 『본질 및 근본』 이후 15년의 침묵을 깨고 발표된 『종교철학』은 3부작의 시작이자 핵심 텍스트로 읽힌다. 뒤를 이은 『종교철학서론』(1940, 이하 『서론』)과 『시간과 영원』(1943)은 이를 보완한 텍스트였다. 특히 『서론』이 『종교철학』에서 생략된 철학사적 입장과 방법론을 해명한 책이라면, 『시간과 영원』은 『종교철학』에서 제시된 논점 — 예컨대 ‘표현’과 ‘상징’ 같은 — 을 더 발전적으로 논의한 책이라고 할 수 있다. 이들 3부작이 간행된 제3기는 하타노 종교철학의 완성기로 간주된다.

---

22 小柳敦史, 「京都帝国大学文学部基督教学講座の成立」, 108쪽에서 재인용.

23 石原謙 ほか, 『宗教と哲学の根本にあるもの』, 20−28쪽; 宮本武之助, 『波多野精一』, 22−32쪽.

24 波多野精一(1920), 「宗教哲学の本質及び其根本問題」, 『全集』 第3巻, 205쪽. 『본질 및 근본』은 1920년 여름에 개최된 강연회의 내용을 정리한 책이다. 필기 및 편집은 당시 학생이었던 미키 기요시(三木清)가 맡았다. 이를 계기로 미키는 하타노의 학문을, 하타노는 미키의 재능을 서로 존중하는 사이로 지냈다. 「刊行にあたって」, 『全集』 第1巻(月報, 1968), 1쪽; 波多野精一(1946), 「三木清君について」, 『全集』 第5巻, 437−441쪽.

마지막 완성기에는 하타노의 인생에도 변화가 많았다. 하타노는 『종교철학』을 발표한 지 2년 만에 위궤양을 앓고 수술을 받는데, 그해에 만 60세로 퇴임을 맞이했다. 그다음 해에는 22년간 함께 산 부인을 잃고 독거 생활에 들어갔는데, 『서론』은 그러한 상황에서 쓴 노작이었다. 그런데 그 당시 일본이 본격적인 전시 체제로 들어가 노년의 고생이 한층 더 심해졌다. 태평양전쟁 발발 직전인 1941년 3월, 하타노는 24년간의 교토 생활을 접고 도쿄로 돌아갔다. 『시간과 영원』은 도쿄에서 아들 부부와 함께 사는 동안 쓴 책으로, 그 생활도 공습이 격화되자 곧 무너졌다. 1945년 3월, 하타노는 이와테현의 사돈집으로 소개(疎開)했는데, 결국 거기서 패전을 맞이했다. 전후 1947년에 도쿄로 돌아온 하타노는 제자 오바라 구니요시(小原國芳)가 설립한 다마가와학원대학에서 강의를 재개했지만, 곧 건강이 악화되어 입원과 퇴원을 반복하다가 1950년 1월 만 73세의 나이로 사망했다.

2) 학문으로서의 기독교

하타노의 학문은 교토제국대학으로 부임한 1917년을 분기점으로 '철학사'에서 '종교철학'으로 중심이 옮겨 갔다. 그러한 학문적 생애를 밑바닥에서 지탱한 것이 바로 '기독교' 연구였다고 할 수 있다.

하타노가 기독교인이 된 것은 1902년경으로 알려져 있다. 대학원을 다니면서 와세다에서 강의하던 무렵 이치반초(一番町) 교회[1906년에 후지미초(富士見町) 교회로 개칭]를 다닌 하타노는 거기서 우에무라 마사히사(植村正久) 목사를 만나 세례를 받았다. 이것이 개인적 신앙의 시작이었다고 한다면, 하타노가 기독교를 학문적으로 다룬 것은 독일 유학에서 돌아온 이후로 알려져 있다. 현지에서 본격적인 성서 연구를 접한 하타노는 귀국 후 모교에서 종교학 강의를 맡았다. 이는 1년간 해외로 나간 아네사키의 빈자리를 채우기 위해 개설된 강의였는데, 하타노는 이때 강의 제목을 '원시기독교'로 정하고 그 강의록을 1908년에 『기독교의 기원』으로 출간했다.[25]

하타노의 기독교 연구는 교토제대로 옮긴 후에도 계속되었다. 특히 1922년에는 일본에서 처음으로 기독교'학'이라는 명칭을 쓴 강좌(종교학 제2강좌)가 교토제국대학에 신설되었다. 이때 하타노는 강좌의 개설을 추진했을 뿐만 아니라 재정적인 이유로 담임을 두지 못한 강좌의 운영을 겸임으로 맡았다. 그러다가 퇴임 직전인 1937년 3월 니시타니 게이지(西谷啓治)에게 제1강좌를 인계하고 정식으로 제2강좌의 초대 담임이 되었다.

이처럼 일본 최초의 기독교학 강좌를 이끈 하타노의 경력이 그로 하여금 기독교를 '학문'으로서 성립시킨 인물이라는 평을 듣게 하는데, 그것은 하타노의 자의식과도 일치한다. 『종교철학』 간행 당시 하타노는 야마타니 쇼고(山谷省吾)로부터 "이 책은 철학이지 기독교 및 그 학문과 직접 관계가 없다."라는 평을 들었다. 야마타니는 하타노가 히노 마스미를 해임시키면서까지 기독교 강사로 앉힌 인물로, 둘의 관계는 결코 나쁘지 않았다.[26] 그런데도 자신의 종교철학과 기독교를 분리시킨 야마타니의 발언은 용납할 수 없었던 것이다. 하타노는 야마타니에게

25 『기독교의 기원』은 1908년에 게이세이샤(警醒社)에서 초판이 나온 후 1941년에 소겐샤(創元社)에서 재판되었다. 『전집』에 수록된 것은 1941년판이다. 게이세이샤는 우에무라가 설립한 기독교계 출판사로, 독일어로 쓰인 하타노의 박사 논문을 번역한 『스피노자 연구』(1910)도 여기서 출판되었다.

26 「石原謙宛」, 大正 14年 12月 19日, 大正 15年 1月 6日, 大正 15年 2月 17日, 『全集』 第6巻, 188−191쪽; 小柳敦史, 「京都帝国大学文学部基督教学講座の成立」, 116−119쪽.

두 차례나 서한을 보내 "나의 종교철학은 신약성서를 근저로 하며 그 위에 서 있음을 확신하고" 있다고 항의했다.[27] 그 정도로 '종교철학'과 '기독교'는 하타노의 학문에서 표리일체 관계에 있었다고 할 수 있다.

이 점은 하타노의 기독교 연구를 통해서도 확인할 수 있다. 기독교학 강좌의 강의록은 하타노의 사후 『원시기독교』(1950)로 출간되었다. 이것과 『기독교의 기원』 사이에는 물론 소소한 차이는 있지만 유대교에 대한 비판에서 시작해 예수 그리스도의 탄생과 바울의 예수 신앙으로 이어지는 골자는 공통적이었다.[28] 특히 두 책 모두 영적 존재로서 예수 그리스도의 '신격성'과 그에 대한 신앙으로 이루어진 '종교적 체험'의 역사를 다루었다고 할 수 있다.

전자와 관련해서는 하타노의 기독교 연구가 예수의 신격성을 강조하는 입장에서 에비나 단조(海老名弾正)와 논쟁을 벌인 우에무라의 주장을 학문적으로 뒷받침하고 있었음을 알 수 있다.[29] 또한 후자와 관련해서는 하타노가 기독교 연구를 종교철학의 논리 체계 안에 위치시켰음을 알 수 있다. 3절에서 살피겠지만 '종교적 체험'은 하타노의 종교철학에서 핵심적인 연구 대상이었다. 쉽게 말하면 '체험(종교)'을 '이해(철학)' 하는 것을 하타노는 '종교철학'으로 여겼던 것이다.[30]

이상의 내용에서 볼 때 '학문으로서의 기독교'란 단지 기독교를 따

27 石原謙 ほか, 『宗教と哲学の根本にあるもの』, 152쪽.

28 波多野精一(1908), 「基督教の起源」, 『全集』 第2巻(1968), 1-215쪽; 波多野精一(1950), 「原始キリスト教」, 『全集』 第2巻, 217-405쪽.

29 1901년에 벌어진 우에무라·에비나 논쟁에서 그리스도로서 예수의 신격성이 쟁점 중 하나였다. 関岡一成, 『海老名弾正: その生涯と思想』(教文館, 2015), 226-244쪽.

30 필자는 이 말을 하타노가 종교철학을 정의한 이하의 구절을 염두에 두고 쓴다. 종교철학이란 "종교적 체험의 이론적인 회고, 그것의 반성적 자기이해"를 의미한다. 波多野精一, 「宗教哲学」, 4쪽; 波多野精一, 「宗教哲学序論」, 245쪽.

로 학문으로 정립했다는 정도의 의미가 아니라 '종교철학' 자체가 이미 그 안에 '기독교'를 담아낸 학문 체계였음을 의미한다. 이를 거꾸로 말하면 하타노의 말대로 '기독교' 자체가 '종교철학'을 근저에서 지탱하는 학문이었다고 할 수 있다. 양자는 별개로 논의될 수 있는 것이 아니라 동전의 양면과 같이 표리일체 관계였던 것이다.

이러한 하타노의 입장은 당대의 학계에서 결코 주류적이었다고 할 수 없을 것이다. 야마타니는 후일 전집에서 『기독교의 기원』을 해설하면서 그것이 당시 "우리 나라 학술계에 획기적인 의의"를 지닌 연구였다고 회상한다. 그 이유로 "관학의 영역에서는 기독교를 거들떠보지도 않았"던 사정을 지적하는데,[31] 그의 말이 과장스럽게만 들리지 않는 것은 하타노가 기독교를 '학문으로서' 정립시키려고 했던 당시 오히려 학계의 분위기는 기독교를 외부에서 들어온 '타자로서' 배척하거나 극복 대상으로 삼았기 때문이다. 이를 상징하는 사건이 1890년대 초반에 벌어진 '교육과 종교의 충돌' 논쟁이었다.[32]

메이지 초기 기독교를 '문명'으로 받아들였던 분위기는 제국헌법이 제정된 메이지 중기로 접어들어 현저하게 바뀌었다. 맹목적인 서구화에 대한 반동적인 경향은 기독교에 대한 태도에도 나타나는데, 이때

---

31 山谷省吾, 「解說」, 『全集』 第2巻(1968), 479−481쪽.

32 논쟁에 대해서는 다음을 참조. 鈴木範久, 「「倫理」のための「宗教」: 井上哲次郎の「比較宗教及東洋哲学」」, 『明治宗教思潮の研究: 宗教学事始』(東京大学出版会, 1979), 91−110쪽; 島薗進, 「日本における「宗教」概念の形成: 井上哲次郎のキリスト教批判をめぐって」, 山折哲雄·長田俊樹 編, 『(日文研叢書17)日本人はキリスト教をどのように受容したか』(国際日本文化研究センター, 1998), 61−75쪽; 前川理子, 『近代日本{の宗教論と国家: 宗教学の思想と国民教育の交錯』, 32−35쪽; 박은영, 「「교육과 종교의 충돌」 논쟁에 관한 일고찰: 이노우에 테츠지로(井上哲次郎)와 요코이 도키오(横井時雄)의 논쟁을 중심으로」, 『인문연구』 73(2015), 259−286쪽.

'배척과 극복'의 선봉에 섰던 사람이 바로 이노우에 데쓰지로였다. '관학'의 분위기에 대한 야마타니의 지적은 제국대학의 정상에 앉아 있던 이 철학과 교수의 기독교 이해를 염두에 두었을 것이다.

이노우에는 『교육과 종교의 충돌』(1893)에서 기독교를 '비국가주의적' 성격을 지닌 종교로 규정했다. 물론 이는 「교육칙어」(1890)에 천명된 충효를 섬기는 '국가주의적' 입장에서 도출한 이미지에 불과했지만, 그것이 그 당시 논쟁을 통해 널리 퍼진 점이 중요하다.[33] 더구나 교육과 종교의 논쟁에는 이노우에의 '합리주의적' 종교관도 짙게 나타나 있었다. 특히 이노우에는 아르투어 쇼펜하우어(Arthur Schopenhauer)를 인용하면서 '철학'과 '종교'의 반비례적 우열 관계를 강조했는데,[34] 이에 진화론적인 관점이 더해짐으로써 '철학보다 뒤처진 종교'라는 이미지가 도식화되었다. 이러한 도식이 기독교를 한층 더 '열등한' 존재로 만드는 데 적용되었다고 할 수 있다.

이노우에의 기독교 이해는 1900년대로 넘어가 한층 더 업그레이드되었다. 그는 『철학과 종교』(1915)에서 오귀스트 콩트(Auguste Comte)의 3단계 발전설을 원용하면서 종교와 철학의 관계를 '종교(신학)-철학(형이상학)-과학(실증)'의 관계로 이해했다. 이는 언뜻 보면 기왕의 진화론적 관점을 그대로 답습한 것 같지만 '종교의 장래'를 논하는 대목에

33 이노우에는 기독교의 특징을, 첫째 국가를 주축으로 보지 않고, 둘째 충효를 경시하고, 셋째 출세간을 중시하고, 넷째 무차별적인 박애를 가르치는 데서 찾았다. 이를 통해 기독교의 '비국가주의적' 성격을 도출한 것이다. 井上哲次郎, 『教育と宗教の衝突』(敬業社, 1893), 125쪽. 「교육과 종교의 충돌」의 한국어판은 다음 번역서 참조. 이노우에 데쓰지로 지음, 『철학과 국가: 제국대 교수의 근대일본 만들기』(빈서재, 2024), 11-125쪽.

34 "철학이 성하면 종교는 쇠하고 종교가 성하면 철학이 쇠하는 것은 고금에 동일한 현상이다. 쇼펜하우어 씨는 '신학과 철학은 저울의 양쪽 그릇과 같아서 한쪽이 올라가면 다른 쪽은 내려간다.'라고 했다." 井上哲次郎, 『教育と宗教の衝突』, 139쪽.

서 이전과 다른 결론이 제시되었다. 그는 종교를 단순히 철학·과학보다 '열등한' 현상으로 부정하는 논의를 넘어 '새로운 종교'의 도래를 전망하게 된 것이다.[35] 이는 곧 "이상교(ideal religion)"[36]에 대한 논의와 연관된 주장이었다.

이노우에의 이상교 개념의 핵심은 기성의 '종교'를 '도덕'으로 대체하는 데 있었다. 『윤리와 종교의 관계』(1902)는 그 원리를 설명한 책이었다. 이 책에서는 철학과 종교의 관계에 대해, '지식'을 선택하느냐 '신앙'을 선택하느냐의 방법론적 차이는 있지만 '실재'를 대상으로 한다는 점에서 동일한 근거를 지닌 현상으로 설명한다.[37] 이때 실재는 '활동'으로 해석되어 '의지'와 연계되는데,[38] 중요한 것은 이노우에는 이때의 '활동=의지'를 철학과 종교뿐만 아니라 윤리와 도덕의 '근저'로 해석하기도 했다는 점이다.[39]

요컨대 이상교 개념은 '윤리(도덕)'와 '종교'를 동일한 근저를 지닌 관계로 재정의함으로써 도출되었다고 할 수 있다. 그러면서 이노우에는 역사적으로 존재한 기성의 세계종교를 이상교보다 덜 윤리적이고 덜 합리적이고 덜 보편적인 '문명교(cultural religion)'로 규정했다. 물론

35 井上哲次郎(1915),「哲学と宗教」,『井上哲次郎集』第5巻(クレス出版, 2003), 27쪽. 이와 관련해 이 책 제3장에서 이연승은 이노우에로부터 종교학 강좌를 이어받은 제자 아네사키를 통해 메이지 말기 종교 담론에서 사용된 신종교 개념이 현대의 '신종교(new religion)' 개념과 다른 의미를 함축하고 있음을 밝히고 있다

36 井上哲次郎,『倫理と宗教との関係』(富山房, 1902), 76쪽.

37 井上哲次郎,『倫理と宗教との関係』, 58쪽.

38 실재는 역사적으로 여러 관념—여래, 신, 천—으로 표현되어 왔지만, "근본적인 활동 외에 실재"라고 부를 수 있는 것은 없다. 井上哲次郎,『倫理と宗教との関係』, 61쪽. 이처럼 실재를 활동으로 보는 관점, 그것을 의지와 연결시키는 관점은 이노우에가 자신의 '현상즉실재론'을 스피노자의 실재론과 구별할 때 강조한 특징이기도 했다. 井上哲次郎,「哲学と宗教」, 68–79쪽.

39 井上哲次郎,『倫理と宗教との関係』, 41–42쪽.

'기독교'도 여기에 포함되었다. 문명교가 이상교보다 열등한 까닭은 그 실재 개념이 '인격'[40]을 벗어나지 못했기 때문이다. 이상교는 그런 의미에서 '인격 초월적인 실재'를 갖는데, 그것은 곧 '도덕'을 의미했다.[41]

이노우에의 국민도덕론, 그리고 신도론은 이와 같은 신종교 논의의 연장선상에서 전개되었다고 할 수 있다. 그렇다면 기독교를 배척과 극복의 대상이 아니라 학문으로서 정립시키려고 했던 하타노는 종교와 철학, 윤리와 도덕, 그리고 기독교를 어떻게 자리매김했을까? 그의 기독교학 강좌 자체가 이노우에가 제안한 도쿄제국대학의 신도 강좌를 의식한 결과였다는 사실[42]로 미루어 보더라도 둘 사이에는 일종의 긴장감이 있었음이 분명하다. 위에서 살펴본 내용으로 볼 때, 그것은 단순한 학제적 갈등을 넘어 사상사적 차원에서 형성된 긴장 관계였을 것

---

40 여기서의 인격은 이른바 'personality'의 의미가 아니라 '신'과 같은 인성적 존재를 의미한다. 이노우에는 자연교(natural religion)를 다신교로, 문명교를 일신교로 구분하면서 이와 같은 "인격을 완전히 초절한 실재 위에 건설"된다는 점에서 이상교의 우월성을 주장했다. 井上哲次郎, 『倫理と宗教との関係』, 78쪽.

41 따라서 "도덕은 불교나 기독교를 대신해 종교의 지위를 차지"할 것이며, "과거의 역사적 종교는 점차 소멸의 길에 접어들어 윤리적 종교가 이를 대신해 부흥"할 것으로 전망했던 것이다. 井上哲次郎, 『倫理と宗教との関係』, 84쪽.

42 신도 강좌의 개설과 운영에 대해서는 遠藤潤, 「文学部神道講座の歴史的変遷」, 『東京大学史紀要』 13(1995), 1-16쪽 참조. 신도 강좌는 이노우에의 제안으로 만들어졌으며 강의는 몇 명의 강사로 운영되었다. 하타노의 동기로 이노우에의 제자가 된 가토 겐치는 개설 초기부터 이 강좌의 강사로 위촉되었다. 한편 기독교학 강좌의 경우 하타노와 같은 후지미초 교회의 신자였던 와타나베 소(渡辺荘)의 기부금을 토대로 만들어졌다. 그런데 당초 와타나베의 제안은 교토제국대학에 기독교 관련 과목이나 자료실을 만드는 정도였는데, 이를 하타노를 통해 들은 니시다는 "도쿄제국대학에서도 어떤 사람의 기부로 신도 강좌를 개설했는데, 교토제국대학에서는 기독교 강좌를 만들어도 되지 않을까. 거기까지 이야기를 발전시킬 수 있는지" 타진했다고 한다. 즉, 와타나베의 제안을 '강좌'까지 발전시킨 것은 하타노와 니시다 쪽이었으며 그 배경에는 신도 강좌에 대한 의식이 있었음을 알 수 있다. 石原謙, 「波多野先生の横顔」, 5쪽.

이다. 따라서 다음 절에서는 기독교에 기초한 하타노의 종교철학의 형성 과정과 함께 양자 사이에 형성된 긴장의 지점들도 짚어 보겠다.

3. 하타노의 종교철학

1) 비판의 궤적

하타노의 학문 형성 과정을 알기 위해서는 그가 무엇을 비판 대상으로 삼았는지 살펴야 한다. 하타노의 비판의 궤적은 실증주의(positivism)와 합리주의(rationalism), 그리고 관념주의(idealism)로 나누어 볼 수 있다. 각각은 연계된 면도 많지만, 중요한 것은 하타노의 비판이 합리주의에 머무르지 않고 최종적으로는 '관념(idea)' 자체에서 벗어나려고 했다는 점이다. 이는 서론에서 언급한 '자멸하는 주체'에 대한 문제의식과도 연계된다. 따라서 이하에서는 이 점을 차근차근 살피겠다.

먼저 실증주의에 대한 비판은 『본질 및 근본』에서 제시된 이래 『서론』까지 일관된 입장이었다고 할 수 있다.[43] 특히 전자는 '경험과학에 기초한 종교학'에 대한 검토를 논의의 시작으로 잡았는데, 이 점에서 실증주의 비판은 부임 당시 학교의 요구에 응한 측면도 없지 않았던 것으로 보인다. 종교의 '본질'을 추궁하는 종교철학은 '사실'을 중시하는 경험과학 이상의 무엇을 다루는 학문이다. 그러한 입장에서 볼 때 "실증주의적 종교 연구"는 "종교의 부정"[44]으로 귀결될 수밖에 없다는

43 실증주의에 대해 논의된 부분은 다음을 참조. 波多野精一, 「宗教哲学の本質及び其根本問題」, 175-192쪽; 波多野精一, 「宗教哲学序論」, 247-268쪽.

44 波多野精一, 「宗教哲学序論」, 250쪽.

것이 비판의 핵심이었다.

하타노는 그러한 연구의 예로 콩트의 3단계설을 드는데, 이것이 이노우에가 종교를 철학보다 '열등한' 위치로 자리매김한 데 동원한 학설이었다는 점 또한 간과할 수 없다. 콩트에게 종교란 "학문(철학-인용자)이 아직 존재하지 않았던 유치 미개한 사회에서 생활지도 역할을 맡았던 것"으로 상대주의적 관점에서 역사적 의의는 인정하지만, 결국 "가장 저급한 것, 인류의 역사적 발전 법칙에 따라 당연히 극복"되어야 할 대상에 불과하다. 따라서 하타노는 "종교의 부정이야말로 이 학설의 정신"이라고 비판했다.[45]

종교를 '저급한 철학'으로 간주한다는 비판점은 합리주의에 대해서도 적용되었다. 하타노는 실증주의적 종교 연구를 검토한 다음 종교철학에 대한 검토로 옮겨 가는데, 여기서 비판 대상은 그가 "주리주의적 형이상학(rationalistic metaphysics)"이라고 부른 합리주의였다.[46] 하타노는 합리주의를 "종교의 특이성과 독립성을 부정"하는 입장으로 규정하는데, 이때 종교를 "민중의 형이상학(Volksmetaphysik)"이라고 표현한 쇼펜하우어의 말을 인용하면서 그것이 결국 종교를 "저급한 철학"으로 보는 관점으로 귀결된다고 비판했다.[47] 쇼펜하우어에 대한 평가를 통해서도 이노우에와 대조적인 논의를 전개한 사실을 확인할 수 있다. 앞서 보았듯이 이노우에 역시 쇼펜하우어를 인용했지만 종교를 '철학보다 뒤처진' 존재로 보는 관점에 동의하는 입장이었기 때문이다.

45 波多野精一, 「宗教哲学序論」, 256쪽.

46 波多野精一, 「宗教哲学の本質及び其根本問題」, 193쪽. 하타노는 『서론』에서 주리주의 형이상학에 대해 했던 비판과 같은 내용의 비판을 "합리주의(rationalism)"라는 말로 고쳐 하고 있다. 따라서 이하 이에 대한 비판은 '합리주의'로 통칭한다. 波多野精一, 「宗教哲学序論」, 270쪽.

47 波多野精一, 「宗教哲学の本質及び其根本問題」, 195쪽.

하타노의 합리주의 비판은 『서론』에서 좀 더 정교한 모습으로 전개되었다. 우선 그는 합리주의를 신과 같은 "종교의 대상"을 "이론적 논구의 대상으로 간주하는 철학"으로 규정한다.[48] 즉, 신을 '이론적 인식'의 대상으로 삼기 때문에 인식을 통해서 신을 '알 수 있다'고 가정한, 다시 말해 '신의 증명 가능성'을 받아들인 입장이라는 규정이다.[49]

그런데 이러한 입장에서 종교는 '고유한 영역'을 인정받기 어렵다는 점이 문제였다. 이는 『본질 및 근본』에서 종교의 '특이성과 독립성'의 부정을 문제 삼았던 문맥과 상통한다. 합리주의적 종교철학에서 "철학과 종교"는 신을 대상으로 한다는 점에서 "완전히 동일"한 현상으로 이해되지만, 대상에 도달하는 방법 — 이론적 인식(지식, 합리성)이냐 신앙(비합리성)이냐 — 에서 차이가 있기 때문에 전자가 후자보다 우월한 자리를 차지할 수밖에 없다. 다시 말해, 종교는 "저급한 철학 또는 철학의 대용물"의 위치에서 벗어나기 어렵다는 지적이다.[50]

이처럼 하타노는 종교를 철학에 종속시키고 종교의 고유성을 부정하는 논리 전개에 계속해서 경종을 울렸다. 그 과정에서 이노우에가 '논거'로 원용한 학설들을 오히려 '문제'로 지적하는 모습을 보이는데, 이는 이노우에가 '문명교'로 낮추어 부른 기독교를 '학문'으로 정립시키려고 했던 하타노의 입장에서는 당연한 대응이었을 것이다.

하지만 앞서 보았듯이 이노우에의 논의는 종교를 '저급한 철학'으로 치부하는 데 머무르지 않고 '도덕'을 지렛대 삼아 새로운 종교로서

---

48 波多野精一, 「宗教哲学序論」, 269쪽.

49 하타노는 이 점에서 '초자연주의(supernaturalism)'도 같은 전제를 공유한 '합리주의의 별종'에 불과하다고 보는데, 초자연주의에 대한 비판은 波多野精一, 「宗教哲学の本質及び其根本問題」, 197−200쪽; 波多野精一, 「宗教哲学序論」, 279−298쪽 참조.

50 波多野精一, 「宗教哲学序論」, 278쪽.

의 '이상교'를 제창하는 데까지 나아갔다. 그렇다면 하타노의 학문에서 이노우에식 신종교론은 어떻게 다루어졌을까? 이를 알기 위해서는 하타노의 비판이 '관념주의(idealism)'로 나아간 그 지점을 자세히 들여다봐야 한다.

『본질 및 근본』에서 하타노는 자신의 입장을 '비판주의(criticism)'로 천명하면서, 그것이 '칸트에서 시작'된 입장임을 밝혔다. 비판주의 종교철학이란 "종교 그 자체를 대상으로 하는 철학"을 의미한다. 이는 종교의 대상에 대한 이론적 인식으로 정의되는 합리주의와의 차별성을 염두에 둔 말로, 여기서는 종교 '그 자체'를 대상으로 한다는 점이 핵심이다. 이는 칸트의 '물자체(Ding an sich)' 개념에서 유래된 것이었다.

이에 대해서도 『서론』은 좀 더 정교한 설명을 보여 준다. "경험으로부터 독립하면서도 경험을 근거 짓는" 원리를 '아프리오리(a priori)'라는 개념으로 설명한 칸트는, 그 원리를 미의 인식 영역에도 적용하여 아름다움 '그 자체'를 다루는 미학을 성립시켰다.[51] 한편으로 "실재는 칸트의 말을 빌리면 '물자체'"를 의미하며, 또 "칸트는 실재의 전면적 인식 불가능성"을 주장했다.[52] 요컨대 하타노는 '물자체'의 '인식 불가능성'을 논증한 칸트철학의 등장을 '실재(신)'를 '인식의 대상'으로 삼는 합리주의 종교철학에 종언이 선고된 지점으로 보았던 것이다. 칸트철학을 통해 비로소 "종교철학의 대상"은 "신이 아니라 종교 그 자체"로 전환되었다.[53] 여기서 하타노가 강조한 '종교 그 자체'란 신을 직관한 '종교적 체험'을 의미한다. 인식 불가능성이 논증된 '물자체-실재-신'이 아니라 그 '체험'을 인식(철학)의 대상으로 삼은 계기로 칸트철학

51 波多野精一,「宗教哲学序論」, 344-346쪽.

52 波多野精一,「宗教哲学序論」, 273-274쪽.

53 波多野精一,「宗教哲学序論」, 347쪽.

의 의의를 강조했던 것이다.

이처럼 하타노의 종교철학에서 칸트의 무게는 상당히 컸다.[54] 하지만 그렇다고 그가 칸트철학을 전면적으로 받아들이기만 한 것은 아니었다. 사실 이 점이 『본질 및 근본』 단계에서는 아직 명확하지 않았고, 관념주의를 비판적으로 검토한 『종교철학』을 거쳐 『서론』에 이르러 비로소 명시적으로 논의되었다. 하지만 『본질 및 근본』에서도 비판주의의 특징을 '형식'과 '내용'으로 구분한 대목을 통해 그 맹아를 확인할 수 있는데, 이 맥락은 이후의 논리 전개를 이해하는 데 중요하기 때문에 짚고 넘어가겠다.

하타노는 『본질 및 근본』에서 자신의 비판주의 종교철학을 이상주의(idealism)로 인정한다. 하지만 그러면서도 그 특징을 '형식적 이상주의'와 '내용적 이상주의'로 구분하는데, 이는 내용적 이상주의를 의미하는 합리주의와의 차이를 명시하기 위한 논점이었다. 합리주의는 "경험을 초월한 사유"를 통해 도출된 "개념이나 원리"를 "절대적 실재를 모사(模寫)한 것"으로 간주하지만, 비판주의는 "개념이나 원리가 단지 형식적이라는 것"을 알기 때문에 단지 형식에 불과한 것을 내용으로 간주하는 합리주의와는 다르다는 것이다.

비판주의는 형식이 "경험에서 제공되는 비개념적이고 비합리적인

54 하타노가 칸트철학을 공부한 것은 학부 시절부터였다. 그는 『철학잡지』에 「칸트의 삼단논법에 대한 의견」(1897)과 「칸트윤리학설의 대요」(1898)라는 글을 발표한 적이 있으며, 1900년에 게재된 「흄이 칸트에게 미친 영향」은 1899년에 제출한 학사논문을 발표한 것이었다. 또한 『본질 및 근본』에 앞서 1918년에는 미야모토 와키치(宮本和吉)와 공동으로 칸트의 『실천이성비판』을 번역했다. 이러한 작업은 하타노의 독특한 발자취였다기보다 하타노 역시 메이지 20년대(1887)부터 시작된 독일철학의 수용과 특히 신칸트학파의 영향하에 있었음을 의미한다. 일본에서 칸트철학의 수용에 관해서는 마키노 에이지, 「일본 칸트 연구의 역사와 오늘날의 과제 1862-1945」, 173-189쪽 참조.

내용"을 만나야 비로소 "실현"된다고 본다.[55] 이 점을 밝히기 위해 도입된 논점이 형식과 내용의 구분이었다고 할 수 있다. 다시 말해, 형식과 내용의 구분은 '합리적인 것'과 '비합리적인 것' 양자의 양립을 도모하기 위해 도입된 논점이었다고 할 수 있다. 이 점을 염두에 두고 『본질 및 근본』에 제시된 '종교의 본질'에 대한 하타노의 정의를 보면 다음과 같다.

> 이성의 보편타당한 가치를, 우리에서 혹은 우리를 통해서, 그 가치 내용을 실현하는 초월적·절대적 실재의 현현으로서 체험하는 것, 종교의 본질은 바로 여기에 있다.[56]

위에서 '이성의 보편타당한 가치'란 만인의 승인으로 얻어지는 일반성과 다른 '초월성과 절대성' 때문에 보편타당성을 인정받은 가치를 의미한다. 이 가치는 '현실 세계에서 실현되어야' 하는데, 위에서 하타노가 "우리에서 혹은 우리를 통해서"라는 문구를 쓰는 이유는 이 현실, 혹은 경험 세계를 나타내기 위함이다. 하타노는 이처럼 현실에 '내재적이게 될 것'을 요구하지 않는 가치는 자가당착에 불과하다고 강조하는데,[57] 여기서 주목할 점은 하타노가 가치의 실현이라는 의제를 통해 스피노자의 사상을 상기시킨다는 점이다.

앞에서 언급했듯이, 하타노는 「스피노자 연구」를 주제로 박사 학위를 받았다.[58] '내재성의 원리'는 그가 논문에서 가장 중요하게 다룬

55 波多野精一, 「宗教哲学の本質及び其根本問題」, 202-203쪽.

56 波多野精一, 「宗教哲学の本質及び其根本問題」, 210쪽.

57 波多野精一, 「宗教哲学の本質及び其根本問題」, 211쪽.

58 하타노는 박사 학위 논문을 독일어로 제출했는데, 앞서 언급했듯이 이것이 우에무

문제였는데,[59] 스피노자에 관한 언급은『본질 및 근본』에서도 보인다. 예를 들어, 하타노는 범신론을 거론하면서 신즉자연(神卽自然, Deus sive Natura)의 일원적 세계관을 비판했는데, 그렇다고 범신론 자체를 "완전한 오류"로 본 것은 아니다. 무엇보다 "신의 내재성은 우리도 분명히 강하게 긍정"하는바 "신의 초월성을 논하는 한 범신론에 반대해야 하지만, 신의 내재성을 논하는 한 이를 시인하지 않을 수 없다."라고 보았기 때문이다.[60]

즉, 하타노에게는 '초월성과 내재성의 양립'이라는 문제가 무엇보다 중요했던 셈인데, 이는 '보편타당한 가치'를 '현실 세계'에서 실현하는 문제, 더 나아가 '형식'과 '내용'을 구분하면서 '합리적인 것'과 '비합리적인 것'을 양립시킨 문제의식과도 연계되는 것이었다.

'당위와 존재의 결합'이라는 칸트의 명제 또한 이와 같은 문제의식 속에서 사유되었다.『본질 및 근본』에서 하타노는 이 문제를 칸트의 종교 개념, 더 정확히는 '가치와 실재의 합일'이라는 논점을 통해 해결하고자 했다. "한쪽에는 단지 타당한 가치, 단지 요구하고 명령만 하는

라가 설립한 기독교계 출판사 게이세이샤에서 출판되었다. 이때의 번역은 아베 요시시게(安倍能成)가 맡았다. 이것이 전후에 하타노가 재적한 다마가와학원대학에서 재판되었는데,『전집』에 수록된 것은 1948년판이다.

59 하타노는 실체즉신(實體卽神, Substantia sive Deus), 신즉자연(神卽自然, Deus sive Natura)의 원리를 양태론을 통해 설명했는데,『에티카』에서 양태란 "실체가 자신의 본질을 그 안에 나타내는 것으로, 실체의 일정한 상태"(『스피노자 윤리학』, 박기순 역, 근간)를 의미한다. 스피노자는 이 논리를 통해 현실 세계의 "모든 사물은 모두 실체의 양태"라는 명제를 도출했는데, 이로써 신의 내재성을 논증한 것이다. 波多野精一(1904),「スピノザ研究」,『全集』第1巻, 341-359쪽.

60 波多野精一,「宗教哲学の本質及び其根本問題」, 226-231쪽. 스피노자에 한해서 말한다면 하타노는 그 범신론을 신의 초월성을 완전히 부정한 논의로 본 것도 아니었다. 이는『서론』에서 일반적 범신론과 스피노자를 대비한 대목에서 알 수 있다. 波多野精一,「宗教哲学序論」, 120쪽.

당위가 있고, 다른 한쪽에는 무력하고 실현을 보증하지 못하는 존재"가 있다. "이 양자 간의 불가피한 딜레마" 곧 "당위와 존재의 괴리"를 해결하기 위해서는 "이성을 현실 이상의 실재와 동일시"하는 인식이 필요하다. 즉, "가치와 실재의 합일"이 이루어져야 비로소 당위와 존재의 괴리가 결합으로 나아갈 수 있다.[61]

앞 인용문에서 '이성의 보편타당한 가치'(가치)의 실현이 '초월적 절대적 실재'(실재)의 현현과 관련되었던 이유 또한 여기에 있다. 양자가 합일이 되어야 비로소 당위(가치, 실재)는 '우리에서 혹은 우리를 통해서'(존재) 체험될 수 있기 때문이다.

그런데 바로 이 지점에서 『서론』은 다른 입장을 드러낸다. 우선 '초월성과 내재성의 양립' 혹은 '당위와 존재의 결합'이라는 문제의식은 변하지 않았다. 그런 의미에서 스피노자도 칸트도 여전히 하타노의 사유 속에 그림자를 비추고 있는데, 다만 달라진 점은 '가치와 실재의 합일'이라는 해결 방법에 있었다.

『서론』에서도 하타노는 칸트의 종교 개념을 언급한다. 즉, 종교란 "우리의 모든 의무를 신의 명령으로 인식하는 것(die Erkenntnis aller unserer Pflichten als göttlicher Gebote)"이라는 칸트의 정의를 하타노는 "의무에 대한 의식과 신에 대한 신념이 결합되는 것에 종교적 체험의 본질"이 있다고 본 입장이라고 설명했다. 그런데 이 결합을 논증한 칸트의 "도덕적 증명(moralischer Beweis)"에 대한 설명에 이르러서는 이전과 달리 비판적 평가를 내린다.

첫째로, 칸트의 증명은 "도덕의식을 기초로 세운 다음에 그것의 이론적 함축을 전개함으로써 구축된 하나의 철학적 사색의 산물, 일종의

61 波多野精一, 「宗教哲学の本質及び其根本問題」, 212-215쪽.

철학적 세계관에 불과"하다는 비판이다. 즉, "신의 존재(실재성)라는 귀결"에 이르는 가치(의무의식)와 실재(신에 대한 신념)의 합일은 도덕적 증명을 통해 여전히 "논리적 필연성"을 가지고 추론되고 있다는 비판이다. 따라서 '신-실재-물자체'가 아니라 '종교적 체험' 자체를 대상으로 전환하는 데 기여한 칸트철학은, 그럼에도 불구하고 여전히 "종교적 신념"을 일종의 "이론적 인식"으로 간주한다고 비판했다. 이로써 합리주의 극복의 시발점으로 지목했던 칸트를 하타노는 다시 합리주의 속으로 내던진다.

둘째로, 그러한 "칸트에 따르면 종교란 어디까지나 독립성을 주장하고 관철하는 도덕"에 "철학적 세계관이라는 부록이 더해짐으로써 성립한 파생적이고 부차적인 산물"이 될 수밖에 없다고 비판했다. 하타노는 여기서 다시 종교를 종속시키고 그 고유성을 부정하는 논리 전개에 경종을 올리고 있는 것인데, 앞에서는 이 문제를 '철학'과의 관계에서 제기했으나, 여기서는 비판의 대상이 '도덕'으로 치환되고 있다. 하타노는 칸트의 종교론을 '도덕의 우위성'을 전제로 한 논의로 보는데, 그런 경우 "종교는 그 자체의 특이성과 독립성을 보유하고 유지한 본원적 체험으로 성립될 수가 없다". 따라서 결국 "종교적 체험 자체의 함의와 정면에서 충돌"할 수밖에 없다고 주장했다.[62]

하타노의 칸트 비판을 통해 우리는 그가 합리주의 종교철학에서 '도덕'과 '종교'를 관계 짓는 방식에 문제의식을 가지고 있었음을 확인할 수 있다. 사실 이 문제에 대한 언급은 『서론』이 처음이었다고 할 수 없다. 1913년 『철학잡지』에 실린 「칸트의 종교철학에 대하여」에서 하타노는 "칸트의 종교 개념"이 "편협"하다고 지적하면서 첫 번째 합리주의의

62 波多野精一, 「宗教哲学序論」, 346-351쪽.

의 잔재와 두 번째 도덕의 우위성을 똑같이 지적한 바 있다.[63] 『본질 및 근본』에서도 칸트의 종교 개념이 "지나치게 편협하다."라는 지적은 있었지만, 이때는 정반대로 "종교의 기초로서 도덕의 우선권을 승인하지 않을 수 없다."라고 결론 내렸다.[64] 따라서 『서론』의 칸트 비판은 이 견해를 다시금 역전시켜, 이를테면 '종교의 우위성'을 천명한 대목이었다고 할 수 있을 것이다.

도덕과 종교의 관계를 놓고 하타노가 이처럼 곤혹스러운 과정을 거친 배경에는 칸트는 물론 이노우에식 종교 논의가 작용했음이 틀림없다. 앞서 보았듯이, 이노우에는 문명교를 대신할 이상교의 핵심으로 '도덕'을 정초했는데, 이때 도덕의 근저를 이루는 '실재'를 '활동=의지'로 보았다. 한편 하타노는 『본질 및 근본』에서 도덕의 우위성은 도덕을 이성적 가치의 실현으로 향하는 '자율적인 의지의 활동'으로 이해할 때만 인정될 수 있다고 강조했다. 이노우에 역시 "도덕의 근본은 의지의 자율(Autonomie des Willens)"에 있다고 보았는데,[65] 칸트를 연상시키는 공통항을 통해 두 사람이 잠시 같은 입장에 서 있었음을 알 수 있다.

따라서 『서론』의 칸트 비판은 이 공통분모로부터의 이탈을 의미했다. 더군다나 종교와 도덕의 관계는 꼭 두 사람만의 문제도 아니었다. 하타노가 실증주의와 합리주의, 나아가 칸트 비판을 통해 씨름한 문제, 즉 종교를 '독자적인 영역'으로 정립시키는 노력은 1880년대 후반부터 형성된 일본 종교 담론의 경향이기도 했기 때문이다. 이 경향은 종교의 본질을 '초월성'과의 관계에서 찾는 논의로 발전해, 종교를 '이념적

63 波多野精一(1913), 「カントの宗教哲学について」, 『全集』 第5巻, 423쪽. 이 글은 『본질 및 근본』에 부록으로 수록되었다.

64 波多野精一, 「宗教哲学の本質及び其根本問題」, 216-217쪽.

65 井上哲次郎, 『倫理と宗教との関係』, 47쪽.

도덕'보다 '상위'에 두는 논의로 이어졌다. 교육과 종교의 충돌 논쟁 당시 이러한 입장에서 이노우에의 기독교 비판에 맞선 사람이 바로 하타노를 기독교 신앙으로 인도한 우에무라였다.[66]

이렇게 볼 때 하타노의 칸트 비판은 종교적 지도자였던 우에무라의 입장을 학문적인 차원에서 고민한 흔적이었다고 볼 수도 있을 것이다. 이 점은 하타노의 기독교 연구가 예수의 신격성을 다툰 에비나·우에무라 논쟁에서 지닌 함의와도 상통한다. 그런 의미에서 '실증주의-합리주의-관념주의'로 나아간 하타노의 비판 궤적은 결코 당시의 담론 지형과 동떨어진 사색이 아니었다고 할 수 있을 것이다.

그렇다고 하타노의 학문이 자체적 맥락을 갖지 않았던 것은 아니다. 그의 종교철학은 '실증주의-합리주의-관념주의'에 대한 비판 의식을 성숙시켜 나가면서 자신의 입장을 구축했다. 특히 칸트 비판에 이르러 '도덕'의 우위성을 부정한 대목은 그가 이제 도덕이라는 '관념(idea)'으로부터 벗어난 지점에서 학문을 구축하게 되었음을 의미한다. 그런 맥락에서 하타노의 '관념주의(idealism)' 비판은 이노우에의 '이상교(ideal religion)'를 넘는 종교 담론의 시작을 의미했다.

2) 생의 3단 구조와 매개라는 논점

그렇다면 그가 고유성을 주장한 '종교(체험)'는 어떻게 설명(철학)되었을까? 이제 하타노 종교철학의 핵심이라 할 수 있는 '생의 3단 구조'가 관념주의 비판을 배경에 깔고 도출된 과정을 살필 것이다. 또한 하

66 이 경향을 이해하는 데 도움을 주는 연구로, 星野靖二,『近代日本の宗教概念: 宗教者の言葉と近代』(有志舎, 2012)[이예안·이한정 옮김,『만들어진 종교: 메이지 초기 일본을 관통한 종교라는 물음』(글항아리, 2020)].

타노는 그 과정에서 대안으로 선택한 '신비주의'와도 거리두기를 시도했는데, 이 점을 '매개'라는 논점이 도출되는 상황과 함께 살핌으로써 최종적으로 '인격주의'로 완성된 하타노의 사상 체계를 밝히겠다.

하타노가 생의 구조에 대해 논한 것은 『종교철학』이 처음이지만, 그것은 이미 여러 차례 논의된 '초월성과 내재성'의 양립 혹은 '당위와 존재'의 결합이라는 문제와 무관한 것이 아니었다. 오히려 이를 성사시키는 '종교적 체험'의 구조를 밝힌 것이 논의의 핵심이라고 할 수 있다. 그런 의미에서 하타노의 종교철학은 여전히 스피노자와 칸트의 여운을 남기고 있었지만, 자연과 문화 끝에 설정된 '종교적 생'에서 '관념주의'로부터 이탈을 시도했다는 점에서, 그리고 신비주의에 내포된 일원적 세계관의 함정을 '매개'를 통해 극복했다는 점에서 칸트는 물론 스피노자와도 다른 사상 체계를 구축했다.[67]

『종교철학』 제1장 제목은 '실재하는 신'이다. 하타노는 이 장을 "프리드리히 슐라이어마허(Friedrich Schleiermacher)는 종교의 입장을 '고차적 실재주의(höherer Realismus)'라고 불렀다."라는 문구로 시작했다.[68] 또한 이에 앞서 서문에서 하타노는 "'신'이라는 말"의 사용과 관련해 "종교적 체험에서 주체의 상대를 표현하기 위해" 쓴 용어라는 점을 밝혔다.[69] 요컨대 '주체의 상대=타자'를 '신=실재'로 간주한다는 점, 이때의 '타자=신=실재'란 '고차적 초월성'을 특징으로 한다는 점을 확인하고 있었던 것이다. 이 실재란 초월적인 것이라는 점이 하타노가 슐라이어마허를

67 하타노는 1948년에 재판된 『스피노자 연구』 서문에서 스피노자를 젊은 시절에 "철학과 종교의 내면적 협력"을 가장 선명하게 보여 준 사상가로 평가하면서 동시에 자신의 학문이 우여곡절 끝에 스피노자와 "전혀 취지를 달리하는 사상 체계"로 전개되었음을 밝힌 바 있다. 波多野精一, 「スピノザ研究」, 339-340쪽.

68 波多野精一, 「宗教哲学」, 7쪽.

69 波多野精一, 「宗教哲学」, 5쪽.

'칸트의 대안'으로 채택한 이유였다. 하타노는 슐라이어마허의 공헌을 "종교 그 자체에 고유한 영역과 성격"을 부여한 점에서 찾았는데, 그러한 성격을 나타낸 개념이 바로 "고차적 실재주의"였다.[70]

관념주의 비판 역시 이 개념을 통해서 수행되었다. 관념주의에서 "종교의 세계는 이데아성(idealität)"의 세계를 의미한다. 따라서 이 경우의 "고차적 실재"는 "이데아 그 자체에서" 찾게 되므로 "이데아의 실재성"을 주장한다. 이러한 입장의 시조를 하타노는 플라톤까지 거슬러 올라가, 그것이 칸트를 거쳐 "헤겔에 이르기까지" 수많은 철학자에게 전승되어 왔음을 확인한다.[71] 그런데 이때 '이데아의 실재성'이라는 문제는 앞에서 본 '가치와 실재의 합일'이라는 문제와 연동되어 있음에 주의해야 한다. 따라서 '이데아의 실재성'은 도덕의 '실천(실현)'이라는 문제와도 연관되는데, 실천은 "이데아 자신으로는 불가능"하며 "실재하는 의지"에 의거해야 하기 때문이다.

하타노는 이 의지를 찾아내는 방향을 두 가지로 나누어 설명하는데, 하나는 "절대적 실재"의 방향이고, 다른 하나는 "주체·자아의 방향"이다. 관념주의는 후자의 방향을 모색한 입장으로, 칸트의 경우 그것을 "'자유'의 이데아", "'자율'로서의 자유"에서 찾았던 것이다.[72] 이 방향은 물론 이노우에에게도 해당한다. 도덕은 '실행(실천)'되어야 한다는 문제는 『윤리와 종교의 관계』에서도 중요하게 다루어졌는데, 이노우에는 "의지 그 자체는 내계(內界)로부터 발전해 온 천여(天與)의 활동"이라고 설명했다. 즉, 도덕적 실천을 이끌어 내는 실재로서의 활동적 의지란 어디까지나 '내계=주체·자아'에서 찾아야 한다는 것이다. 그런 맥락

70 波多野精一, 「宗教哲学序論」, 361쪽.

71 波多野精一, 「宗教哲学」, 79-86쪽.

72 波多野精一, 「宗教哲学」, 102-104쪽.

에서 '초월' 역시 이노우에에게는 어디까지나 '내계'를 향한 것이었다.[73]

그러나 관념주의 비판으로 나아간 하타노에게 초월은 '가치와 실재의 합일'로 이루어지는 것도, '이데아의 실재성'에서 찾아지는 것도 아니었다. 다시 말해, 그가 '실재하는 의지'를 찾아내는 방향은 '내계=주체·자아'가 아니었기 때문에 '이데아'는 진정한 실재도, 초월도 아니었던 것이다.

> 안타깝게도 이 비약, 이 초월은 헛된 희망으로 끝날 수밖에 없다. 최고 혹은 무제약으로 불리며 우월성과, 따라서 일종의 초월성을 부여받은 이데아도 결국에는 이데아다. 그것은 의미 연관에서 약간 특색 있는 위치를 차지할지 모르나, (…) 이때의 우월성은 예컨대 동등한 자들 사이에서 차지한 수위에 불과하다. (…) 그것은 철두철미하게 평면적이며 깊이가 없다. (…) 같은 평면에서 이루어진 타자로의 이동으로, 어디까지나 이데아의 세계에 머무른다. 헤겔이 부정을 동기로 그려 낸 이데아의 발전도 결국 같은 평면에 그려진 나선형에 불과했던 것이다.[74]

아무리 이데아의 실재성(가치와 실재의 합일)을 주장한다고 해도, 그것은 동류들 사이에서 차지한 수위에 불과하다. 결국 '이데아'인 것이지, 진정한 '실재'는 아니라는 주장이다. 따라서 진정한 '초월' 또한 아니다. 하타노가 위에서 쓰고 있는 '평면과 깊이(입체)'라는 표현은 '연속과 단절'이라는 표현과 함께 반복해서 나오는데, 관념주의에서 '신비주의'로의 도약 역시 이 구도로 설명되었다.

73 井上哲次郎, 『倫理と宗教との関係』, 65쪽.

74 波多野精一, 「宗教哲学」, 98쪽.

초월은 보이도록 앞에 놓인 평면적 존재를 꿰뚫는 입체적 실재, 나와 진정으로 마주 설 수 있는 실재다. 이것과의 관계, 즉 인격적 관계에 의해 관상적인 객관 세계의 평면에 수직적 방향이 성립한다. 진정한 무한자가 세계에 고차적 깊이를 부여하면서 스스로를 계시한다. 초월은 이로써 이루어지는 것이다.[75]

'평면/연속'에서의 탈각은 '입체/단절'이 이루어짐으로써 성립한다. 그런 의미에서 보자면 관념주의가 주장한 '이데아의 실재성'은 '평면/연속'에서의 탈각에 실패한 케이스다. 진정으로 초월에 한 걸음 내디딘 것은 오히려 '신비주의'였는데, "세계의 연속성이 초월적 실재를 만나 단절을 명령받고, 세계의 평면이 위로부터의 수직선에 꿰뚫려 괴멸에 이른, 그 찰나의 광경"을 체험했다고 주장한 것이 바로 신비주의였기 때문이다. 그런 의미에서 슐라이어마허의 '고차적 실재주의'는 하타노에게 내면(주체·자아)의 가치와 합일하는 방향이 아니라 외부의 '절대적 실재'와 합일하는 방향을 처음으로 지시한 개념으로 받아들여졌던 것이다.

그러나 하타노는 신비주의에도 마냥 머무르지 않았다. 이에 대해서는 뒤에서 다시 매개라는 논점과 함께 보고, 여기서는 먼저 관념주의의 극복으로 도출된 생의 3단 구조의 논리 체계부터 살펴보자. 이미 몇 번 언급했듯이 하타노는 생의 3단계를 '자연, 문화, 종교'로 나누었는데, 이때 '문화'에서 '종교'로 도약하는 과정을 설정한 맥락이 곧 '관념(idea)'으로부터의 이탈을 의미한다. 이는 동시에 '자멸하는 주체'의 운명에서 벗어났음을 의미하는데, 이하 그의 논리 체계를 통해 이 점을 확인하겠

75 波多野精一, 「宗教哲学」, 129쪽.

다.[76]

하타노에 의하면, '실재한다는 것'은 '주체'라는 것을 의미한다. 실재성의 기본적 특징은 주체성이라는 말인데, 주체성의 기본적 동작은 '산다는 것'이다. 산다는 행위를 통해 '타자'와 관계함으로써 비로소 주체성은, 그러니까 '실재성'은 성립한다. 첫 번째 '자연적 생'의 단계에서 주체와 타자의 관계는 '직접적'으로 이루어진다. 즉, 서로가 서로에게 매진하고 몰두하기 때문에, 그 관계에는 늘 긴장과 구속이 수반된다. 이처럼 주체들이 서로 맞붙고 떨어질 줄 모르는 상태를 하타노는 "만인의 만인에 대한 투쟁(bellum omnium contra omnes)"[77]이라는 토머스 홉스(Thomas Hobbes)의 명제로 이해한다.

그러나 삶은 좀 더 복잡하게 분화된다. 본래 산다는 것은 '알면서 살고, 살면서 아는 것'인데, 하타노는 이 삶의 방식을 넓은 의미로 '체험'이라 부른다. 삶의 분화는 이 체험에서 '반성(reflection)'이 일어나면서 시작된다. 반성은 인간의 삶-체험에 내재된 '자아' 성립의 계기라고도 할 수 있는데, 반성을 통해 자연적 생에서 주체를 구속했던 타자는 비로소 주체의 눈앞에 '보이도록' 놓이며, 이를 통해 타자를 대하는 자신을 알게 된 주체는 '자아'로서 성립되기 때문이다.

따라서 자아의 성립은 동시에 '보이는 대상'으로서 '객체'의 성립을 의미하는데, 이것이 삶이 '문화적 생'의 단계로 접어든 효시다. 자연적 생에서 갈등했던 주체들의 노력은 모든 것(자연의 실재적 타자)을 자기 속으로 빨아들여 "자기만 유일한 실재로서 전능을 누리고자 하는 노력"이다. 그러나 본래 주체는 '타자' 없이는 실재할 수 없기에, "이 노력은

76 이하 생의 구조에 관한 서술은 별도의 각주가 없는 경우 波多野精一,「宗教哲学」, 138-183쪽; 波多野精一,「宗教哲学序論」, 314-338쪽 참고.

77 波多野精一,「宗教哲学」, 151쪽.

주체 자체의, 자아 자체의 자살"을 의미한다.[78] 객체란 이와 같은 '자멸'을 피하기 위해 주체들 사이에 만들어진 '공동태'이자 '중립 지대'를 의미한다. 그리고 이 객체에서 만들어지는 것이 바로 '문화'다.

그런 의미에서 문화는 사회와 역사이기도 하고 도덕과 같은 정신적인 것이기도 한데, 하타노는 문화로서의 객체를 '이데아의 서식지'로 보았던 것이다. 하지만 앞서 이데아가 그랬듯이 문화 역시 '자멸하는 주체'들의 동작에 근본적인 대안이 될 수 없다. 객체라는 간접적인 존재를 설정함으로써 주체들은 직접적인 투쟁의 관계에서 벗어날 수 있었지만, 객체는 배후에 밀려난 주체들(자연적 실재)의 그림자에 늘 위협받는 "불안정한 균형의 위치"에 놓여 있기 때문이다. 그러므로 문화는 상시 자연적 "자기 파괴로 역전할 것인지, 혹은 새로운 방향으로 활로를 찾을 것인지" "갈림길"에 서 있다.[79]

하타노에 따르면 관념주의는 이 갈림길에서 "문화주의를 철저하게" 시도한 케이스다. 즉, 위협하는 "타자의 주체성이 그림자조차 사라진" 경지를 향해, "다른 주체(타자)"와 관계를 끊고 오로지 "자아와 그 객체"만 있는 상태를 지향한다. 그런 의미에서 '이데아의 실재성'이란 바로 '타자를 없앤 객체'의 고안물에 불과하다. 그것은 "객체에서 혹은 객체를 통해서[80] 자기실현"을 추구하는 입장이며, 그렇게 만들어진 객체는 "가능적 자아"에 불과하다.[81]

---

78 波多野精一, 「宗教哲学」, 152쪽.

79 波多野精一, 「宗教哲学」, 157-158쪽.

80 이 말이 앞 절에서 인용한 『본질 및 근본』의 정의, 즉 '우리에서 혹은 우리를 통해서'라는 문구와 연동되어 있음을 주의해야 한다. 이 점을 보더라도 확실히 생의 종교철학을 구축한 단계의 하타노 사상은 칸트, 관념, 도덕, 문화에서 벗어난 것은 물론이고, 이노우에로부터도 이탈하고 있다.

81 波多野精一, 「宗教哲学」, 165-166쪽.

그러나 "이처럼 타자로서의 객체가 자아 속으로 완전히 포섭되는 일은 자아에게는 오히려 확실한 자명이다."[82] 문제는 다시 갈림길에 돌아와 '자명하는 주체'에 대한 문제의식을 촉발한다. 이는 글머리에 첫 번째로 인용했던 문장으로, 이로써 하타노의 문제의식이 생성된 지점을 확인할 수 있을 뿐만 아니라 '자명하는 주체'에 대한 문제의식이 어떻게 '관념주의' 비판과 연계되어 있는지 확인할 수 있을 것이다.

이제 글머리에 두 번째로 인용했던 문장으로 들어가 하타노가 쓴 '형상(eidos)'과 '질료(hulē)'의 의미를 살펴보면, 그것은 '객체'를 구성하는 두 가지 층위를 가리켰다. 객체의 세계에서 이루어지는 동작은 "의미를 부여하는 자와 부여받는 자"와 같이 "성층적(成層的) 구조"를 지닌다. 문화적 생에서 이루어지는 주체의 자기실현이란 이를 바탕으로 한 것인데, 이를테면 "타자(질료)에서 자기(형상)를 실현"하는 구조를 지닌다는 것이다. 다른 말로 하면 타자를 자기화하는 것(질료의 형상화)이 곧 문화를 의미했다.[83]

하지만 '산다는 것(실재성, 주체성)'은 항상 함께하는 '타자'를 필요로 한다. "실재는 주체들의 공동에서 성립하고 공동은 항상 타자를 필요로" 한다는 말은 바로 이를 의미한다. 그렇다면 "자아의 독무대"가 되어 "모든 실재의, 따라서 자아 그 자체의 몰락"[84]에 이르는 사태를 피하기 위해 하타노가 찾은 해답은 무엇일까?

> 주체의 공동체는 타자의 실재성을 자아로부터 도출될 수 없는 근원적 사실로 전제하고, 그것을 원리, 제약, 출발점으로 하는 행위와 생에서 비로

82 波多野精一, 「宗教哲学」, 170쪽.

83 波多野精一, 「宗教哲学」, 166-167쪽.

84 波多野精一, 「宗教哲学」, 170쪽.

소 성립할 수 있다.[85]

하타노의 해답은 '자아'의 반대 방향, 곧 '타자'에서 찾아진다. 그는 그러한 타자를 '신'이라고 불렀는데, 그것은 '주체의 상대'로서 어떠한 침범도 받아들이지 않을 뿐만 아니라 '객체(형상, 가능적 자아)'처럼 자아로부터 도출될 수도 없는, 그러한 의미에서 '실재적인 타자'였다.

이것이 자연에서 만나는 타자와 구별되는 이유는 실재적일 뿐만 아니라 '초월적'인 속성을 갖기 때문이다. 우리는 여기서 다시 슐라이어마허가 칸트의 대안이 되고 신비주의가 관념주의의 대안이 된 그 맥락과 만난다. 하지만 하타노가 보기에 신비주의의 문제점은 타자(신, 실재)와의 만남(종교적 체험)을 너무나 '직접적'으로 그려 낸 데 있었다.

"신비주의에서 우리는 순수한 독립적 종교성을 성립시키기 위해 무엇보다 중요한 초월성"을 발견한다. 특히 주체의 "신비적 체험 그 자체"에 관심을 갖는 입장은 "우리와 대상의 관계 양상"에 주의를 기울이기 때문에 중요한데, 바로 이 관계라는 측면에서 신비주의는 '동일화'도 아닌 '동일성'까지 주장한다는 것이 하타노가 포착한 문제점이었다. 예컨대 "신이 된다"도 아닌 바로 "신이다"라는 식의 경지를 추구한다는 말인데, 하타노는 이를 "직접성의 완전한 실현"을 강조하는 입장이라고 비판했다.[86]

하타노 자신은 이와 달리 '간접성'을 중시하는 입장임을 시사하는데, 사실 이는 슐라이어마허뿐만 아니라 스피노자까지 관통하는 비판점이기도 했다. 하타노는 신비주의의 직접성을 비판한 다음 범신론으

85 波多野精一, 「宗教哲学」, 182쪽.

86 波多野精一, 「宗教哲学」, 108-117쪽.

로 논의를 옮겨 "신과 세계의 동일성"을 주장한다는 점에서 신비주의와 범신론을 한가지로 비판한다.[87] 즉, 신(실재)과 세계(존재)의 관계를 '직접적으로' 묘사한다는 슐라이어마허(신비주의)를 비판한 것과 같은 논거로 스피노자의 범신론도 비판했다.

앞서 보았듯이 하타노에게 슐라이어마허의 고차적 실재주의는 관념주의 — 칸트, 이노우에 — 를 극복하는 데 발판이 되어 주었다. 하지만 이에 대해서도 비판을 시도하는데, 특히 슐라이어마허의 『종교에 관한 강의』(1799)를 검토하면서 그의 '직관' 개념이 '초월성'에 대한 인식을 결여한 점을 지적했다. 여기서 하타노가 직관 개념에 주목하는 이유는 그것이 하타노에게도 '종교적 체험' — 초월성과 내재성의 양립 — 을 이해하는 데 중요한 개념이었기 때문이다. 이 점은 이미 「스피노자 연구」에도 드러났는데, "무한하고 영원한 것이 어떻게 유한하고 시간적인 것"에서 나타날 수 있는지, 다시 말해 무한과 유한, 영원과 시간, 초월과 내재를 양립시키는 방법으로 제시된 것이 바로 스피노자의 "직관지(scientia intuitiva)"라고 이해했기 때문이다.[88] 종교의 본질을 "직관(Anschauung)과 감정(Gefühl)"으로 정의한 슐라이어마허의 종교론 역시 스피노자의 사상을 배경에 깔고 있었는데,[89] 하타노 역시 양자의 사상적 영향 관계를 충분히 인식하면서 신비주의와 범신론의 공통점으로서 '직접성'을 비판했던 것이다.

하타노가 보기에 슐라이어마허의 문제는 "감성적과 종교적 두 종

87 波多野精一, 「宗教哲学」, 118–120쪽. 신비주의와 범신론의 차이는 '합리/비합리'로 구분된다.

88 波多野精一, 「スピノザ研究」, 366–378쪽.

89 스피노자와 슐라이어마허의 사상적 관계에 대해서는 김승철, 「슐라이어마허의 스피노자 이해」, 『종교연구』 68(2012), 141–167쪽; 최신한, 「슐라이어마허와 스피노자: 직관 개념을 중심으로」, 『동서철학연구』 67(2013), 289–309쪽.

류의 직관"을 혼동한 점에 있었다. 그 원인은 "무한자를 전체와 동일시"한 데 있었는데, 요컨대 스피노자에게 영향을 받은 신즉자연의 일원론적 세계관이 종교적 직관의 대상과 감성적 직관의 대상을 동일시하는 오류를 범하게 했다는 것이다. 여기서도 계속해서 문제를 신(실재)과 세계(존재)의 관계를 '직접적으로' 그려 낸 데서 찾았다.

하타노가 '직접성'을 문제 삼는 이유는, 그것을 "고차적 실재주의라는 개념"이 적절하게 표현한 "종교적 대상의 초월성"을 무화시키는 원인으로 보기 때문이다. 초월성이 확보되어야 감성과 종교, 전체와 무한, 자연과 신이 구별되는데, 직접성은 양자의 간격을 없앨 뿐만 아니라 그렇게 함으로써 진정한 '타자(신)'의 성립까지 불가능하게 만든다고 보았기 때문이다.[90]

'간접성(=매개)'은 따라서 관념주의 비판으로 태세를 갖춘 하타노의 종교철학이 '실체즉신, 신즉자연'식의 일원론(스피노자, 슐라이어마허)에 빠지지 않기 위한 버팀목으로 발명된 장치였다고 할 수 있다.[91] 더구나 그것이 '이데아들의 이데아'를 뒤쫓는 헤겔식 나선형 변증법이 되지 않기 위해서는, 간접적으로 매개된 실재는 어디까지나 '초월적인 신'이어야 한다. 주체의 상대를 그러한 의미의 '타자'로 설정한 하타노는 "실재

90 波多野精一,「宗教哲学序論」, 362–364쪽.

91 일본형 관념론으로 발명된 이노우에의 현상즉실재론은 스피노자의 '실체즉신, 신즉자연'을 변용시킨 측면을 지니고 있었다. 이 점에서 하타노가 제시한 매개(간접성)라는 논점은 스피노자와 슐라이어마허뿐만 아니라 이노우에에 대한 버팀목이기도 했다고 할 수 있다. 이노우에의 현상즉실재론에 관해서는 井上克人,「明治期アカデミー哲学の系譜: 「現象即実在論」をめぐって」,『関西大学文学論集』 55–4(2006), 1–29쪽; 小坂国継,『明治哲学の研究: 西周と大西祝』, 第三部 現象即実在論の系譜(岩波書店, 2013), 295–427쪽; 이혜경,「이노우에 데쓰지로와 현상즉실재론: 「내 세계관의 먼지 한 톨」을 중심으로」,『개념과 소통』 31(2023), 249–294쪽 참조.

와의 관계 교섭"이 결코 "직접적인 합일일 수가 없음"을 강조한다. 그렇다면 주체와 타자(실재)의 관계는 무엇으로 '매개'되는가. 『종교철학』에서는 다만 "교섭은 표현을 통해서만 이루어진다"는 점, "'실재'와 '상징'은 상관개념"이라는 논점만이 제시되었다.[92]

4. 상징의 비유로서 천황

하타노의 생의 종교철학, 특히 그 핵심을 이룬 생의 3단 구조는 자연, 문화 끝에 종교적 생의 단계를 설정함으로써 관념주의로부터 이탈을 이론적으로 성사했다. 한편 매개는 그렇게 구축된 생의 종교철학이 신비주의와 차별성을 도모한 논점이었다고 할 수 있다. 그것은 종교적 생의 단계에서 일어난 체험, 다시 말해 실재적인 타자(신)와의 만남에 간접성을 개재함으로써 성사되었다. 이로써 이룩된 입장이 바로 '인격주의'였다.

위에서 언급했듯이 『종교철학』의 단계에서 하타노는 매개를 '표현'이라고도 부르고 '상징'이라고도 불렀는데, 양자의 구별에 대해서는 명확하게 논하지 않았다. 바로 이 점에서 『시간과 영원』은 더 발전된 모습을 보인다. 여기에 이르러 매개로서의 '표현'과 '상징'을 엄밀하게 구별했기 때문이다. 그 이유를 그는 "객체의 이중성격에서 오는 문화적 생의 구조를 올바르게 이해하기 위해서"라고 설명한다. 즉, '표현'의 의미를 '문화적 객체'의 성층구조(成層構造)에서 실현된 '자기(형상)'로 한정함으로써 '상징'의 의미를 '종교적' 단계로 격상시켰던 것이다. "객체가

---

92 波多野精一, 「宗教哲学」, 130-131쪽.

되고 주체를 나타내는 형상"을 표현이라고 한다면, 상징은 어디까지나 "주체의 영역을 초월한 실재적 중심과 결부"된 것이므로, "자기를 나타내는 것이 아니라 타자를 나타내"는 것이었다.[93]

그렇다면 하타노는 이상에서 살핀 사상 체계를 가지고 패전 전후의 상황을 어떻게 읽어 냈을까? 하타노의 종교철학이 무엇으로부터 이탈하려고 했는지, 그 과정에서 어떠한 학문을 구축했는지 살펴본 지금 다시 한번 현실과의 접점을 묻는 것이 이 절의 목적이다. 그것은 서론에서도 언급했듯이 하타노의 사상이 갖는 '정치성'을 밝히는 데 중요하기 때문이다.

도쿄에 대규모 공습이 있었던 1945년 3월 미국을 몇 번 "적"이라고 부른 것 외에 하타노가 전쟁에 적극적인 모습을 보인 흔적은 없다.[94] 이마저 패전 후 곧바로 "구제자"라는 호칭으로 바뀌는데,[95] 이와테현으로의 소개(疏開)를 계기로 생활에 극심한 통제를 받았던 하타노는 이미 전전부터 시국에 대한 비판 의식을 가지고 있었기 때문이다.[96] 따라서 종전을 알린 천황의 옥음방송(玉音放送)도 미국과 마찬가지로 구제를 알려 준 "성단"이자 "영단"으로 받아들였다.[97]

이로써 "우리의 문화는 파괴로부터 구제"되었다는 것이 패전에 대한 하타노의 소감이었다.[98] 즉, 그는 패전을 "문화의 부흥"이 시작되는

93 波多野精一, 「時と永遠」, 306쪽.

94 「村岡典嗣宛」, 1945年 3月 11日, 96쪽; 「山谷省吾宛」, 1945年 3月 12日, 120쪽.

95 「山谷省吾宛」, 1945年 10月 18日, 1945年 12月 22日, 125-126쪽.

96 「村岡典嗣宛」, 1945年 8月 12日, 104쪽; 「香川鐵蔵宛」, 1945年 5月 2日-5月 15日, 343-344쪽.

97 「村岡典嗣宛」, 1945年 8月 19日, 105쪽; 「香川鐵蔵宛」, 1945年 8月 15日, 357쪽.

98 「香川鐵蔵宛」, 1945年 8月 15日, 357쪽.

날로 환영했는데, 그것은 이미 전전부터 애타게 기다리던 바였다.[99] 그렇기 때문에 전후에 열린 히가시쿠니노미야(東久邇宮) 수상의 기자회견(이른바 일억총참회론)도 앞으로 "우리가 찾을 길은 정신적 문화의 방면"에 있음을 천명한 일로 받아들였던 것이다.[100]

앞서 하타노의 종교철학을 함께 살핀 독자라면 패전 후 '문화'에 대한 하타노의 언급이 어떠한 사유에서 유래했는지 알아차렸을 것이다. 즉, 전쟁에 대한 그의 비판 역시 '생의 논리 체계' 안에서 전개되었는데, 하타노는 전쟁을 세계가 '자연' 단계에 빠져든 상황으로 이해했다. 그는 전쟁을 "반성", "말(言挙げ)", "문화"와 같은 개념과 대비시키면서 "문화와 생명을 파괴하는" 현상으로, 또 전쟁에 말려든 청년의 모습을 "맥진"하고 "돌입"하고 "몰두"하는 상태로 묘사했다.[101] 자연적 생의 단계를 홉스의 투쟁 상태로 이해한 하타노에게 눈앞에서 벌어지는 전쟁 역시 주체들이 자타의 분간을 잃을 정도로 서로 맞붙고 갈등하는 모습으로 이해되었던 것이다.

그렇다면 '전쟁(자연)'에 대한 비판 의식은 '문화'를 되찾는 것만으로 해소되었을까? 무라마쓰가 지적했듯이 전후 '문화의 귀환'에 열광한 하타노는 그 감격을 "메이지 시대로 돌아가야 한다."라는 말로 표현했다.[102] 무라마쓰는 이러한 하타노의 모습을 마루야마 마사오(丸山眞男)의 논의를 상기시키면서 "올드 리버럴리스트"의 심성으로 평가한다. 나아가 메이지로 회귀하자는 하타노의 주장에 "국체"에 대한 향수

99 「山谷省吾宛」, 1945年 4月 26日, 123쪽; 「石原謙宛」, 1945年 4月 20日, 246쪽.

100 「村岡典嗣宛」, 1945年 8月 19日, 105쪽. 기자회견에 대한 언급은 문화와 맞물려 여러 서한에서 보이는데, 특히 「石原謙宛」, 1945年 8月 23日, 1945年 9月 5日, 249쪽, 251쪽; 「松村克己宛」, 1945年 8月 31日, 283쪽이다.

101 「香川鐵藏宛」, 1945年 6月 28日, 349쪽.

102 「松村克己宛」, 1945年 8月 31日, 283쪽.

가 담겨 있음을 지적하면서 "신앙과 현실의 긴장 관계가 희박"했던 준거로 비판했다.[103]

무라마쓰의 이러한 평가는 하타노의 사상이 '전후'와 어떤 관계를 지녔는지 살피는 데 물어야 할 문제를 명확하게 해준다. 첫째로, 전후의 하타노는 '문화'에만 머물렀는가? 생의 종교철학에서 문화는 분명히 자연을 극복한 단계를 의미했지만, 하타노의 사상은 관념주의를 벗어난 '종교'의 단계에까지 도달하고 있었다. 만약 그가 전후에 문화에만 머물렀다면 '관념주의'로 회귀했음을 의미할 뿐만 아니라, 곧 생의 종교철학의 붕괴를 의미한다.

둘째로, '종교적 생'에 대한 사상, 다른 말로 하면 하타노의 '기독교' 신앙은 애초 '국체'와 공존하지 않았던가? 하타노가 자신의 저작에서 '국체'나 '천황'에 대해 언급한 적은 단 한 번도 없다. 무라마쓰의 연구도 하타노의 사후 서한이 공개되었기에 가능했다. 그렇지만 이 문제는 '생의 종교철학'이 어떤 결말을 지었는지 알기 위해 불가피한 물음이다.[104]

---

103 村松晋, 「波多野精一と敗戦」, 4-9쪽. 무라마쓰는 「좌담회 일본의 운명: 흥폐의 기로」(『세계』 1950년 3월호)에서 마루야마가 했던 지적, 즉 "그렇게 훌륭했던 일본을 나중에 온 녀석들이 엉망진창으로 만들었다는 느낌과 그렇게 엉망진창이 되는 '훌륭함'은 이제 지긋지긋하다는 느낌", 이를테면 "늙은 대가와 젊은 역사가" 사이의 구별을 상기시키면서, 하타노를 전자로 평가한 것이다.

104 각주 1에서 언급했듯이 하타노의 전집은 두 번 간행되었다. 하타노는 첫 번째 전집을 편찬하면서 제외시킨 대부분의 텍스트를 불태워 버렸기 때문에 두 번째 전집에 수록된 '서한'은 귀중한 사료라고 할 수 있다. 특히 '국체'나 '천황'에 관한 언급은 패전 전후에 쓰인 서한에서만 확인이 가능하다. 하타노의 정치성에 처음으로 주목한 무라마쓰의 연구가 전적으로 서한에 의거했던 것도 이 때문이다. 하지만 서한에 나타난 정치성은 한편으로 하타노의 저작을 통해 고찰되어야 한다는 것이 필자의 생각이다. 다시 말해 하타노의 사상 체계를 배경에 깔고 조명할 때 비로소 '편린'에 불과한 흔적도 제몫을 발휘할 것이다. 이 장은 이러한 문제의식에서 마련

여기서 필자가 주목하는 것은 전후 '교직 추방' 문제를 둘러싸고 하타노와 마쓰무라 가쓰미 사이에서 이루어진 논의다. 이를 통해 하타노가 전후에 '인간 선언'이 선포된 상황에서도 천황의 존재를 '신격성'이 담긴 '상징의 비유'로서 해석했다는 사실을 확인하고자 한다. 이는 하타노의 사상이 '문화'에 머물렀는지에 대한 답이 될 뿐만 아니라, '종교적 생'을 향한 그의 학문이 '천황'을 수용한 방식에 대한 논증이 될 것이다.

1945년 10월 GHQ는 교육개혁의 일환으로 교직 추방에 관한 법령들을 발포했다. 이에 따라 당시 교토제국대학에 조교수로 있던 마쓰무라는 적격심사 대상이 되었다.[105] 마쓰무라는 심사의 진척 상황을 수시로 하타노에게 상의했는데,[106] 결국 부적격 판정을 받은 그는 교토제국대학에서 추방되었다.[107] 아래 인용문은 재심을 청구하기 위해 마쓰무라가 쓴 이유서에 대해 하타노가 의견을 피력한 부분이다. 이를 통해 두 사람이 '천황을 신으로 섬기는 사상'에 대해 논의한 사실을 확인

되었다. 현존하는 텍스트의 한계상 다소 뜬금없지만 '저작(사상 체계)'과 '서한(정치성)'의 연관을 처음으로 살폈다는 점에서, 또한 이하에서 보듯이 하타노의 '학문'과 '천황'의 관계를 처음으로 밝혔다는 점에서 중요한 시도라고 할 수 있다.

105 마쓰무라는 교토제국대학에서 하타노에게 배운 제자로, 기독교학 강좌의 재원이 된 와타나베장학금을 받아 대학원에 다녔을 뿐만 아니라 1937년 정년을 앞두고 기독교학 강좌 담임이 된 하타노에 의해 강사로 위촉된 인물이다. 하타노는 마쓰무라를 야마타니와 함께 강좌의 후임으로 고려할 정도로 둘의 관계는 돈독했다. 「村岡典嗣宛」, 1937年 5月 3日, 87-88쪽.

106 「松村克己宛」, 1946年 10月 7日, 1946年 11月 11日, 1946年 12月 9日, 1947年 2月 19日, 1947年 5月 12日, 1947年 5月 12日, 1947年 6月 20日, 1947年 9月 13日, 1947年 11月 15日, 308-319쪽.

107 京都大学百年史編集委員会 編, 『京都大学百年史 総説編』(京都大学後援会, 1998), 458-466쪽; 山本礼子, 『米國對日占領下における「教職追放」と教職適格審査』(学術出版会, 2007).

할 수 있다.

> 천황을 신으로 섬기는 사상에 관한 귀군의 해석은 이치에 맞고 훌륭합니다. 귀군 자신이나 귀군을 믿는 사람의 관점에서 보면 아무런 위험성도 없고 칙령의 어떤 조항에도 해당하지 않습니다. 그러나 세간에서는 '천황을 신으로 섬긴다'는 것을 훨씬 더 문자 그대로의 의미로 믿고 제3자도 그 해석이 옳다고 보는 경우가 적지 않습니다. 학문의 영역에서도 (…) 군주를 신으로 섬기는 종교와 기독교를 준별하는 것이 가장 자연스럽게 여겨지고 있습니다. (…) 또 기독교 교회 안에서조차 천황신설을 승인하는 것을 주 그리스도에 대한 배신으로 믿는 신자가 (…) 오늘날에도 적지 않습니다. (…) 군주 숭배는 기독교 내부에도 영향을 미쳐 왔습니다. 그러나 역사적 주류는 그 숭배를 배척하는, 보다 상식적이고 간단 솔직한 경향으로 향했던 것입니다.[108]

위에서 하타노는 '천황을 신으로 섬기는 사상(천황신설)'에 대한 마쓰무라의 해석이 재심에서 부정적으로 받아들여질 가능성을 우려하면서 세간, 학계, 그리고 교회의 주류적 반응에 대해 길게 설명하고 있다. 그런데 중요한 것은 하타노가 '마쓰무라의 해석을 지지하는 입장'에서 말하고 있다는 점이다.

천황신설에 대한 마쓰무라의 해석이 정확히 어떤 것이었는지는 이 유서가 발견되지 않는 한 알 수 없다. 하지만 두 사람이 이 문제에 대한 대화를 자신들의 '학문적 지식'을 토대로 나눈다는 점은 위 인용문을 통해서도 명확하다. 그렇다면 마쓰무라가 어떠한 '신론'을 가졌는지

108 「松村克己宛」, 1946年 12月 9日, 310−311쪽.

알아보면 하타노가 동의한 사상의 내용을 알 수 있을 것이다.

하타노의 『시간과 영원』이 출간된 1943년 마쓰무라는 『철학연구』에 「신인호응(神人呼應)」이라는 글을 발표했다. 그 내용을 보면 마쓰무라에게 하타노의 영향이 굉장히 컸음을 알 수 있는데, 특히 주목해야 할 것은 마쓰무라 역시 '상징'의 문제를 '매개'라는 관점에서 논하고 있었던 점이다.

우선, 마쓰무라는 신인 관계를 '신의 계시에 대한 호응'으로 정의한 다음 이 관계가 성립하는 방식을 두 가지로 나누어 설명한다. 하나는 "계시를 짊어진 자(Mittler[109])"이고 다른 하나는 "그를 매개로서 성립하는" 경우다. 이를 통해 "신인 관계는 철두철미 그리스도 매개적"이라는 점을 확인했던 것이다. 계시를 짊어진 자로서 매개가 된 그리스도는 "신의 상(像)"으로서 "상징적인 의미로 해석"될 뿐만 아니라 신인 관계의 "원형"이자 그 자체로 "신"에 다름 아니라고 주장했다.[110]

먼저 확인해야 할 점은 여기서 마쓰무라가 말하는 '신인 관계'란 하타노가 종교적 생의 단계에서만 성립을 인정한 '인격 관계'와 다를 바 없다는 점이다. 위에서 보았듯이 하타노에게 인격적 관계는 초월적 실재로서의 신(타자)과 주체(자아) 사이에서 성립하는 것이었다. 마쓰무라는 이를 '계시에 대한 호응'이라는 보다 기독교적인 언어로 표현했던 것뿐이다.

두 번째로, 마쓰무라 역시 하타노가 기독교 연구에서 그랬던 것처럼 예수의 그리스도로서 '신격성'을 강조하는 입장이었음을 확인할 수 있다. 그런데 중요한 것은 그 논의를 '매개'와 '상징'의 문제와 결부시킨

109 독일어로 신과 사람 사이의 '중개자'를 의미하는 말로, 기독교에서는 곧 예수 그리스도를 의미한다.

110 松村克己, 「神人呼応」, 『哲學研究』 333(28권 12책, 1943), 723-725쪽.

점이다. 앞 절에서 보았듯이 하타노 역시 '매개'라는 논점을 통해 '표현'과 '상징'의 문제를 논했지만, 종교철학에 관한 저작에 대해서만 명시적으로 논의되었다. 물론 하타노에게 '종교철학'과 '기독교'는 불가분의 학문이라는 점을 상기하면 매개와 상징에 대한 논의가 '학문으로서 기독교'와도 깊이 연관된 논의였음을 짐작할 수 있을 것이다. 마쓰무라의 「신인호응」은 바로 이 점을 확인시켜 주었다고 할 수 있다.

이 문제와 관련해서 더 주목할 것은 마쓰무라가 계시와 신앙의 관계, 즉 "신의 '상'인 그리스도(계시)"가 "우리 안에 생기는 것(신앙)"을 "상징의 비유(analogia imaginis)"가 성립하는 과정으로 묘사한다는 점이다.[111] 하타노 역시 『시간과 영원』에서 '표현'과 '상징'을 구분하면서 후자의 '비유성'을 논의한 바 있다. 즉, 그는 "종교적 표상(상징-인용자)의 비유성"을 거론하면서 그것을 상징의 양의성 때문에 불가피하게 갖는 성격으로 설명하는데,[112] 이때 양의성이란 '초월성'과 '내재성'을 동시에 갖춘 상징의 성격을 의미한다. 스피노자를 통해 혹은 칸트를 통해 계속해서 문제 삼아 온 '양립'의 문제를 상징에 대한 설명에도 적용한 셈인데, 상징이 양립을 '매개'하는 장치였던 만큼 이러한 성격은 당연한 귀결이라고 할 수 있다. 마쓰무라가 계시와 신앙의 관계를 '상징'이 성립하는 과정으로 설명한 것도 하타노가 말한 '종교적 체험'의 과정과 일치하는 것이었다.

오히려 불투명한 것은 두 사람이 거론하는 '비유성'이라는 논점이다. 이와 관련해 마쓰무라는 인간이 신에게 호응해 나가는 방법, 즉 신앙의 실천 방식을 다음과 같이 설명한다. 즉, 신앙은 "다른 상, 다른 것"

111 松村克己, 「神人呼応」, 726쪽.

112 波多野精一, 「時と永遠」, 457-458쪽

에서 “자신에게 주어진 상(신의 상, 즉 신앙)”을 확인해 나가는 방식을 통해 실천된다. 다시 말해, 상징의 ‘비유’를 ‘다른 상’에서 찾는 것이 곧 신앙을 실천하는 방법이라는 설명이다. 이를테면 “원형이 중심이 되어 무한히 많은 모상(模像)의 파도를 만들어” 나가는 것처럼 상징은 다른 상으로 이어져 비유의 연쇄를 무한히 만들어 나가는 것이었다.[113]

이와 유사한 논의를 하타노 역시 「스피노자 연구」에서 한 바 있다. 앞 절에서 보았듯이, 스피노자의 사상에 대한 하타노의 비판 의식은 ‘초월성’의 견지, 다른 말로 하면 양립의 ‘직접성’에서 오는 ‘일원론적’ 결론을 어떻게 회피할 것인가에 있었다. 이 문제를 ‘매개’라는 관점을 도입해 논하는 과정에서 ‘표현’과 ‘상징’의 구분이 도출된 것이다. 하지만 박사 논문을 쓸 당시 하타노의 사상은 이 정도까지 성숙하지 않았다. 그럼에도 불구하고 스피노자의 ‘양립’을 비판적으로 검토하는 대목에서 하타노는 스피노자가 “양태”를 “직접과 간접” 두 종류로 구별한 점에 착목하고 있었다. 하나는 신의 본성으로부터 “직접 유래된 것”으로 “직접 영원 무한의 양태”를 의미한다면, 다른 하나는 그러한 “양태에 매개”된 것으로 “간접 영원 무한의 양태”를 의미했다.[114]

박사 논문에서는 이 이상 논의의 발전이 없었지만, 이처럼 실체(=신, Substantia sive Deus)의 나타남인 양태를 ‘직접/간접’으로 나누는 발상이 후일 ‘초월성’과 ‘내재성’의 양립을 이룩한 ‘매개’로서의 ‘상징’과, 그 ‘비유’에 대한 논의로 발전했다고 보기는 어렵지 않을 것이다. 과연 그렇다면 하타노 역시 마쓰무라와 마찬가지로 ‘상징의 비유’의 연쇄를 상정했다고 할 수 있을 것이다.

113 松村克己, 「神人呼応」, 729–730쪽.

114 波多野精一, 「スピノザ研究」, 390쪽.

두 사람이 이와 같은 학문적 지식을 토대로 전후 '천황을 신으로 섬기는 사상'에 대해 의논했음은 분명해 보인다. 상징은 매개의 원형인 '예수 그리스도'일 수도 있고, 또한 신의 말을 인간의 언어로 옮긴 '성서'일 수도 있다. 신격성은 예수를 중심으로 '다른 상'에서 무한히 '비유'의 연쇄를 만들어 낸다. 이와 같은 신앙의 실천 과정을 통해 하타노는 '천황'이라는 존재를 신격성이 담긴 '상징의 비유'로서 수용했던 것이다. 상징의 비유로서 천황이란 신격화된 존재이지만, 기독교적 유일신을 대체하는 존재는 결코 아니다. 그것은 말 그대로 신을 상징하는 비유 중 하나이기 때문이다. 그러나 그것은 간접적으로나마 신과 매개되어야지만, 다시 말해 신격성이 담겨야지만 '표현'과 구별될 수 있다. 상징의 비유란 그런 의미에서도 히타노가 자신의 '생의 종교철학'을 지켜낸 고육지책이었다고 할 수 있다.

5. 하타노의 빛과 그림자

패전 후 '인간 선언'이 선포되는 상황에 이르러서도 여전히 '천황신설'을 주장한 하타노의 모습은 어떻게 보면 광신적이다. 하지만 하타노가 시세의 변화에도 아랑곳하지 않았던 것은 그 주장이 자신의 '학문'에 굳게 뒷받침되어 있었기 때문이다. 따라서 하타노의 학문을 파헤치고 그 정치성을 묻는 일은 현재적 과제일 뿐만 아니라 사상사적으로도 외면하기 어려운 과제임을 시사한다. 이하에서는 이 점을 염두에 두고 하타노의 결말을 비판적으로 검토하고자 한다.

하타노의 종교철학은 '자멸하는 주체'에 대한 문제의식, 다른 말로 하면 '관념주의' 비판에서 그 독자성을 구축해 나갔다. 또한 그와 표리

일체로 전개된 하타노의 기독교는 패전 상황에서도 천황을 신격성이 담긴 '상징의 비유'로서 수용했다. 이 결말은 일종의 아이러니를 느끼게 하는데, 그것은 국체신도의 폭력적인 꿈에서 깨어나 '인간'으로 돌아오던 천황을 역으로 '신'으로 섬기려 했던 아이러니만을 의미하지 않는다. 그것은 말하자면 '근대 비판'을 함축했던 사상의 또 다른 애로를 보는 듯한 아이러니다.

사실 하타노가 상징으로부터 떼어 낸 '표현'과의 관계로 보더라도 신격성은 불가결한 요소였다고 할 수 있다. 하타노는 '상징의 비유성'을 논하면서 이 개념이 "표현에 자리를 양보해 주는 것은 아니"라고 당부했다. 즉, '비유로서의 상징'은 '문화적 표현'이 아니라는 주장이다. 이 점에서 신격성 — 실재적 타자가 갖는 초월성과 절대성, 그리고 그것의 다른 표현으로서의 신성성[115] — 은 양자를 구분해 주는 결정적인 준거였기 때문이다. 그리고 그것이 '문화'로 통칭된 '관념(idea)'의 세계, 주체들 사이에 마련된 또 다른 매개로서의 '객체', 그것을 구성하는 질료의 형상화로서의 '표현'으로부터 이탈하기 위한 준거였다는 점에서 근대 비판적인 성격을 갖는다. 앞에서 언급했듯이 하타노는 이러한 '관념주의(idealism)'의 전통을 플라톤까지 거슬러 올라가 칸트를 거쳐 헤겔까지 시야에 넣고 비판했다. 또한 그것이 '이상주의(idealism)'를 추구한 이노우에식 종교론과 중첩해 수행된 측면도 살펴보았다. 하타노의 사상은 독일관념론 수용으로부터 시작된 일본의 '근대를 넘어서는 다른 어딘가'를 향하고 있었음이 분명하다.

115 波多野精一, 「時と永遠」, 457쪽. 이 글에서는 많이 다루지 못했지만, 신성성은 실재적 타자의 초월성과 절대성을, 따라서 상징성을 표현하는 또 다른 논점이었다. 신성성에 관한 논의는 다음을 참조. 波多野精一, 「宗教哲学」, 212-236쪽; 波多野精一, 「時と永遠」, 431-444쪽.

그러나 그 준거로 영립한 신격성은 현실에서 천황을 상징의 비유로서 받아들이는 데 기능했다. 논리적 차원에서는 분명했던 구분이 현실 세계에서는 결코 분명치 않았다. 즉, 천황을 '표현'이 아니라 '상징'의 비유로 보는 이유는 어디에 있는지, 이 점에서 하타노의 '문화(표현)'와 '종교(상징)'는 현실에서 분간을 잃게 된다. 그가 신격성을 담보한 천황도 '이데아들의 이데아'가 아니라는 증거는 과연 어디에 있었을까. 이것이 애초 현실에 존재하는 '무엇'인가를 신성화하는 사유에 내재된 덫이었다고 한다면, 하타노의 학문이 보여 준 결말은 비단 일본에서만 일어날 수 있는 문제라고 할 수도 없을 것이다.[116]

마지막으로, 사상사에 대한 과제를 던진다면, 천황을 신격화한 하타노의 사상은 종종 친화성이 지적되는 와쓰지 데쓰로(和辻哲郎)의 상징천황론과 의외로 거리가 멀어 보인다. 와쓰지는 '국민의 전체성 표현'으로 천황을 상징화하는 방향으로 논의를 전개해 나갔는데, 이는 오히려 주체 간의 관계(間柄)로서 '문화'에 초점을 맞춘 논의였기 때문이다.[117] 오히려 이노우에나 가토 겐치와 다른 방식의 신도론을 전개하여 신적 의미가 담긴 '대생명의 표현'으로서 천황을 설명한 가케이 가쓰히코(筧克彦)와 더 가까워 보인다.[118] 앞으로 이와 같은 다소 혼잡한 상황을 사상사적으로 더 해명해 나가는 동시에, 서양의 철학 논의를 배경에 깔

116 신성화에 대한 문제의식은 다음 참조. 이경미, 「'조천'에 나타난 나철의 근대적 종교관: '성스러운 정치'를 향하여」, 『개념과 소통』 30(2022), 217-266쪽.

117 와쓰지의 철학과 상징천황론에 대해서는, 米谷匡史, 「解説」, 『和辻哲郎人間存在の倫理学』, 京都哲学撰書 第8巻(燈影舎, 2000), 281-304쪽. 하타노는 와쓰지의 교토제국대학 초빙을 주선한 이래 친분 관계를 유지했고 와쓰지의 저작을 평가하는 말들을 서한에 남기고 있다. 이 때문에 둘의 사상을 친화적으로 보는 경우도 있다. 村松晋, 「波多野精一と敗戦」, 71쪽.

118 김태진, 「근대천황제를 둘러싼 정치와 종교: 가케이 가쓰히코 신도론의 지성사적 의미」, 『일본비평』 28(2023), 234-267쪽.

고 전개된 일본의 종교담론이 동아시아 그리고 식민지 조선의 사상 공간에 어떠한 소용돌이를 치게 했는지 고찰해 나가야 할 것이다.

참고문헌

서론

郭馳洋, 2018,「明治期の哲学言説とネーション·社会: 井上哲次郎の'現象即実在論'をめぐって」,『年報 地域文化研究』21.

東京大學, 1896,『東京大學百年史·部局史一』, 東京大学出版会.

渡部清, 2005,「日本近代における一元論の系譜: 西田哲学の成立前史として」,『哲学科紀要』31.

末木文美士, 2020,「第一章 總論: 近世から近代へ」,『近代日本宗教史(第1巻): 維新の衝擊』, 春秋社.

船山信一, 1959,『明治哲學史研究』, ミネルヴァ書房.

水野博太, 2007,「明治期陽明学研究の勃興: 井上哲次郎『日本陽明学派之哲学』に至る過程」,『思想史研究』24.

磯前順一, 2003,『近代日本の宗教言説とその系譜: 宗教·國家·神道』, 岩波書店.

井上克人, 2006,「明治期アカデミー哲学の系譜: '現象即実在論'をめぐって」,『關西大學文學論集』55(4).

土屋博, 2000,「日本における'宗教学'の特質と今後の問題」,『南山宗教文化研究所 研究所報』10.

板橋勇仁, 2004,「日本における哲学の方法: 井上哲次郎から西田幾太郎へ」,『立正大学文学部論叢』119.

이노우에 데쓰지로 지음, 이혜경 외 옮김, 2024,『철학과 국가: 제국대 교수의 근대일본 만들기』, 빈서재.

제1장

井上哲次郎, 1883,『西洋哲學講義』;『井上哲次郎集』第1巻, クレス出版, 2003.

______, 1883,「耶蘇弁惑序」,『井上哲次郎集』第9巻.

______, 1890,「井上哲次郎氏の宗教論」,『井上哲次郎集』第9巻.

______, 1891,「內地雜居の結果如何」,『天則』3(10).

______, 1891,『勅語衍義』;『井上哲次郎集』第1巻.

______, 1892,「宗教と教育との関係につき井上哲次郎氏の談話」,『井上哲次郎集』第9巻.

______, 1893,『教育と宗教の衝突』, 敬業社等.

______, 1894,「東洋の哲学思想に就いて」,『井上哲次郎集』第9巻.

______, 1894,「我世界觀の一塵」, 瀨沼茂樹 編,『明治哲学思想集』(明治文學全集 80), 築摩書房, 1974.

______, 1897,「現象卽實在論の要領」,『井上哲次郎集』第9巻.

______, 1899,「宗教の將來に關する意見」,『井上哲次郎集』第3巻.

______, 1900,『日本陽明學派之哲學』, 富山房, 1918.

______, 1901,「認識と実在との関係」,『井上哲次郎集』第3巻.

______, 1902,『中等修身教科書』, 金港堂.

______, 1905,『日本朱子學派之哲學』, 富山房, 1915.

______, 1906,「日本における徳教の位置」,『井上哲次郎集』第9巻.

______, 1910,「哲学上に見たる進化論」,『井上哲次郎集』第5巻.

______, 1912,『國民道德概論』;『井上哲次郎集』第2巻.

______, 1915,「基督教と儒教」,『井上哲次郎集』第5巻.

______, 1915,「佛基二教と神道」,『井上哲次郎集』第5巻.

______, 1915,「神道と世界宗教」,『井上哲次郎集』第9巻.

______, 1915,「我邦宗教の將來」,『井上哲次郎集』第5巻.

______, 1915,「唯物論と唯心論とに対する実在論の哲学的価値」,『井上哲次郎集』第5巻.

______, 1915,「哲学の要求及び將來」,『井上哲次郎集』第5巻.

______, 1932,『明治哲学界の回顧』; 下村寅太郎·古田光 編,『哲學思想』(現代日本思想大系 24), 筑摩書房, 1965.

______, 1932,「中島力造博士を追悼す」,『丁酉倫理會講演集』436, 大日本出版.

______, 1942,「井上自傳」,『井上哲次郎集』第8卷.
______, 1943,『懷舊錄』;『井上哲次郎集』第8卷.

郭馳洋, 2018,「明治期の哲学言説とネ—ション·社会: 井上哲次郎の'現象即実在論'をめぐって」,『年報 地域文化研究』21.
今西順吉, 1993,「わが国最初のインド哲学史講義(三): 井上哲次郎の未公刊草稿」,『北海道大學文學部紀要』42(1).
磯前順一·高橋原, 2003,「井上哲次郎の'比較宗教学及東洋哲学'講義：解説と翻刻(1)」,『東京大學史史料室』21.
渡部清, 2005,「日本近代における一元論の系譜」,『哲学科紀要』31.
島薗進, 1998,「日本における'宗教'概念の形成: 井上哲次郎のキリスト教批判をめぐって」,『日本人はキリスト教をどのように受容したか』(日文研叢書17), 国際日本文化研究センタ—.
______, 2007,「国家神道·国体思想·天皇崇敬: 皇道·皇学と近代日本の宗教状況」,『現代思想』35(10).
鈴木範久, 1979,『明治宗教思潮の研究: 宗教学事始』, 東京大学出版会.
杉山亮, 2018,「'国教'の創造: 井上哲次郎[儒學三部作]について(3)」,『都法』59(1).
西悠哉, 2010,「'ethics'概念の受容と展開: 倫理教科書を中心として」,『仏教大学大学院紀要 文学研究科篇』38.
船山信一, 1959,『明治哲學史研究』, ミネルヴァ書房.
小泉仰, 1975,「序論」, 比較思想史研究會 編,『明治思想家の宗敎觀』, 大藏出版株式會社.
水野博太, 2017,「明治期陽明学研究の勃興: 井上哲次郎『日本陽明学派之哲学』に至る過程」,『思想史研究』24.
水田聖一, 2002,「近代日本における教育制度の形成と道徳教育」,『人文社会学部紀要』2.
伊藤友信, 1975,「井上哲次郎の宗教観」, 比較思想史研究会 編著,『明治思想家の宗教観』, 大藏出版株式會社.
長谷川琢哉, 2013,「円了と哲次郎: 第二次 '教育と宗教の衝突'論争を中心として」,『井上円了センタ—年報』22.
井上克人, 2006,「明治期アカデミ—哲学の系譜: '現象即実在論'をめぐって」,『關西大學文學論集』 55(4).
井上哲次郎·有賀長雄, 1884,『改訂增補 哲學字彙』, 東洋館書店.
井浦節夫, 2007,「命治後期における井上哲次郎と井上円了の思想対立」,『比較思想硏究』 34.
下村寅太郎·古田光 編, 1965,『哲學思想』, 筑摩書房.

리처드 호프스태터 지음, 유강은 옮김, 2017,『미국의 반지성주의』, 교유서가.
박규태, 2002,「국가신도란 무엇인가: 근대일본 국민국가와 종교」,『종교연구』 29.
스에키 후미히코 지음, 이태승·권서용 옮김, 2009,『근대 일본과 불교』, 그린비.
Eric J. Sharpe 지음, 유요한·윤원철 옮김, 2017,『종교학의 전개』, 시그마프레스.
이소마에 준이치 지음, 제점숙 옮김, 2016,『근대 일본의 종교 담론과 계보』, 논형.
이혜경, 2010,「근대중국 '倫理' 개념의 번역과 변용: 유학과의 관계를 중심으로」,『철학사상』 37.
______, 2021,「주자학이 전근대의 대표이념이 되기까지: 후쿠자와 유키치와 이노우에 데쓰지로의 유학을 둘러싼 공방」,『동양철학연구』 108.
______, 2022,「이노우에 데쓰지로의 종교 편력: 민심통합의 도구를 찾아서」,『한국동양정치사상사연구』 21(2).
______, 2022,「이노우에 엔료는 왜 불교개량과 철학대중화의 기치를 동시에 내걸었는가?」,『용봉인문논총』 60.
제이미 허바드·폴 스완슨 지음, 류제동 옮김, 2015,『보리수 가지치기: 비판불교를 둘러싼 폭풍』, 씨아이알.
피터 버거 엮음, 김덕영·송재룡 옮김, 2002,『세속화냐 탈세속화냐: 종교의 부흥과 세계 정치』, 대한기독교서회.
'도쿄대학 철학연구실' https://www.l.u-tokyo.ac.jp/philosophy/seika.html (최종 검색일: 2022. 7. 1)
'ブリタニカ国際大百科事典 小項目事典「俗神道」の解説.' https://kotobank.jp/word/俗神道-89882 (최종 검색일: 2022. 7. 1)

제2장

井上円了, 1886,「哲学要領」,『井上円了選集』 第1卷, 學校法人東洋大學, 1987.
______, 1886,「哲学一夕話」,『井上円了選集』 第1卷.

______, 1887,「佛教活論序論」,『井上円了選集』第3卷.
______, 1887,「眞理金針·續編」,『井上円了選集』第3卷.
______, 1887,「哲学館開設の旨趣」,『井上円了選集』第25卷.
______, 1891,「純正哲学講義」,『井上円了選集』第1卷.
______, 1891,「哲学一朝話」,『井上円了選集』第1卷.
______, 1893,「日本倫理學案」,『井上円了選集』第11卷.
______, 1893,「忠孝活論」,『井上円了選集』第11卷.
______, 1899,『日本正教論』;『井上円了選集』第8卷.
______, 1901,「余が所謂宗教」,『井上円了選集』第25卷.
______, 1902,『宗教改革案』, 哲學書院.
______, 1902,「勅語玄義」,『井上円了選集』第11卷.

高木宏夫, 1987,「解說」,『井上円了選集』第3卷, 學校法人東洋大學.
末木文美士, 2004,『明治思想家論: 近代日本の思想·再考Ⅰ』, トラアンスビュー.
福沢諭吉, 1959,『福沢諭吉全集』第4卷, 岩波書店.
三浦節夫, 2012,「井上円了に関する研究史」,『国際哲学研究』1.
船山信一, 1959,『明治哲學史研究』, ミネルヴァ書房.
松野智章, 2014,「日本思想の近代化と哲学科: 思想における共通言語としての哲学」, 江島尚俊 外 編,『近代日本の大学と宗教』, 法藏館.
櫻井匡, 1971,『明治宗教史研究』, 春秋社.
熊田健二, 1986,「明治期倫理思想の一考察: 井上円了の倫理学説とその問題点」,『思想と文化』, 岩手大学人文社会科学部.
伊吹敦, 2019,「佛教は哲學なりや宗教なりや: 近代日本における佛教の宗教化と禪宗·眞宗の一元的理解の誕生」,『国際禅研究』3.
長谷川琢哉, 2013,「円了と哲次郎: 第二次‘教育と宗教の衝突’論争を中心として」,『井上円了センター年報』22.
井上克人, 2006,「明治期アカデミー哲学の系譜: ‘現象即実在論’をめぐって」,『關西大學文學論集』55(4).
井上哲次郎, 1899,「宗教の將来に関する意見」,『井上哲次郎集』第3卷, クレス出版, 2003.
井浦節夫, 2007,「命治後期における井上哲次郎と井上円了の思想対立」,『比較思想研究』 34.
針生清人, 1987,「解說」,『井上円了選集』 제1巻, 學校法人東洋大學.
______, 2000,「井上円了の進化論」,『アジア·アフリカ文化研究所研究年報』 35.
黒住真, 2003,『近世日本社会と儒教』, ぺりカン社.

김영진, 2008,「근대 한국불교의 형이상학 수용과 진여연기론의 역할」,『불교학연구』 21.
김제란, 2010,「일본 근대불교의 사회진화론에 대한 두 시각: 이노우에 엔료와 키오자와 만시」,『한국선학』 25.
김호성, 2015,「이노우에 엔료(井上円了)의 활동주의와 그 해석학적 장치들:『분투철학(奮鬪哲學)』을 중심으로」,『불교연구』 42.
박규태, 2002,「국가신도란 무엇인가: 근대일본 국민국가와 종교」,『종교연구』 29.
송현주, 2014,「"불교는 철학적 종교": 이노우에 엔료(井上円了)의 '근대일본불교' 만들기」,『불교연구』 41.
스에키 후미히코 지음, 이태승·권서용 옮김, 2009,『근대 일본과 불교』, 그린비.
원영상, 2011,「근대 일본불교의 서양사상의 수용과 전개: 井上円了를 중심으로」,『동양철학연구』 67.
이태승, 2016,「일본 근대의 불교가 이노우에 엔료의 활불교에 대하여:『불교활론서론』의 활불교를 중심으로」,『동아시아불교문화』 27.
이태승, 2018,「일본 근대의 불교가 이노우에 엔료의 기독교비판과 그 의의:『진리금침초편』을 중심으로」,『불교연구』 49.
카시와하라 유센 지음, 원영상 외 옮김, 2008,『일본불교사 근대』, 동국대학교출판부.

제3장

姉崎正治, 1900,『宗教學概論』, 東京專門學校出版部藏版. https://dl.ndl.go.jpinfondljppid814857 (최종 검색일: 2023. 4. 25)
______, 1993,『新版 わが生涯』, 大空社.
______, 2002,『比較宗教學』;『姉崎正治集』 第1巻, クレス出版.
______, 2002,『新時代の宗教』;『姉崎正治集』 第6巻.
______, 2002,『姉崎正治集』 第9巻.
______, 2002,『宗教と教育』;『姉崎正治集』 第5巻.

高橋原, 2002,「解説」,『姉崎正治集』第9巻, クレス出版.
古賀元章, 2016,「姉崎正治の宗教意識の形成」,『Comparatio』20.
磯前順一, 2003,『近代日本の宗教言説とその系譜: 宗教·國家·神道』, 岩波書店 [이소마에 준이치 지음, 제점숙 옮김, 2016,『근대 일본의 종교 담론과 계보: 종교·국가·신도』, 논형].
磯前順一·深澤英隆 編, 2002,『近代日本における知識人と宗教: 姉崎正治の軌迹』, 東京堂出版.
島薗進, 1995,「加藤玄智の宗教学的神道学の形成」,『明治聖徳記念学会紀要』復刊16.
______, 2020,『新宗教を問う: 近代日本人と救いの信仰』, 筑摩書房.
島薗進·高橋原·磯前順一, 2003,「解説」,『井上哲次郎集』第9巻.
東洋大学創立100周年記念論文集編纂委員会 編, 2004,『井上円了選集』第25巻, 學校法人東洋大学.
林淳, 2013,「戦後における東大系宗教学の軌跡: '来るべき宗教学'の予言がはずれたとき」,『東京大学宗教学年報』30.
船山信一, 1959,『明治哲學史研究』, ミネルヴァ書房.
深澤英隆, 2006,『啓蒙と靈性: 近代宗教言説の生成と變容』, 岩波書店.
前川理子, 2015,『近代日本の宗教論と国家: 宗教学の思想と国民教育の交錯』, 東京大学出版会.
田丸德善, 2004,「戦後日本の宗教学: 日本の宗教研究の百年に寄せて」,『宗教研究』78(4).
井上哲次郎, 2003,『井上哲次郎集』第3巻, クレス出版.
______, 2003,『井上哲次郎集』第5巻.
______, 2003,『井上哲次郎集』第9巻.
華園聰麿, 2004,「日本における比較宗教学と宗教現象学の歩み」,『宗教研究』78(4).

권동우, 2022,「일제강점기 교파신도의 조선포교 양상 연구」,『민족문화연구』95.
박규태, 2013,「아네사키 마사하루와 종교학: 근대일본 지식인에게 있어 종교와 국가」,『동아시아문화연구』54.
박은영, 2015,「'교육과 종교의 충돌' 논쟁에 관한 일고찰」,『인문연구』73.
이예안, 2014,「대한제국기 '유신(維新)'의 정치학」,『개념과 소통』14.

허재영, 2015, 「지식 수용의 차원에서 본 『황성신문』 「일본유신30년사」 역술(譯述) 과정과 그 의미: '학술사상사'와 '교육적' 측면의 지식 수용을 중심으로」, 『한민족어문학』 70.

Sharpe, Eric J., *Comparative Religion: a history*, 2nd ed., Duckworth, 1986/La Salle: Open Court, 1986 [유요한·윤원철 옮김, 2017, 『종교학의 전개』, 시그마프레스].

Prohl, Inken and John Nelson ed., 2012, *Handbook of Contemporary Japanese Religions*, Brill.

Lewis, James R. ed., 2004, *The Oxford Handbook of New Religious Movements*, Oxford University Press.

Jones, Lindsay, editor in chief, 2005, *Encyclopedia of religion* [electronic resource], Macmillan Reference USA.

제4장

[1차 자료]

加藤玄智, 1900, 『宗教新論』; 島薗進·高橋原·前川理子 編, 『加藤玄智集』 第1巻, クレス出版, 2004.

______, 1901, 『宗教之將来』, 法蔵館.

______, 1903, 『通俗 東西比較宗教史』, 有朋館.

______, 1910, 『宗教学上より見たる釈迦牟尼仏』; 『加藤玄智集』 第3巻.

______, 1911, 「神観念から見た日本の国体」, 『加藤玄智集』 第9巻.

______, 1912, 『我建國思想の本義』; 『加藤玄智集』 第3巻.

______, 1912, 『神人乃木將軍』; 『加藤玄智集』 第3巻.

______, 1915, 『眞修養と新活動』; 『加藤玄智集』 第4巻.

______, 1919, 『我が国体と神道』; 加藤玄智集』 第5巻.

______, 1922, 『神道の宗教学的新研究』, 大鐙閣.

______, 1931, 『本邦生祠の研究: 生祠の史實と其心理分析』, 明治聖徳記念學會.

______, 1932, 『日本人の国体信念』; 『加藤玄智集』 第5巻.

______, 1935, 『神道の宗教発達史的研究』, 中文館書店.

______, 1938, 『神道精義』; 『加藤玄智集』 第6巻.

井上哲次郎, 1897,「現象即実在論の要領」,『哲学雑誌』13(123);『井上哲次郎集』第9巻, クレス出版, 2003.
______, 1899,「宗敎の將來に關する意見」, 島薗進·磯前順一 編纂,『井上哲次郎集』第3巻.
______, 1912,『国民道徳概論』, 三省堂.
______, 1973,『井上哲次郎自伝』, 冨山房.
Tiele, C. P., 1897–1899, *Elements of Sciences of Religion* (Gifford lectures), W. Blackwood and sons.
______, 1901, *Hoofdtrekken der godsdienstwetenschap*, P. N. van, Kampen 8c Zoon.
「国家神道､神社神道ニ対スル政府ノ保証､支援､保全､監督並ニ弘布ノ廃止ニ関スル件」(昭和二十年十二月十五日) 連合国軍最高司令官総司令部参謀副官発第三号(民間情報教育部)終戦連絡中央事務局経由日本政府ニ対スル覚書) https://www.mext.go.jp/b_menu/hakusho/html/others/detail/1317996.htm
「政治的､社会的及宗教的自由ニ対スル制限除去ノ件」の覚書, 昭和二十年十月四日 (최종 검색일: 2023. 8. 20)
「宗教団体法(抄)」(昭和十四年四月八日法律第七十七号)
http://meijiseitoku.org/intro.htm, 明治聖徳記念學會, 1931.

[2차 자료]
加藤玄智, 1912,『宗教學』, 博文館.
加藤玄智, 1924,『東西思想比較研究』, 京文社.
______, 1931,『本邦生祠の研究: 生祠の史實と其心理分析』, 明治聖徳記念學會.
______, 1935,『神道の宗教発達史的研究』, 中文館書店.
加藤玄智 編, 1921,『神社対宗教』, 明治聖徳記念学会.
磯前順一, 2012,『宗教概念あるいは宗教学の死』, 東京大学出版会.
島薗進, 1995,「加藤玄智の宗教学的神道学の形成」,『明治聖徳記念学会紀要』16.
______, 2010,『国家神道と日本人』, 岩波書店.
______, 2019,『明治大帝の誕生: 帝都の国家神道化』, 春秋社.
______, 2019,『神聖天皇のゆくえ = From the Divine to the Symbolic Emperor: 近代日本社会の基軸』, 筑摩書房.
______, 2021,『戦後日本と国家神道: 天皇崇敬をめぐる宗教と政治』, 岩波書店.

米原謙, 2015,『国体論はなぜ生まれたか: 明治国家の知の地形図』, ミネルヴァ書房.
山口輝臣, 2018,『戦後史のなかの「国家神道」』, 山川出版社.
藤田大誠 編, 2019,『国家神道と国体論: 宗教とナショナリズムの学際的研究』, 弘文堂.
新田均, 1995,「加藤玄智の国家神道観」,『宗教法学会』14.
______, 2013,「最近の動向を踏まえた「国家神道」研究の再整理」,『宗教法学会』32.
______, 2020,「「国家神道」研究史の整理の開始と加藤玄智との出会い」,『皇學館論叢』53(3).
安丸良夫, 1979,『神々の明治維新』, 岩波書店.
安丸良夫·宮地正人 編, 1988,『(日本近代思想大系5) 宗教と国家』, 岩波書店.
遠藤潤, 1995,「文学部神道講座の歴史的変遷」,『東京大学史紀要』13.
葦津珍彦, 2006,『国家神道とは何だったのか』, 神社新報社.
前川理子, 2011,「加藤玄智の神道論: 宗教学の理想と天皇教のあいだで(1)」,『人文学研究所報』46.
______, 2012,「加藤玄智の神道論: 宗教学の理想と天皇教のあいだで(2)」,『人文学研究所報』47.
村上重良, 1970,『国家神道』, 岩波新書.
阪本是丸, 1994,『国家神道形成過程の研究』, 岩波書店.
阪本是丸 編, 2006,『国家神道再考: 祭政一致国家の形成と展開』(久伊豆神社小教院叢書), 弘文堂.
國學院大學 Encyclopedia of Shinto(大原康男,「加藤玄智」) https://d-museum.kokugakuin.ac.jp/eosk/
小口偉一, 宗教学五十年の歩み: 東京大学宗教学講座創設五十年を記念して: 東京大学宗教学研究室 http://www.l.u-tokyo.ac.jp/religion/lecture.html.

고마고메 다케시, 2011,「조선에서의 신사참배 문제와 일미관계: 식민지 지배와 '내부의 적'」, 강명숙 외,『식민지 교육연구의 다변화』, 교육과학사.
고야스 노부쿠니 지음, 김석근 옮김, 2005,『야스쿠니의 일본, 일본의 야스쿠니』, 산해 [子安宣邦, 2004,『国家と祭祀: 国家神道の現在』, 青土社].
박규태, 2002,「국가신도란 무엇인가: 근대일본 국민국가와 종교」,『종교연구』29.
______, 2014,「국가신도의 국체신학과 공사(公私)관념:《국체의 본의》를 중심으로」,

『종교문화비평』 26.
이혜경, 2022, 「이노우에 데쓰지로의 종교 편력: 민심통합의 도구를 찾아서」, 『한국동양정치사상사연구』 21(2).
호시노 세이지 지음, 이예안·이한정 옮김, 2020, 『만들어진 종교: 메이지 초기 일본을 관통한 종교라는 물음』, 글항아리.

Kato, Genchi, 1933, "Four outstanding features of shinto", 『加藤玄智集』 第9卷.
______, 1941, "The Religious Mentality of the Japanese People", 『加藤玄智集』 第9卷.
Hylkema-Vos., Naomi, 1990, "Katō Genchi: A Neglected Pioneer in Comparative Religion", *Japanese journal of religious studies* 17(4), 南山大学.

제5장

筧克彦, 1913, 『古神道大義: 皇國之根柢萬邦之精華』, 清水書店.
______, 1913, 『國家の研究』, 清水書店.
______, 1911, 『佛教哲理』, 有斐閣.
______, 1911, 『法理戯論』, 有斐閣.
______, 1913, 『西洋哲理(上)』, 有斐閣.
______, 1915, 『続古神道大義』, 清水書店.
______, 1936, 『大日本帝國憲法の根本義』, 岩波書店.

嘉戸一将, 2010, 「身体としての国家: 明治憲法体制と国家有機体説」, 『相愛大学人文科学研究所研究年報』 4.
筧泰彦, 1966, 「父筧克彦のことども」, 『学士会会報』 690.
宮山昌治, 2005, 「大正期におけるベルクソン哲学の受容」, 『人文』 4.
南原繁, 1973, 「筧克彦先生」, 『南原繁著作集』 第9卷, 岩波書店.
______, 1989, 丸山真男·福田歓一 編集, 『聞き書南原繁回顧録』, 東京大学出版会.
鈴木貞美, 1995, 『大正生命主義と現代』, 河出書房新社.
______, 2015, 『「近代の超克」: その戦前·戦中·戦後』, 作品社.
______, 2020, 『歴史と生命: 西田幾多郎の苦闘』, 作品社.
瀧井一博, 2013, 「象徴として天皇: 明治憲法下での議論」, 鈴木貞美·劉建輝 編, 『東アジアにおける知的交流: キイ·コンセプトの再検討』, 国際日本文化研究センター.
頼松瑞生, 1994,「近代日本法思想に与えたる仏教の影響: 筧克彦の「仏教哲理」を中心に」,『法制史研究』44.
美濃部達吉, 1913,「上杉博士の「国体に関する異説」を読む」, 星島二郎 編,『上杉博士対美濃部博士最近憲法論』, 実業之日本社.
山崎雅弘, 2017,『「天皇機関説」事件』, 集英社.
森哲郎, 2018,「西田幾多郎における「表現」思想: 『善の研究』の成立と転回」,『日本哲学史研究』15.
西田幾多郎, 1911,『善の研究』;『西田幾多郎全集』第1巻, 岩波書店.
西田彰一, 2019,「南原繁と筧克彦」, 南原繁研究会 編,『南原繁と憲法改定問題(その二)』, 横濱大氣堂.
______, 2020,『躍動する「国体」: 筧克彦の思想と活動』, ミネルヴァ書房.
______, 2021,「天皇機関説と筧克彦」, 島薗進·末木文美士·大谷栄一·西村明 編,『近代日本宗教史』第4巻, 春秋社.
石川健治, 2009,「権力とグラフィクス」, 長谷部恭男·中島徹 編,『憲法理論を求めて: 奥平憲法学の継承と展開』, 日本評論社.
石川健治, 2007,「権力とグラフィクス」, 鈴木貞美,『生命観の探究: 重層する危機のなかで』, 作品社.
矢部貞治, 1934,「代表の社會的基礎」, 杉村章三郎 編,『筧教授還暦祝賀論文集』, 有斐閣.
遠藤泰弘, 2007,『オットー·フォン·ギールケの政治思想: 第二帝政期ドイツ政治思想史研究序説』, 国際書院.
前川理子, 2004,「近代の生命主義自然主義への応答と宗教」, 池上良正 ほか 編,『岩波講座·宗教生命』第7巻, 岩波書店.
______, 2015,『近代日本の宗教論と國家: 宗教學の思想と國民教育の交錯』, 東京大學出版會.
井上円了, 1896−1897,『宗教哲学』, 哲学館.
井上哲次郎, 1890,「井上哲次郎氏の宗教論」,『井上哲次郎集』第9巻.
______, 1892,「宗教と教育との関係につき井上哲次郎氏の談話」,『井上哲次郎集』第9巻.
______, 1899,「宗教の將來に關する意見」,『井上哲次郎集』第3巻.

______, 1902,「倫理と宗教の関係」,『井上哲次郎集』第1巻.
______, 1906,「日本における徳教の位置」,『井上哲次郎集』第9巻.
______, 1915,「神道と世界宗教」,『井上哲次郎全集』第9巻.
______, 1926,『我が国体と国民道徳』, 広文堂書店.
竹田稔和, 2000,「筧克彦の国家論: 構造と特質」,『岡山大学文化科学研究科紀要』10.
______, 2001,「「ドグマティズム」と「私見なし」,『岡山大学文化科学研究科紀要』11.
______, 2001,『大正·昭和前期における神道思想: 筧克彦の古神道を事例として』, 岡山大学大学博士論文.
中道豪一, 2012,「筧克彦の神道教育: その基礎的研究と再評価への試み」,『明治聖徳記念学会紀要』49.
______, 2012,「筧克彦考: 神道教育研究の視点から」,『神道宗教』228.
______, 2013,「筧克彦と皇族の交流について: 貞明皇后を中心に」,『神道宗教』232.
______, 2013,「貞明皇后への御進講における筧克彦の神道論:「神ながらの道」の理解と先行研究における問題点の指摘」,『明治聖徳記念学会紀要』50.
______, 2014,「筧克彦「神ながらの道」の理解と先行研究における問題点の指摘」,『神道宗教』236.
______, 2014,「筧克彦「日本体操」の理論と実践」,『明治聖徳記念学会紀要』51.
______, 2015,「筧克彦「日本体操」考: 再現動作と音声資料等をふまえて」,『神道宗教』240.
______, 2015,「筧克彦の未公刊書籍『惟神大道』について」,『明治聖徳記念学会紀要』52.
______, 2016,「筧克彦の未刊行書籍について: 満州国皇帝溥儀への御進講録,『惟神大道』を中心に」,『神道宗教』244.
______, 2016,「阿部國治による筧克彦「神ながらの道」の受容と展開: 生き方に連なる『古事記』の教え」,『明治聖徳記念学会紀要』53.
中村雄二郎, 1987,『西田哲学の脱構築』, 岩波書店.
下畠知志, 2021,「筧克彦と南原繁:「日本的民主主義」の位相」,『日本史学集録』42.
檜垣立哉, 2005,『西田幾多郎の生命哲学』, 講談社.

김범수 외, 2023,『근대 일본과 번역의 정치: 대의정체 개념의 수용과 변용』, 서울대학교출판문화원.

김승철, 2002,「슐라이어마허의 종교관: '종교의 본질'에 관하여」,『종교와 문화』 8.
______, 2012,「슐라이어마허의 스피노자 이해」,『종교연구』 68.
김태진, 2021,「대의제를 둘러싼 번역과 정치: representation의 번역어로서 대의/대표/상징」,『정치사상연구』 27(2).
______, 2023,「근대천황제를 둘러싼 정치와 종교: 가케이 가쓰히코 신도론의 지성사적 의미」,『일본비평』 28.
난바라 시게루 지음, 윤인로 옮김, 2020,『국가와 종교』, 소명출판.
다치바나 다카시 지음, 이규원 옮김, 2008,『천황과 도쿄대』 1, 청어람미디어.
질 들뢰즈 지음, 이진경 옮김, 2003,『스피노자와 표현의 문제』, 인간사랑.
빌헬름 딜타이 지음, 김창래 옮김, 2009,『정신과학에서 역사적 세계의 건립』, 아카넷.
마루야마 마사오 지음, 김석근 옮김, 2012,『일본의 사상』, 한길사.
호미 바바 지음, 나병철 옮김, 2012,『문화의 위치』, 소명출판.
프레더릭 바이저 지음, 김주휘 옮김, 2011,『낭만주의의 명령, 세계를 낭만화하라: 초기 독일낭만주의 연구』, 그린비.
______, 심철민 옮김, 2020,『계몽, 혁명, 낭만주의: 근대 독일 정치사상의 기원』, 도서출판b.
박규태, 2007,「일본 종교학의 전개와 특징」,『종교연구』 48.
______, 2013,「아네사키 마사하루와 종교학: 근대일본 지식인에게 있어 종교와 국가」,『동아시아문화연구』 54.
박은영, 2021,「『국가와 종교』를 통해 본 난바라 시게루(南原繁)의 평화론」,『일본문화연구』 78.
이사야 벌린 지음, 석기용 옮김, 2021,『낭만주의의 뿌리』, 필로소픽.
슐라이어마허 지음, 최신한 옮김, 1997,『종교론: 종교를 멸시하는 교양인을 위한 강연』, 한들.
스즈키 사다미 지음, 정재정·김병진 옮김, 2008,『일본의 문화내셔널리즘』, 소화.
염승섭, 2013,「생철학의 지평: 딜타이와 베르그송—칸트, 헤겔, 슐라이어마허, 하이데거, 싸르트르와 연관지워」,『독일학연구』 29.
이혜경, 2022,「이노우에 데쓰지로의 종교 편력: 민심통합의 도구를 찾아서」,『동양정치사상사연구』 21(2).

Ankersmit, F. R., 2002, *Political Representation*, Stanford University Press.

Lee, Chungjae and Stacey Liou, 2019, "Inverted founding: Emperor organ theory, constitutionalism, and *koku-min*," *European Journal of Political Theory* 21, Issue 2.
Pitkin, Hanna Fenichel, 1972, *The Concept of Representation*, University of California Press.

제6장

[1차 자료]

松村克己, 1943, 「神人呼応」, 『哲學研究』, 333(28권 12책).
井上哲次郎, 1893, 『教育と宗教の衝突』, 敬業社.
______, 1902, 『倫理と宗教との関係』, 富山房.
______, 1915, 「哲学と宗教」, 島薗進 監修, 島薗進·磯前順一 編, 『井上哲次郎集』 第5巻, クレス出版, 2003.
波多野精一 著, 石原謙 ほか 監修, 宮本武之助 ほか 編, 1968-1969, 『波多野精一全集』 第1-6巻, 岩波書店.

[2차 자료]

京都大学百年史編集委員会 編, 1998, 『京都大学百年史 総説編』, 京都大学後援会.
関岡一成, 2015, 『海老名弾正: その生涯と思想』, 教文館.
宮本武之助, 1965, 『波多野精一』, 日本基督教団出版局.
島薗進, 1998, 「日本における「宗教」概念の形成: 井上哲次郎のキリスト教批判をめぐって」, 山折哲雄·長田俊樹 編, 『日本人はキリスト教をどのように受容したか』, 国際日本文化研究センター.
藤田正勝, 2018, 『日本哲学史』, 昭和堂.
鈴木範久, 1979, 『明治宗教思潮の研究: 宗教学事始』, 東京大学出版会.
笠松和也, 「戦前の東大哲学科と『哲学雑誌』」, 東京大学 人文社会系研究科 文学部 哲学研究室https://www.l.u-tokyo.ac.jp/philosophy/report/seika.html (최종 검색일: 2023. 9. 7).
米谷匡史, 2000, 「解説」, 『和辻哲郎 人間存在の倫理学』, 京都哲学撰書 제8巻, 燈影舎.
濱田與助, 1949, 『波多野宗教哲学』, 玉川大学出版部.
山本礼子, 2007, 『米國對日占領下における「教職追放」と教職適格審査』, 学術出版会.
石原謙 ほか, 1954, 『宗教と哲学の根本にあるもの: 波多野精一博士の学業について』,

岩波書店.

石田慶和, 1993,『日本の宗教哲学』, 創文社.

星野靖二, 2012,『近代日本の宗教概念: 宗教者の言葉と近代』, 有志舎 [이예안·이한정 옮김, 2020,『만들어진 종교: 메이지 초기 일본을 관통한 종교라는 물음』, 글항아리].

小柳敦史, 2014,「京都帝国大学文学部基督教学講座の成立」, 江島尚俊 ほか 編,『近代日本の大学と宗教』, 法藏館.

小坂国継, 2013,『明治哲学の研究: 西周と大西祝』, 岩波書店.

松村克己·小原国芳 編, 1970,『追憶の波多野精一先生』, 玉川大学出版部.

遠藤潤, 1995,「文学部神道講座の歴史的変遷」,『東京大学史紀要』 13.

前川理子, 2015,『近代日本の宗教論と国家: 宗教学の思想と国民教育の交錯』, 東京大学出版会.

井上克人, 2006,「明治期アカデミー哲学の系譜:「現象即実在論」をめぐって」,『関西大学文学論集』 55(4).

早稲田大学大学史編纂所 編, 1982(1981),『早稲田大学百年史』 第2巻, 早稲田大学出版部.

村松晋, 2006,「波多野精一と敗戦」,『聖学院大学論叢』 19(1).

______, 2007,「波多野精一の時代認識」,『聖学院大学論叢』 19(2).

湯浅泰雄, 1970,『近代日本の哲学と実存思想』, 創文社.

片山正直 ほか, 1952,『哲學研究』 406(35권 8책) 波多野精一博士追悼號, 京都哲學會.

平山洋, 1989,『大西祝とその時代』, 日本図書センター.

김승철, 2012,「슐라이어마허의 스피노자 이해」,『종교연구』 68.

김태진, 2023,「근대천황제를 둘러싼 정치와 종교: 가케이 가쓰히코 신도론의 지성사적 의미」,『일본비평』 28.

마키노 에이지, 2014,「일본 칸트 연구의 역사와 오늘날의 과제 1862-1945」, 백종현 엮음,『동아시아의 칸트철학』, 아카넷.

박은영, 2015,「「교육과 종교의 충돌」 논쟁에 관한 일고찰: 이노우에 테츠지로(井上哲次郎)와 요코이 도키오(横井時雄)의 논쟁을 중심으로」,『인문연구』 73.

스피노자 지음, 박기순 옮김, 근간,『스피노자 윤리학』.

이경미, 2022,「'조천'에 나타난 나철의 근대적 종교관: '성스러운 정치'를 향하여」,『개념과 소통』 30.

이노우에 데쓰지로 지음, 이혜경 외 옮김, 2024, 『철학과 국가: 제국대 교수의 근대일본 만들기』, 빈서재.

이예안, 2023, 「가토 겐치의 국가신도 창출: 근대일본에서 국가신도는 어떻게 종교로 정의되었는가?」, 『한국동양정치사상사연구』 22(1).

______, 2023, 「가토 겐치의 국체신도 개념: 21세기 국가신도 논쟁과 '신황신앙'의 문제」, 『용봉인문논총』 62.

이혜경, 2022, 「이노우에 데쓰지로의 종교 편력: 민심통합의 도구를 찾아서」, 『한국동양정치사상사연구』 21(2).

______, 2023, 「이노우에 데쓰지로와 현상즉실재론: 「내 세계관의 먼지 한 톨」을 중심으로」, 『개념과 소통』 31.

최신한, 2013, 「슐라이어마허와 스피노자: 직관 개념을 중심으로」, 『동서철학연구』 67.

찾아보기

이혜경(李惠京)

서울대학교 인문학연구원 부교수. 중국 근대 세계관의 동요와 그에 따른 윤리 의식의 동요에 관한 논문으로 일본 교토대학교에서 박사학위를 받았다. 근대 전환기 동아시아에서 일어난 윤리의 전환에 관심을 갖고 연구하고 있다. 저서로『천하관과 근대화론: 양계초를 중심으로』(2002),『량치차오: 문명과 유학에 얽힌 애증의 서사』(2007),『맹자, 진정한 보수주의자의 길』(2008),『근대 한국 지식인의 여정: 보편원리와 새로운 윤리의 모색』(2024) 등을 펴냈으며, 옮긴 책으로는『역사 속에 살아 있는 중국 사상』(2003),『송명유학사상사』(공역, 2005),『맹자사설』(2011),『신민설』(2014),『철학과 국가: 제국대 교수의 근대일본 만들기』(공역, 2024) 등이 있다.

이연승(李姸承)

서울대학교 인문대학 종교학과 교수. 국립대만대학교 철학연구소에서 동중서의 춘추학에 관한 연구로 박사학위를 받았다. 동아시아의 유교적 문화와 사상에 관심을 가지고 연구하고 있다. 저서로『양웅: 어느 한대 지식인의 고민』(2007),『제국의 건설자, 이사』(2008),『웃음의 정치가, 동방삭』(2008) 등을 펴냈고,『동아시아의 희생제의』(2019)를 엮었으며, 옮긴 책으로『사상사를 어떻게 쓸 것인가』(2008),『방언소증』(공역, 2012),『한대사상사전』(2013),『이역을 상상하다』(2019) 등이 있다.

이예안(李禮安)

한림대학교 한림과학원 부교수. 도쿄대학교 총합문화연구과에서 나카에 조민의 루소 번역과 사상 형성에 관한 연구로 박사학위를 받았다. 20세기 전반기 한국과 일본에서 전개된 정교분리 문제 및 그 영향 아래 형성된 신종교로서 천도교와 국가신도의 사상적 배경에 관심을 갖고 비교·검토하는 작업을 진행하고 있다. 관련 논문으로「메이지 일본의 국체론적 계몽주의: 이데올로기로서의 '교(敎)'와 계몽의 구조」(2019), 「유길준의 종교와 국가: 조선의 자유·독립을 향한 근본 가르침」(2020), 「이돈화의 신종교 기획: 종교적·정치적 주체 만들기」(2022), 「가토 겐치의 국가신도 창출: 근대일본에서 국가신도는 어떻게 종교로 정의되었는가?」(2023) 등이 있으며, 옮긴 책으로 『만들어진 종교: 메이지 초기 일본을 관통한 종교라는 물음』(공역, 2020), 『철학과 국가: 제국대 교수의 근대일본 만들기』(공역, 2024) 등이 있다.

김태진(金泰鎭)

동국대학교 일본학과 조교수. 신체와 관련된 정치체 담론의 동아시아 수용을 주제로 서울대학교 외교학과에서 박사학위를 받았다. 개념의 수용과 전파, 번역에 관심을 갖고 연구를 진행 중이다. 이와 관련해 발표한 논문으로는 「근대초극론에서 '도의적 생명력'의 의미: 생명과 주권의 만남」(2020), 「천황의 세 신체: 메이지 천황은 어떻게 재현되는가」(2021), 「대의제를 둘러싼 번역과 정치: representation의 번역어로서 대의/대표/상징」(2021), 「메이지 천황의 '신성'함의 기원들: 메이지헌법 신성불가침 조항의 의미에 대하여」(2021), 「제국 일본/식민지 조선에서 윤리학의 수용과 전개: 경성제국대학 윤리학 강좌의 사상연쇄」(2023) 등이 있다.

이경미(李慶美)

동북아역사재단 한일연구소 연구위원. 서울대학교 정치외교학부에서 제국식민지 시기의 민족 담론에 관한 연구로 박사학위를 받았다. 한일 정치사상사에 관심을 가지고 연구를 진행하고 있으며, 최근에는 평화, 종교, 철학, 생(生) 등 주제별로 접근하고 있다. 이와 관련해 발표한 논문으로는 「'문명화'와 '동화' 사이에서 주체되기: 근대 동아시아에서 르봉 수용과 이광수의 민족개조론」(2021), 「1920年代植民地朝鮮における「政治」と「生」の言説」(2021), 「여운형의 평화론과 제국의 '법과 도덕' 논쟁: 공명과 균열에 대한 사상사적 이해」(2021), 「'조천'에 나타난 나철의 근대적 종교관: '성스러운 정치'를 향하여」(2022), 「하타노 세이이치의 '생'의 종교철학: '자멸하는 주체'에서 '상징의 비유'로서의 천황까지」(2023) 등이 있다.